Joachim Nettelbeck.

Joachim Nettelbeck

Bürger zu Kolberg

Eine Lebensbeschreibung,
von ihm selbst aufgezeichnet

Gekürzte Fassung von
Otto Zimmermann

Dritte Auflage

Springer-Verlag Berlin Heidelberg GmbH

Additional material to this book can be downloaded from http://extras.springer.com

ISBN 978-3-662-33732-5 ISBN 978-3-662-34130-8 (eBook)
DOI 10.1007/978-3-662-34130-8

Joachim Nettelbeck

Vorbemerkung

Diese Ausgabe von Nettelbecks „Lebensbeschreibung, von ihm selbst aufgezeichnet“, ist eine gekürzte, sonst aber fast überall wörtliche Wiedergabe des Originaltextes. Die beigefügte Karte von „Kolberg und Umgebung im Jahre 1807“ ist vom Bearbeiter gezeichnet unter Benutzung folgender Grundlagen:

1. Generalstabsplan und Meßtischblatt der Königlich Preußischen Landesaufnahme;
2. Stadtplan von Kolberg (Paul Raschdorff, Kolberg);
3. Hakens Skizze von Kolberg und Umgegend zur Zeit der französischen Belagerung (Reclams Universalbibliothek: Joachim Nettelbecks Lebensbeschreibung);
4. Geschichte der Stadt Kolberg von Dr. Rudolf Stoewer, nebst Plan der Festung Kolberg im Jahre 1807 (Postsche Buchhandlung, Kolberg).

Hamburg.

Otto Zimmermann.

Erster Teil

Am 20. September 1738 wurde ich zu Kolberg in Pommern geboren. Ich bekam den Taufnamen Joachim. Mein Vater, Johann David Nettelbeck, war hier Brauer und Branntweinbrenner und stand bei der Bürgerschaft in besonderer Liebe und Anhänglichkeit. Dieses Glück ist mir von ihm übererbt, und ich genieße es noch jetzt, in meinem Alter, bei meinen lieben Mitbürgern. Meine Mutter war aus des Schiffers Blanken Geschlecht.

Seit ich kaum das Alter von dreiviertel Jahren erreicht, bin ich bei meinen Großeltern väterlicherseits erzogen worden; aber sobald ich habe lallen können, stand auch mein Sinn darauf, ein Schiffer zu werden. Mein Hang dazu trieb mich so gewaltig, daß ich aus jedem Holzspan, aus jedem Stückchen Baumrinde, das mir in die Hände fiel, kleine Schiffchen schnitzelte, sie mit Segeln von Federn oder Papier ausrüstete und damit auf Rinnsteinen und Teichen oder auf der Persante hantierte.

Meines Vaters Bruder war Schiffer; und keine größere Freude gab es für mich, als wenn er mit seinem Schiffe hier im Hafen lag. Denn da hatte ich zu Hause keine Ruhe, sondern bat, man möchte mich nach der Münde lassen. O, welch ein vergnügtes Leben, wenn ich auf dem Schiffe war und mit den Schiffsleuten in ihrer Arbeit herumsprang!

Nicht viel geringer war meine Liebe und Freude am Gartenwesen, denn auch mein Großvater war ein sonderlicher Gartenfreund, nahm mich beständig mit dahin, gab mir sogar ein klein Fleckchen Land zum Eigentum und ließ mich sehen und lernen, was zur Gartenarbeit gehörte. Hier legte ich Obstkerne, ich verpflanzte, ich pfropfte und okulierte, ich begoß und pflegte meine Gewächse. An dieses kleine, aber für mich unschätzbare Grundstück, dessen Pflege noch in diesem Augenblick die Freude meines Alters ausmacht, heften sich zugleich auch ein paar meiner frühesten und lebendigsten Erinnerungen, die ich darum nicht ganz mit Stillschweigen übergehen darf.

Ich mochte wohl ein Bürschchen von fünf oder sechs Jahren sein und noch in meinen ersten Höschen stecken, als es hier bei uns und im Lande weit umher eine so schrecklich knappe und teure Zeit gab, daß viele Menschen vor Hunger starben; denn der Scheffel Roggen galt den damals beinahe für unerschwinglich gehaltenen Preis von einem Taler acht Groschen. Es kamen von landeinwärts her viele arme Leute nach Kolberg, die ihre kleinen hungrigen Würmer auf Schiebkarren mit sich brachten, um Korn von hier zu holen, weil man Getreideschiffe in unserm Hafen erwartete, die der grausamen Not steuern sollten. Alle Straßen bei uns lagen voll von diesen unglücklichen ausgehungerten Menschen. Meine Großmutter ließ täglich mehrere Körbe voll Grünkohl in unserm Garten pflücken, kochte einen Kessel voll nach dem andern für unsere verschmachtenden Gäste, und mir ward das gern übernommene Ehrenämtchen zu teil, ihnen diese Speise in kleinen Schüsselchen, nebst einer Brotschnitte, zuzutragen. Da rissen mir denn alte und junge meinen Napf begierig aus der Hand, oder auch wohl untereinander selbst vor dem Munde weg. Ich kann nicht aussprechen, welch einen schauderhaften Eindruck diese Szene auf meine kindliche Seele machte! Kurze Zeit darauf erschien ein großes Kornschiff, und nun war es endlich möglich, die fremde Armut zu befriedigen.

Im nächstfolgenden Jahre erhielt Kolberg aus des großen Friedrichs vorsorgender Güte ein Geschenk, das damals hierzulande noch völlig unbekannt war. Ein großer Frachtwagen nämlich voll Kartoffeln langte auf dem Markte an, und durch Trommelschlag in der Stadt und in den Vorstädten erging die Bekanntmachung, daß jeder Gartenbesitzer sich zu einer bestimmten Stunde vor dem Rathause einzufinden habe, da des Königs Majestät ihnen eine besondere Wohltat zugedacht habe. Man ermißt leicht, wie alles und jedes in eine stürmische Bewegung geriet; und das nur um so mehr, je weniger man wußte, was es mit diesem Geschenke zu bedeuten habe.

Die Herren vom Rate zeigten nunmehr der versammelten Menge die neue Frucht vor, die hier noch nie ein menschliches Auge erblickt hatte. Daneben ward eine umständliche Anweisung verlesen, wie diese Kartoffeln gepflanzt und bewirtschaftet, desgleichen wie sie gekocht und zubereitet werden sollten. Allein in dem Getümmel achteten die wenigsten auf jene Vorlesung. Dagegen nahmen die guten Leute die hochgepriesenen Knollen verwundert in die Hände, rochen, schmeckten und leckten daran, kopfschüttelnd bot sie ein Nachbar dem andern; man brach sie voneinander und warf sie den Hunden vor, die daran herumschnupperten und sie gleichmäßig verschmähten. Nun war ihnen das Urteil gesprochen! „Die Dinger“, hieß es, „riechen nicht und schmecken nicht, und nicht einmal die Hunde mögen sie fressen. Was wäre uns damit geholfen?“

Inzwischen wurde des Königs Wille vollzogen und seine Gabe unter die anwesenden Garteneigentümer ausgeteilt, nach Verhältnis ihrer Besitzungen, jedoch so, daß auch die Geringeren nicht unter einigen Metzen ausgingen. Kaum irgend jemand hatte die erteilte Anweisung zu ihrem Anbau recht begriffen. Wer sie also nicht geradezu in seiner getäuschten Erwartung auf den Kehrichthaufen warf, ging doch bei der Auspflanzung so verkehrt wie möglich zu Werke. Einige steckten sie hier und da einzeln in die Erde, ohne sich weiter um sie zu kümmern; andre (und darunter war auch meine liebe Großmutter) glaubten das Ding noch klüger anzugreifen, wenn sie diese Kartoffeln beisammen auf einen Haufen schütteten und mit etwas Erde bedeckten. Da wuchsen sie nun zu einem dichten Filz ineinander; und ich sehe noch oft in meinem Garten nachdenklich den Fleck an, wo solchergestalt die gute Frau hierin ihr erstes Lehrgeld gab.

Nun möchten aber wohl die Herren vom Rat gar bald in Erfahrung gebracht haben, daß es unter den Empfängern viele lose Verächter gegeben, die ihren Schatz gar nicht einmal der Erde anvertraut hätten. Darum ward in den Sommermonaten durch den Ratsdiener und Feldwächter eine allgemeine und strenge Kartoffelschau veranstaltet und den widerspenstig Befundenen eine kleine Geldbuße auferlegt. Das gab wiederum ein großes Geschrei und diente auch eben nicht dazu, der neuen Frucht an den Bestraften bessere Gönner und Freunde zu erwecken.

Das Jahr nachher erneuerte der König seine wohltätige Spende durch eine ähnliche Ladung. Allein diesmal verfuhr man dabei höhern Orts auch zweckmäßiger, indem zugleich ein Landreiter mitgeschickt wurde, der, als ein geborner Schwabe des Kartoffelbaues kundig und den Leuten bei der Auspflanzung behilflich war und ihre weitere Pflege besorgte. So kam also diese neue Frucht zuerst ins Land, und hat seitdem, durch immer vermehrten Anbau, kräftig gewehrt, daß nie wieder eine Hungersnot so allgemein und drückend bei uns hat um sich greifen können. Dennoch erinnere ich mich gar wohl, daß ich erst volle vierzig Jahre später (1785) bei Stargard zu meiner angenehmen Verwunderung die ersten Kartoffeln im freien Felde ausgesetzt gefunden habe.

Neben manchen andern Kindereien war ich auch ein großer Liebhaber von Tauben. Von meinem Frühstücksgelde sparte ich mir soviel am Munde ab, daß ich mir ein Paar kaufen konnte. Das war nun eine Herrlichkeit! Da aber meine Großeltern unter dem Posthause wohnten, so gab es hier keine Gelegenheit, die Tauben ausfliegen zu lassen. Ich machte daher mit dem sog. „Postjungen", Johann Witte, einen Vertrag, daß er meine Tauben zu sich nehmen, ich aber täglich eine gewisse Portion Erbsen zum Füttern hergeben sollte, die ich meinen Großeltern (leider!) heimlich in den Taschen wegtrug. Die Tauben vermehrten sich, und folglich auch die Futtererbsen.

Über all diesen Spielereien wurde (wiederum leider!) die Schule versäumt: ich hatte weder Lust noch Zeit dazu. Wenn meine Großmutter meinte, ich säße fleißig auf der Schulbank, so schiffte ich in Rinnsteinen und Teichen, oder ich verkehrte mit meinen Tauben; und das machte mir so viel zu schaffen, daß ich weder bei Tag noch bei Nacht davor ruhen konnte.

Endlich aber nahm mich mein Pate, der Schiffer Runge, einmal etwas ernsthafter ins Verhör und gab mir zu bedenken, daß ich, wenn ich Schiffer werden wollte, auch fleißig in die Schule gehen, eine feste Hand schreiben und gut rechnen lernen müsse, sonst dürfte ich nie an so etwas denken. Mir fuhr das gewaltig aufs Herz. Ich sann nach, was dann wohl von meinem jetzigen Tun und Treiben abgestellt werden müßte? — Was anders als meine Tauben, die mir so viel Zeit kosteten und doch so sehr am Herzen lagen! Wie ich es aber bedenken mochte, so war es doch nicht anders: — ich mußte meine lieben Tierchen fahren lassen, die sich indes ansehnlich vermehrt hatten! Dies geschah denn auch mittelst eines förmlichen schriftlichen Kontrakts, wodurch ich den Johann Witte kindischerweise zu ihrem alleinigen Herrn und Besitzer einsetzte.

So war ich also meine Tauben los, und nun kriegte ich einen so brennenden Trieb zur Schule, daß mich die Lernbegierde auf all meinen Schritten und Tritten verfolgte. Ich wollte und mußte ja ein Schiffer werden! Auch alle meine heiligen Christgeschenke, woran es meine Herren Paten nicht fehlen ließen, hatten immer eine Beziehung auf die Schifferschaft. Bald war es ein runder holländischer Matrosenhut, bald lange Schifferhosen, bald wieder Pfefferkuchen, als Schiffer geformt u. dgl.

So mochte es etwa in meinem achten Jahre sein, als Pate Lorenz Runge mir unter andern Weihnachtsbescherungen auch eine Anweisung zur Steuermannskunst in holländischer Sprache verehrte. Dies Buch machte meine Phantasie so rege, daß ich Tag und Nacht für mich selbst darin studierte, bis mein Vater ein näheres Einsehen hatte und mir bei einem hiesigen Schiffer, namens Neymann, zwei wöchentliche Unterrichtstage in jener edeln Kunst ausmachte. Dagegen blieben die andern vier Tage noch zum Schreiben und Rechnen bei einem andern geschickten Lehrer, namens Schütz, bestimmt. Ein Jahr später aber ward die Steuermannskunst die Hauptsache und alles andre in die Neben- und Privatstunden verwiesen.

Mein Eifer für diese Sache ging so weit, daß ich im Winter oftmals bei strenger Kälte, wenn des Nachts klarer Himmel war, und wenn meine Eltern glaubten, daß ich im warmen Bette steckte, heimlich auf den Wall und die hohe Katze — das den Hauptwall überragende Festungswerk im Innern der Bastion — ging, mit meinen Instrumenten die Entfernung der mir bekannten Sterne vom Horizont oder vom Zenith maß und darnach die Polhöhe berechnete. Wenn ich dann des Morgens erfroren nach Hause kam, verwunderte sich alles über mich und erklärte mich für einen überstudierten Narren. Schlimmer aber war es, daß man mich nun des Abends sorgfältiger bewachte und mich nicht aus dem Hause ließ. Dennoch suchte und fand ich oftmals Gelegenheit, bei Nacht wieder auf meine Sternwarte zu kommen, was mir aber, wenn ich mich morgens wieder einstellte, von meinem Vater manche schwere Ohrfeige einbrachte.

Ähnlicher Lohn ward mir auch sonst noch für ähnlichen Eifer! Zu oft hatte ich gehört, daß ein Seemann vor allen Dingen lernen müsse, gut klettern, um die Masten bei Tag und Nacht zu besteigen, als daß ich nicht hätte begierig werden sollen, mich darin beizeiten zu üben. Hierzu fand sich eine erwünschte Gelegenheit durch die Bekanntschaft mit dem Sohne des damaligen Glöckners. Er war in meinen Jahren, hieß David und wollte auch Schiffer werden. Mit diesem kletterte ich außer der Schulzeit auf den Boden der großen Kirche in das Sparrenwerk bis hoch unter das kupferne Dach hinauf. Hier stiegen und krochen wir überall herum, daß wir uns in der gewaltigen Verzimmerung dieses großen Gebäudes oftmals dergestalt verirrten, daß einer vom andern nichts wußte. Kamen wir dann wieder zusammen, so konnten wir nicht genug erzählen, wo wir gewesen waren, und was wir gesehen hatten.

Bald ging es nun zu einem größeren Wagestück weiter. Auch in die Spitze des Turmes krochen wir in dem inwendigen Holzverbande hinauf — so hoch, bis wir uns in dem beengten Raume nicht weiter rühren konnten. Und nunmehr genügte es uns nicht, bloß innerhalb uns von Balken zu Balken zu schwingen, es sollte auch außerhalb des Gebäudes geklettert werden! So machten wir uns denn auf das kupferne Dach: wir stiegen bei den Glocken aus den Luken auf das Gerüst, von da auf den First des kupfernen Kirchendaches, und indem wir darauf wie auf einem Pferde ritten, rutschten wir längshin vom Turm bis an den Giebel und auf gleiche Weise wieder zurück. Ein paar hundert Zuschauer gafften unten, zu unserer großen Freude, nach uns beiden jungen Wagehälsen in die Höhe. Auch mein Vater war, ohne daß ich es wußte, unter dem Haufen, und so konnte es nicht fehlen, daß mich bei meiner Heimkunft für diese Heldentat eine derbe Tracht Schläge erwartete.

Aber die Lust zu einem wiederholten Versuche war mir dennoch nicht ausgetrieben worden! Ich lauerte es nur ab, daß mein Vater verreist war, und an einem schönen Sommertage, nachmittags um vier Uhr, konnte ich nicht drum hin, meinen lieben Turm wieder zu besuchen. Ein Schulkamerad, David Spärke, eines hiesigen Schiffers Sohn, leistete mir Gesellschaft. Diesen beredete ich, den Ritt auf dem Kirchendache mitzumachen. Ich zuerst stieg aus der Luke auf das Gerüst und von da auf den First des Daches. David Spärke kam mir zuversichtlich nach, da er mich so flink und sicher darauf hantieren sah.

Allein kaum war er mir sechs oder acht Fuß nachgeritten, so überfiel ihn plötzlich eine solche Angst, daß er erbärmlich zu schreien begann, sich zu beiden Seiten an den kupfernen Reifen festklammerte und nicht vor-, nicht rückwärts kommen konnte. Ich kehrte mich nach ihm um, kam dicht zu ihm heran; und hier saßen wir nun beide, sahen uns betrübt ins Gesicht und wußten nicht, wo aus noch ein.

Er wagte es nicht, sich umzudrehen: ich konnte an ihm nicht vorbeikommen. Dabei hörte er nicht auf, in seiner Seelenangst aus vollem Halse zu schreien. Auf der Straße gab es einen Zusammenlauf und bald auch Hilfe. Der alte Glöckner mit seinem Sohne und mehreren andern kamen auf den Turm und zogen meinen Freund David mit umgeworfenen Leinen rücklings nach dem Gerüst und so vollends in die Luke hinein. Ich aber folgte wie ein armer Sünder zitternd und bebend nach.

Des nächsten Tages kam mein Vater wieder nach Hause, und da gab es denn, wie zu erwarten war, rechtschaffene, aber verdiente Prügel. Damit aber nicht genug, meinte auch Herr Schütz, mein Lehrer, es müsse hier, der übrigen Schulkameradschaft wegen, noch ein anderweitiges Beispiel zu Nutz und Lehre statuiert werden. Er bat sich's bei meinem Vater aus, gleichfalls noch Gericht über mich halten zu dürfen. Das ward ihm gern bewilligt. Meine Strafe bestand in einem dreitägigen Quartier in dem dunkeln Karzer auf dem Schulhofe. Hier ward ich nachmittags, sobald die Schulzeit abgelaufen war, eingesperrt und immer erst morgens um acht Uhr, wo die Schule wieder anging, herausgelassen. Nur mittags durfte ich nach Hause gehen, um zu essen; aber schon in der nächsten Stunde mußte ich auf meiner Schulbank mich einfinden und um vier Uhr meine traurige Wanderung in die Finsternis wieder antreten.

Nächst der Unbequemlichkeit einer einzigen täglichen Mahlzeit bei einem (Gott weiß es) gesegneten Appetite, war es meine größte Qual und Not, daß ich die Scham und Schande nicht bemeistern konnte, von den andern Schulbuben über mein Abenteuer noch ausgelacht zu werden. Niemand hatte Mitleid mit meinem Unstern, ausgenommen ein einziges gutherziges Mädchen, mit Namen Dörtchen, die älteste Tochter des Kaufmanns Herrn Seeland. Dörtchen steckte mir den letzten Abend mit Tränen in den Augen ihre Semmel zu, konnte es aber nicht so heimlich abtun, daß es nicht von den andern wäre gesehen und verraten worden. Die Semmel ward mir vom Lehrer wieder abgenommen.

Ich weinte, sie weinte; Herr Schütz selbst konnte sich dessen nicht erwehren. Ich bekam meine Semmel zurück; aber bloß — wie er hinzusetzte — um das gute Kind zu beruhigen. — Ich habe nachher, im Jahre 1782 (also nach Verlauf von vierunddreißig Jahren!) die Freude gehabt, dieses nämliche Dörtchen Seeland in Memel wieder anzutreffen. Ihre Eltern waren in ihrem Wohlstande zurückgekommen, den sie damals durch eine Auswanderung nach Rußland zu verbessern hofften. Ich hatte jene Semmel noch nicht vergessen, und es hat mir wohlgetan, sie einigermaßen vergelten zu können.

Endlich, da ich etwa elf Jahre alt sein mochte, sollte es zu meiner unsäglichen Freude Ernst mit meiner künftigen Bestimmung werden. Meines Vaters Bruder nahm mich als Kajütenwächter auf seinem Schiff, der „Susanna", mit nach Amsterdam. Hier sah ich eine Menge großer Schiffe auf dem Y vor Anker liegen, die nach Ost- und Westindien gehen sollten. Täglich ward auf ihnen mit Trommeln, Pauken und Trompeten musiziert oder mit Kanonen geschossen. Das machte mir allmählich das Herz groß! Ich dachte: Wer doch auch auf so einem Schiffe fahren könnte! — und das ging mir nur um so viel mehr im Kopfe herum, als es damals unter all unsern Schiffsleuten, wie ich oft gehört hatte, für einen Glaubensartikel galt: daß, wer nicht von Holland aus auf dergleichen Schiffen gefahren wäre, auch für keinen rechtschaffenen Seemann gelten könnte. Gerade das aber machte ja mein ganzes Sinnen und Denken aus! —

Wovon mir das Herz voll war, ging mir auch alle Augenblicke der Mund über. Ich gestand meinem Oheim, wie gern ich am Bord eines solchen ansehnlichen Ostindienfahrers sein und die Reise mitmachen möchte. Er gab mir immer die einzige Antwort, die darauf paßte: daß ich nicht klug im Kopfe sein müßte. Endlich aber ward dieser Hang in mir zu mächtig, als daß ich ihm länger widerstehen konnte. In einer Nacht, zwei Tage vor unsrer Abreise, schlüpfte ich heimlich in unsere angehängte Jolle — ganz wie ich ging und stand, und ohne das geringste von meinen Kleidungsstücken mit mir zu nehmen. Man sollte nämlich nicht glauben, daß ich entlaufen, sondern daß ich ertrunken sei, damit mir nicht weiter auf andern Schiffen nachgespürt würde. Unter diesen aber hatte ich mir eins aufs Korn gefaßt, von welchem mir bekannt geworden war, daß es am nächsten Morgen nach Ostindien unter Segel gehen sollte. Das letztere zwar war richtig, aber über seine Bestimmung befand ich mich im Irrtum; denn es war zum Sklavenhandel an der Küste von Guinea bestimmt.

Still und vorsichtig kam ich mit meiner Jolle an der Seite dieses Schiffes an, ohne von irgend jemand auf demselben bemerkt zu werden. Ebenso ungesehen stieg ich an Bord, indem ich mein kleines Fahrzeug mit dem Fuße zurückstieß und es treibend seinem Schicksal überließ. Bald aber sammelte sich das ganze Schiffsvolk (es waren deren vierundachtzig Köpfe, wie ich nachmals erfuhr) verwundert um mich her. Jeder wollte wissen, woher ich käme? wer ich wäre? was ich wollte? Statt aller Antwort — und was hätte ich auch sagen können? — fing ich an erbärmlich zu weinen.

Der Kapitän war diese Nacht nicht an Bord. Man brachte mich also zu den Steuerleuten, welche das Verhör ins Kreuz und in die Quere mit mir erneuerten. Auch hier hatte ich nichts als Tränen und Schluchzen. „Aha, Bursche!“ legte sich endlich einer aufs Raten — „ich merke schon! Du bist von einem Schiffe weggelaufen und denkst, daß wir dich mitnehmen sollen!“ — Das war ganz meines Herzens Meinung. Ich stammelte also ein Ja darauf hervor; konnte mich aber diesmal nicht entschließen, noch mehr herauszubeichten. Indessen hatte man einiges Mitleid mit mir, gab mir ein Glas Wein, samt einem Butterbrot und Käse, und wies mir eine Schlafstelle an mit dem Bedeuten, daß morgen früh der Kapitän an Bord kommen werde, der mich vielleicht wohl mitnehmen möchte. — Da lag ich nun die ganze Nacht schlaflos und überdachte, was ich sagen und verschweigen wollte.

Am andern Morgen mit Tagesanbruch fand sich der Lotse ein; der Anker ward aufgewunden, und man machte sich segelfertig, wobei ich treuherzig und nach Kräften mit Hand anlegte. Unter diesen Beschäftigungen kam endlich auch der Kapitän heran. Ich ward ihm vorgestellt, und auch seine erste und natürlichste Frage war: was ich auf seinem Schiffe wollte? — Ich fühlte mich nun schon ein wenig gefaßter, und gab ihm über mein Wie und Woher so ziemlich ehrlichen Bescheid; nur setzte ich hinzu (und diese Lüge hat mir nachmals oft bitter leid getan, denn mein Oheim war gegen mich die Gütigkeit selbst, als ob ich sein eignes Kind wäre), dieser habe mich auf der Reise oftmals unschuldig geschlagen, wie das denn auch noch gestern geschehen sei. Ich könne dies nicht länger ertragen; und so sei ich heimlich weggegangen und bäte flehentlich, der Kapitän möchte die Güte haben mich anzunehmen. Ich wollte gern gut tun.

Nun ich einmal so weit gegangen war, durfte ich auch die richtige Antwort auf die weiteren Fragen nach meines Oheims Namen und Schiffe nicht schuldig bleiben. „Gut!“ sagte der Kapitän, „ich werde mit dem Manne darüber sprechen.“ — Das klang nun gar nicht auf mein Ohr! Ich hub von neuem an zu weinen, schrie, ich würde über Bord springen und mich ersäufen, und trieb es so arg und kläglich (mir war aber auch gar nicht wohl ums Herz!), daß nach und nach das Mitleid bei meinem Richter zu überwiegen schien. Er ging mit seinen Steuerleuten in die Kajüte, um die Sache ernstlicher zu überlegen; ich aber lag indes, von Furcht und Hoffnung hin- und hergeworfen, wie auf der Folter; denn die Schande, vielleicht zu meinem Oheim zurückgebracht zu werden, schien mir unerträglich.

Endlich rief man mich in die Kajüte. „Ich habe mir's überlegt“, hub hier der Kapitän an, „und du magst bleiben. Du sollst Steuermannsjunge sein und monatlich sechs Gulden Gage haben; auch will ich für deine Kleidungsstücke sorgen. Doch, höre, sobald wir mit dem Schiffe in den Texel kommen, schreibst du selbst an deines Vaters Bruder und erklärst ihm den ganzen Zusammenhang. Den Brief will ich selbst lesen und auch für seine sichere Bestellung sorgen." — Man denke, wie freudig ich einschlug, und was für ein Stein mir vom Herzen fiel!

Jetzt gingen wir auch unter Segel. Allein ich will es auch nur gestehen, daß, sowie ich meines Oheims Schiff so aus der Ferne darauf ansah, mir's innerlich leid tat, es bis zu diesem törichten Schritte getrieben zu haben. Trotz diesem Herzweh erwog ich, daß er nicht mehr zurückgetan werden konnte, wofern ich nicht vor Beschämung vergehen sollte. Ich machte mich also stark, und als wir im Texel ankamen, schrieb ich meinen Abschiedsbrief, den der Kapitän las und billigte und mein Steuermann an die Postschuyte besorgen sollte.

Wie die Folge ergeben hat, ist jedoch dieser Brief, mit oder ohne Schuld des Bestellers, nicht an meinen Oheim gelangt; entweder ist dieser zu früh von Amsterdam abgegangen, oder das Blatt ist unterwegs verloren gegangen. Man glaubte daher, (wie ich in der Folge erfuhr), ich sei in der Nacht aus der Jolle gefallen, die man am nächsten Morgen zwischen andern Schiffen umhertreibend gefunden hatte.

Nachdem wir im Texel unsere Ladung, Wasser, Proviant und alle Zubehör, welche der Sklavenhandel erfordert, an Bord genommen hatten, gingen wir in See. Mein Kapitän hieß Gruben und das Schiff „Afrika". Alle waren mir gut und geneigt, ich selbst war vergnügt und spürte weiter kein Heimweh. Wir hatten zwei Neger von der Küste von Guinea als Matrosen an Bord. Diese gab mir mein Steuermann zu Lehrern in der in ihrer Heimat üblichen Handelssprache, und ich darf wohl sagen, daß sie an mir einen gelehrigen Schüler fanden. Denn meine Lust verbunden mit der Leichtigkeit, womit man in meinem damaligen Alter fremde Sprachtöne sich einprägt, brachten mich binnen kurzem zu einer solchen Fertigkeit, daß ich nachher an der Küste meinem Steuermanne zum Dolmetscher dienen konnte. Und das war es eben, was er gewollt hatte.

Unsere Fahrt war glücklich, aber ohne besonders merkwürdige Vorfälle. In der sechsten Woche erblickten wir St. Antonio, eine von den Inseln des Grünen Vorgebirges, und drei Wochen später hatten wir unser Reiseziel erreicht und gingen an der Pfefferküste bei Kap Mesurado unter sechs Grad nördlicher Breite vor Anker, um uns mit frischem Wasser und Brennholz zu versorgen. Zugleich war dies die erste Station, von wo aus unser Handel betrieben werden sollte.

Späterhin gingen wir oberhalb Windes weiter östlich nach Kap Palmas, und hier erst begann der Verkehr lebendiger zu werden. Die Schaluppe wurde mit Handelsartikeln beladen, mit Lebensmitteln für zwölf Mann Besatzung auf sechs Wochen versehen und mit sechs kleinen Drehbassen, die ein Pfund Eisen schossen, ausgerüstet. Mein Steuermann befehligte im Boot, ich aber, sein kleiner Dolmetscher, blieb auch nicht dahinten und ward ihm im Handel vielfach nützlich. Wir machten in diesem Fahrzeuge drei Reisen längs der Küste, entfernten uns bis zu fünfzig Meilen vom Schiffe und waren gewöhnlich drei Wochen abwesend. Nach und nach kauften wir hierbei vierundzwanzig Sklaven, Männer und Frauen (auch eine Mutter mit einem einjährigen Kinde war dabei!), eine Anzahl Elefantenzähne und etwas Goldstaub zusammen. Bei dem letzten Abstecher ward auch der europäische Briefsack auf dem holländischen Hauptkastell St. George de la Mina von uns abgegeben.

Unser Schiff fanden wir bei unserer Heimkehr etwas weiter ostwärts nach der Reede von Kap Lagos vorgerückt. Acht unserer Gefährten waren in der Zwischenzeit auf demselben infolge des ungesunden Klimas gestorben. Dagegen hatte der Kapitän anderthalbhundert Schwarze, beiderlei Geschlechts, eingekauft und einen guten Handel mit Elfenbein und Goldstaub gemacht.

Nachdem wir auch noch an vielen andren Handelsplätzen der afrikanischen Küste Einkäufe gemacht, hatten wir endlich unsere volle Ladung, bestehend in vierhundertundzwanzig Negern jedes Alters und Geschlechts, beisammen.

Nunmehr ging die Reise von der afrikanischen Küste nach Surinam, quer über den Atlantischen Ozean hinüber, wo unsere Schwarzen verkauft werden sollten. Während neun bis zehn Wochen, die wir in See waren, sahen wir weder Land noch Strand; erreichten aber unsern Bestimmungsort glücklich, vertauschten unsere unglückliche Fracht gegen eine Ladung von Kaffee und Zucker, und traten sodann den Rückweg nach Holland an. Wir brauchten dazu wiederum acht bis neun Wochen, bis wir endlich wohlbehalten im Angesicht von Amsterdam den Anker fallen ließen. Es war im Juni 1751, und die ganze Reise hin und zurück hatte einundzwanzig Monate gedauert. Elf Leute von unserer Mannschaft waren während dieser Zeit verstorben.

In Amsterdam ließ ich es mein erstes sein, nach Kolberg an meine Eltern zu schreiben und ihnen Bericht von meiner abenteuerlichen Reise zu erstatten. Denke man sich ihr freudiges Erstaunen beim Empfange dieser Zeitung! Ich war tot und war wieder lebendig geworden! Ich war verloren und war wiedergefunden! Ihre Empfindungen drückten sich in den Briefen aus, die ich unverzüglich von dort her erhielt. Segen und Fluch wurden mir darin vorgestellt. Ich Unglückskind wäre ja noch nicht einmal eingesegnet! Augenblicklich sollte ich mich aufmachen und nach Hause kommen!

Es traf sich erwünscht, daß ich mich in Amsterdam mit einem Landsmanne, dem Schiffer Christian Damitz, zusammenfand. Auf seinem Schiffe ging ich nach Kolberg zurück. Von meinem Empfange daheim aber tue ich wohl am besten, zu schweigen.

In meiner Vaterstadt blieb ich nun und hielt mich wieder zum Schulunterricht, bis ich mein vierzehntes Jahr erreicht und die Konfirmation hinter mir hatte. Dann aber war auch länger mit mir kein Halten; ich wollte und mußte zur See, wie der Fisch ins Wasser, und mein Vater übergab mich (zu Ostern 1752) an Schiffer Mich. Damitz, der soeben von Kolberg nach Memel und von da nach Liverpool abgehen wollte, und in den er ein besonderes Vertrauen setzte. Beide Fahrten waren glücklich. Wir gingen weiter nach

Dünkirchen, wo wir eine Ladung Tabak einnahmen; dann über Norwegen nach Danzig — und so kam ich kurz nach Neujahr zu Lande, um neunzehn Taler Löhnung reicher, nach Kolberg zurück. Ich glaubte Wunder, was ich in diesen neun Monaten verdient hätte!

In den beiden nächstfolgenden Jahren (1753 und 1754) schwärmte ich auf mehr als einem kolbergischen Schiffe und unter verschiedenen Kapitänen auf der Ost- und Nordsee umher, und war bald in Dänemark und Schweden, bald in England und Schottland, in Holland und Frankreich zu finden. Auf all diesen Reisen entsinne ich mich aber keines Dinges, das hier wieder erwähnt zu werden verdiente: denn Sturm und gut Wetter, und was dem weiter angehört und auf solchen Reisen unausbleiblich vorfällt, sind bei einem Seemann etwas Alltägliches, und es ist meine Art nicht, davon viel Aufhebens zu machen.

Eben darum aber mochte dies einförmige Leben meinem feurigen Sinn länger nicht anstehen. Der alte Hang zum Abenteuern erwachte, so daß ich in Amsterdam, wo ich mit Kapitän Joach. Blank, einem alten lieben kolbergischen Landsmann und Verwandten, zusammentraf, der Versuchung zu einem weitern Ausflug länger nicht widerstehen konnte, sondern mich, ohne weitere Erlaubnis von Hause, flugs und freudig auf sein Schiff „Christina", das nach Surinam bestimmt war, als Konstabler verdung. Als indes auf der Hinfahrt unser Steuermann das Unglück hatte, über Bord zu fallen und zu ertrinken, kam ich für diese Reise zu der Ehre, den Untersteuermann vorzustellen.

Die Kolonie Surinam, das holländische Guayana, führt ihren Namen von dem Flusse Surinam, an welchem drittehalb Meilen aufwärts die Hauptstadt Paramaribo gelegen ist. An seiner Mündung ist er wohl zwei Meilen breit und bleibt gegen sechzig Meilen landeinwärts, auch bei der niedrigsten Ebbe, für kleinere Fahrzeuge noch schiffbar. Nur wenig geringer ist der mit ihm verbundene Fluß Comandewyne, welcher bis gegen fünfzig Meilen aufwärts befahren wird. Mit beiden steht noch eine Menge toter Arme oder Kreeks in Verbindung, und an allen Ufern hinauf drängen sich die Zucker- und Kaffeeplantagen, während alles übrige Land eine fast undurchdringliche Waldung ausmacht. Eben dadurch aber wird diese Kolonie eine der ungesundesten in der Welt, und wenn eine Schiffsbesatzung von vierzig Mann binnen den vier Monaten, welche man hier gewöhnlich verweilt, nur acht bis zehn Tote zählt, so wird dies für ein außerordentliches Glück gehalten.

Eher hätte man Surinam damals eine deutsche als eine holländische Kolonie nennen können; denn auf den Plantagen, wie in Paramaribo, traf man unter hundert Weißen immer vielleicht neunundneunzig an, die hier aus allen Gegenden von Deutschland zusammengeflossen waren. Unter ihnen hatte ich während dieser Reise Gelegenheit, auch zwei Gebrüder, des Namens Kniffel, kennen zu lernen, die aus Belgard in Pommern gebürtig und also meine nächsten Landsleute waren. Sie hatten in früherer Zeit als gemeine holländische Soldaten sich hierher verirrt, aber Glück, Fleiß und Rechtlichkeit hatten sie seither zu Millionären gemacht, welche hier eines wohlverdienten Ansehens genossen. Am Comandewyne besaßen sie zwei Kaffeeplantagen. Die eine hieß Friedrichsburg, und eine andere dicht daneben, welche von ihnen selbst angelegt worden, hatten sie, ihrer Vaterstadt zu Ehren, Belgard genannt. In Paramaribo war eine Reihe von Häusern, die eine Straße von 400 Schritten in der Länge bildeten, ihr Eigentum und führte nach ihnen den Namen Kniffelsloge. Ebendaselbst hatten sie eine lutherische Kirche aufgeführt und zur Erhaltung derselben für ewige Zeiten die Einkünfte der Plantage Belgard gewidmet.

Diese Gebrüder standen schon seit längerer Zeit mit meinem Kapitän Blank, als einem Kolberger und Landsmann, in besonders freundschaftlichem Verkehr. Er versorgte sie und ihre Plantagen ausschließlich mit allem, was sie aus Europa bedurften; und hinwiederum führte er alle ihre dortigen Erzeugnisse nach Holland zurück. So geschah es auch bei der gegenwärtigen Reise; da ich denn oft von ihm mit Aufträgen an sie geschickt und ihnen auf diese Weise bekannt und lieb wurde.

Unsere Heimfahrt nach Amsterdam, die sechs Wochen währte, war glücklich, aber ohne weitere Merkwürdigkeit. Wir waren vierzehn Monate abwesend gewesen und unser Schiff bedurfte einer völlig neuen Verzimmerung, die sich bis in den November 1755 zu verzögern drohte. Dies dauerte mir zu lange und gab die Veranlassung, daß ich in einen andern Dienst, unter Kapitän Wendorp, überging. Sein Schiff war nach Curaçao bestimmt; auf der Rückreise ergänzten wir bei St. Eustaz unsere Ladung, und nach neun Monaten, die ich hier kurz übergehe, warfen wir wiederum vor Amsterdam wohlbehalten die Anker.

Hier warteten Briefe auf mich von meinen Eltern, von so drohendem Inhalt und angefüllt mit so gerechten Vorwürfen, daß ich's wohl nicht länger verschieben durfte, mich zum zweitenmal als der verlorene Sohn reuig nach Hause auf den Weg zu machen. Doch fand ich gleich im voraus einigen Trost in dem Vorschlage, daß meines Vaters Bruder bestimmt sei, des Herrn Beckers Schiff, genannt „die Hoffnung", mit einer Ladung Holz von Rügenwalde nach Lissabon zu führen; und mit dem sollte ich fahren. Dies war im Jahre 1756.

So ging ich denn als Passagier nach Danzig (das dazumal noch unter polnischer Oberhoheit stand) und traf es da eben recht, daß zwölf junge und schmucke seefahrende Leute ausgesucht werden sollten, um die sogenannte Herrenborse aufs stattlichste zu bemannen. Es war nämlich zu der Zeit der König August von Polen in der Stadt anwesend, und auf der Reede lag eine zahlreiche Flotte von russischen Kriegsschiffen vor Anker, der er einen Besuch abzustatten gedachte. Zu dieser Lustfahrt, die Weichsel herunter, sollte nun jene Staatsjacht dienen. Zufällig kriegte man mich mit an, um die Mannschaft vollzählig zu machen! und sowohl das Außerordentliche bei der Sache, als auch der Dukaten, der dabei für jeden Mann abfallen sollte, machten mir Lust, diesen Ehrendienst zu verrichten.

Das dauerte aber nur so lange, bis wir zum Schifferältesten Karsten kamen, wo wir zu der Feierlichkeit mit einer Art von Uniform aufgeputzt werden sollten, die mit blanken Schilden und vielen roten, grünen und blauen Bändern verbrämt war. So ausstaffiert hielt man mir zuletzt einen Spiegel vor: — aber wie erschrak ich, als ich sah, was für einen Narren man aus mir gemacht hatte! Das war jedoch das wenigste! Allein das Herz im Leibe wollte mir zerspringen, wenn ich dabei bedachte, daß ich einen andern als meines eigenen Königs Namenszug im Schilde an meiner Stirne tragen sollte. Die Tränen traten mir in die Augen. Mir war's, als mutete man mir zu, meinen großen Friedrich zu verleugnen. Gerne hätte ich mir alles wieder vom Leibe gerissen und hätte den Handel wieder aufgesagt, wenn es möglich gewesen wäre. Doch ich war einmal unter den Wölfen und mußte mit ihnen heulen! Indes gelobte ich mir's, diesen Makel dadurch wieder gut zu machen, daß ich den verheißenen Dukaten dem ersten preußischen Soldaten zuwürfe, der mir begegnen würde. Ein alter Husar wurde dieses Glückskind, und der mag sich wohl nicht schlecht verwundert haben, daß ein achtzehnjähriges Bürschchen wie ich mit Golde um sich warf!

Im Monat August traf ich in Kolberg ein, fand meines Oheims Schiff bereits in der Ausrüstung und ging mit demselben auf die Rügenwalder Reede, wo wir unsere Ladung Holz einnahmen. Mit mir fuhr mein jüngerer Bruder, sechzehn Jahre alt, als Kajütenwärter. Auch hatte mein Oheim seinen eigenen vierzehnjährigen Sohn mitgenommen, und es befanden sich unsrer in allem dreizehn Menschen am Borde. Aber gleich der Anfang dieser Fahrt versprach wenig Gutes, da wir durch Sturm und widrige Winde dergestalt aufgehalten wurden, daß wir erst mit Ausgang Oktobers im Sunde anlangten.

Hier ging mein Oheim mit mir und noch drei andern Matrosen in der Segelschaluppe nach Helsingör an Land, woselbst seine Geschäfte ihn so lange aufhielten, daß wir erst abends um neun Uhr auf den Rückweg kamen. Die See ging hoch, und unser Fahrzeug, das mit Wasser- und Bierfässern und andern Provisionen schwer beladen war, hielt wenig Bord. Zudem stand uns ein steifer Südwind entgegen, der uns zum Lavieren nötigte; und eben machten wir einen Schlag dicht hinter dem dänischen Wachtschiffe vorüber, als ein harter Stoßwind so plötzlich aufstieg und so ungestüm in unsere Segel fiel, daß die Schaluppe Wasser schöpfte, umschlug und im Hui! den Kiel nach oben kehrte.

Wir, die wir drinnen saßen, wurden samt und sonders herausgespült. Ich ergriff ein Ruderholz und war so glücklich, mich über dem Wasser zu erhalten. Wo die andern blieben, sah ich nicht. Indes war unser Unglück von dem dänischen Kriegsschiffe nicht unbemerkt geblieben; und sogleich auch stieß ein Fahrzeug ab, uns zu retten. Allein es war stockfinster und von uns Verunglückten keine Seele aufzufinden. Nur die Schaluppe kam ihnen in den Wurf und ward geborgen; freilich aber war die ganze Ladung davongeschwommen und ging verloren.

Ich mochte wohl der erste sein, der sich glücklich aus diesem bösen Handel zog. Ich trieb nämlich gegen ein vor Anker liegendes Schiff und erhielt mich so lange am Ankertau, bis die Leute mich zu sich an Bord ziehen konnten. Mein guter Oheim hingegen wurde ebensowohl durch den harten Sturm, als die schnelle Strömung beinahe eine Viertelmeile weit bis unterhalb des dänischen Kastells davongeführt. Aber indem er sich kümmerlich an einem Spriet festgeklammert erhielt, brauchte er wohl eine Stunde, bevor er mit Schwimmen das Land erreichte. Zwei Matrosen wurden durch eine Lotsenjolle gerettet; einer aber blieb leider verloren.

Erst am Morgen fanden wir vier Geborgenen uns in Helsingör wieder zusammen. Unsere Schaluppe ward uns von dem Wachtschiffe wieder zurückgegeben; wir ersetzten unsere verunglückte Ladung durch angekaufte neue Vorräte, versahen uns mit frischen Rudern und kehrten sodann nach unserm Schiffe zurück. Sobald auch nur Wind und Wetter wieder günstiger geworden waren, säumten wir nicht, unsere Fahrt trotz der späten und bösen Jahreszeit fortzusetzen.

Am 2. Dezember nahmen wir nicht ohne Beunruhigung wahr, daß ein gewaltiger Sturm aus Norden uns auf die flämischen Bänke geworfen hatte, deren Gefährlichkeit wir nur gar zu wohl kannten. Nur zu bald auch bekamen wir mehrere heftige Grundstöße, die unser Steuerruder aussetzten und uns seiner verlustig machten. Um nicht augenblicklich auf den Strand zu geraten, blieb nichts übrig, als uns auf der Stelle vor zwei Anker zu legen. Es war zehn Uhr vormittags, das Land eine kleine halbe Meile entfernt und unser Ankerplatz auf vier Faden Tiefe mitten in der schäumenden Brandung, während unsere Segel, die wir nicht mehr festmachen konnten, im Winde flatterten. Welle für Welle stürmte über das Verdeck hinweg, so daß wir in einem fort unter Wasser standen, und, da wir hier keine Leibesbergung mehr fanden, uns sämtlich oben im Mast erhielten.

Unsere Lage wurde noch unerfreulicher, da mein Oheim gegen uns bemerkte, daß wir uns hier im Angesichte der flandrischen Küste befänden und es kaum würden vermeiden können, auf den Strand zu laufen. Hier war also österreichisches Gebiet; wir preußische Untertanen, und Preußen mit Österreich seit kurzem im Kriege begriffen. Er verbot uns demnach für jeden Fall, es auf irgend eine Weise zu verraten, daß wir von Rügenwalde kämen und ein preußisches Schiff hätten. Vielmehr sollten wir in der Aussage übereinstimmen: Schiff und Ladung sei schwedisches Eigentum, komme von Greifswalde und sei nach Lissabon bestimmt. Sobald der Sturm es nur zulasse — setzte er hinzu — wollte er hinabsteigen, die preußische Flagge vernichten, seine Schiffspapiere über Seite bringen und die bereit gehaltenen schwedischen Dokumente aus der Kajüte holen.

Wirklich auch entschloß er sich zu diesem gewagten Versuche; aber beim Niedersteigen schwankte der Mast so sehr, und ein unglücklicher Schlag des peitschenden Segels traf ihn so gewaltsam, daß es ihm unmöglich wurde, sich länger zu halten. Er fiel, stürzte mit dem Rücken auf den Rand des auf dem Verdecke stehenden Bootes von da mit dem Kopfe gegen die scharfe Ecke eines Böllers und endlich auf das Deck, wo ihn die Sturzwellen packten und hin- und herwarfen. Der Anblick war so gräßlich, daß wir ihn länger nicht ertragen konnten. Ich wagte mich mit noch zwei Matrosen hinab in dieser Not; wir zogen ihn mit Mühe auf das Kajütendeck, wo doch nicht jede Woge eine Überschwemmung verursachte, und waren nun in der Nähe Zeugen seines jammervollen Geschicks. Der Schlag des Segels hatte das linke Auge getroffen, welches weit aus dem Kopfe nur noch an einer schwachen Sehne hervorhing. Das Blut drang zugleich aus Mund, Nase und Ohren. Aus der hohlen Brust stöhnte ein dumpfes Röcheln, ohne Spur eines Bewußtseins. Trost- und ratlos schob ich ihm das hangende Auge in den Kopf zurück und band ihm mein Halstuch darüber. Um und neben ihm lagen nun ich, sein Sohn und noch ein getreuer Matrose in fester Umklammerung, um uns gegen die Gewalt der Sturzseen zu erhalten, und unbeweglich, bis gegen fünf Uhr abends, da endlich unsere Ankertaue brachen und wir bei halber Flut unaufhaltsam gegen den Strand getrieben wurden.

Endlich stieß das Schiff auf den Grund, aber es stampfte noch heftig, solange das Wasser im Wachsen blieb. Erst als die Ebbe wieder eintrat, saß es völlig fest; aber nun brachen sich auch die rollenden Wellen mit solcher Macht dagegen, daß jede einzelne darüber weg schlug und Schaum und Gischt bis zur vollen Höhe des Mastes emporgewirbelt wurden. Allmählich brach auch das Gebäude in all seinen Fugen, und wir sahen die Stücke davon unter unsern Füßen, eins nach dem andern, davontreiben. Sowie aber die Ebbe sich immer weiter zurückzog, ließ auch die zertrümmernde Gewalt des Wogendrangs nach, die uns sonst unausbleiblich in den Abgrund mit fortgerissen hätte; das Verdeck ward von Wasser frei und wir konnten wieder einen Gedanken an Rettung fassen.

Es war Mondenschein, und am Lande erblickten wir eine Menge von Menschen, die uns aber, bei unserer noch beträchtlichen Entfernung vom Ufer, nicht helfen konnten. Zwar banden wir ledige Wasserfässer an Taue und warfen sie über Bord, in der Meinung, daß sie ans Land treiben sollten; allein die Strömung der Ebbe riß sie vielmehr in die offene See hinaus!

So schlich die Mitternacht heran, wo uns deuchte, daß nunmehr die Ebbezeit wohl abgelaufen sein müßte. Jetzt also befanden wir uns dem Strande am nächsten, der unserer Schätzung nach zwei- oder dreihundert Schritte entfernt sein mochte. So war es denn auch an der höchsten Zeit, alles aufzubieten, um womöglich lebendig an Land zu kommen, bevor die Flut wieder stiege, deren Gewalt ohnehin das Schiff nicht mehr aushalten konnte, ohne gänzlich in Trümmer zu gehen. Es mußte gewagt sein! Sowie demnach eine Sturzwelle nach der andern sich zu uns heranwälzte, so sprang auch der Reihe nach jemand von uns über Bord und ward sogleich mit der Brandung gegen das Ufer hingetrieben, wo die Menschen uns aufzufangen und aufs Trockene zu bringen bereit standen.

Ich, samt meinem Bruder und dem Sohn meines Oheims, wir waren die letzten, die, um den Röchelnden her, mit den Armen fest verschlungen, dies alles vom Kajütendeck mit ansahen, aber uns nicht entschließen konnten, dies teure Jammerbild dahinten zu lassen. Wir schrieen, wir wimmerten und wußten nicht, was wir mit demselben anfangen sollten. Vom Strande her ward uns durch ein Sprachrohr unaufhörlich zugeschrieen: „Springt über Bord! Springt über Bord! Wächst das Wasser mit der Flut wieder an, so seid ihr verloren — springt! springt!"

Angefeuert und beängstigt zugleich durch dieses Rufen, zogen wir endlich unsern Leidenden, dessen Bewußtsein völlig geschwunden war, hart an den Bord des Schiffes und warteten auf eine besonders mächtige Sturzwelle, mit welcher wir ihn in Gottes Namen dahin fahren ließen. Zu unserer unaussprechlichen Freude sahen wir, wie er mit derselben im Fluge dem Lande zugeführt wurde, und wie dort die guten Leute ihn auffingen, ehe er noch von der See wieder zurückgespült werden konnte. Jetzt trieb ich meinen Bruder, den entscheidenden Sprung zu wagen; dann den Sohn meines Oheims und ein Stein nach dem andern fiel mir vom Herzen, da ich sie alsobald gerettet und in Sicherheit erblickte. Nun warf ich mich gleichfalls, als der letzte, wohlgemut in die rollenden Wogen, und in der nächsten Minute umfingen mich auch bereits hilfreiche Arme, die mich den Strand hinauf ins Trockene trugen.

Es ergab sich, daß die Mehrzahl unserer menschenfreundlichen Retter aus österreichischen Soldaten bestand, welche hier, seitdem ihre Kaiserin Maria Theresia sich auch mit England im Kriege befand, zu Deckung der Küste aufgestellt waren und etwa alle zweitausend Schritte ein Wachthaus am Strande hatten. In ein solches Gebäude wurde nun auch unser armer zerschmetterter Oheim getragen, und man deckte ihn mit allem, was sich an trockenen Kleidungsstücken vorfand, sorgfältig zu, um ihn wieder zu erwärmen. Neben ihm, zu beiden Seiten, lagen sein Sohn und ich, hielten ihn umfaßt und nahmen ihm von Zeit zu Zeit das geronnene Blut aus dem Munde.

So mochte er etwa eine Stunde gelegen haben, als er, zum erstenmal wieder nach seinem unglücklichen Fall, den Mund zu der hervorgestöhnten Frage öffnete: „O Gott! Ist mir noch zu helfen?" — Das war Musik in meinen Ohren! Mit freudiger Hast erwiderte ich ihm: „Ja, ja, lieber Vatersbruder! Gott kann — Gott wird Euch noch wieder helfen. Wir sind am Lande." — „So bringt mich denn zu einem Doktor", — war seine kaum verständliche Antwort; und ich konnte ihn damit trösten, daß bereits nach demselben geschickt sei.

Dem war wirklich also; denn sofort nach unserer Landung war auch an die nächste Garnison in Veurne, welches dreiviertel Meilen entfernt lag, eine Meldung geschehen und um ärztliche Hilfe gebeten worden. Zugleich erfuhren wir von den Soldaten, daß wir uns hier drei Meilen von Nieuport und zwei Meilen von Dünkirchen befänden. Der Grund und Boden unter uns war österreichisch, aber die französische Grenze, nach letzterem Orte hinwärts, nur eine Viertelmeile entfernt. Als man uns (wie sofort geschah) über unser Woher und Wohin befragte, so erklärten wir uns, der früheren Abrede eingedenk, für Schwedisch-Pommern aus Greifswalde, die eine Ladung Balken nach Lissabon hätten bringen wollen.

Am 3. Dezember mit dem frühen Morgen erschien ein Fuhrwerk, mit Stroh gefüllt und einer Leinwanddecke versehen, welches angewiesen war, unsern armen Oheim in das Lazarett nach Nieuport zu schaffen. Dieser Ort war mir, aus Furcht vor einer möglichen Entdeckung unsrer wahren Herkunft, nicht recht gemütlich; dagegen vermeinte ich unserm Elende in Dünkirchen vielleicht bessern Rat zu schaffen, wo ich vor ein paar Jahren bereits gewesen war und einigermaßen des Orts Gelegenheit kannte. Ich bat daher unsern Führer, unsern Kranken lieber nach der französischen Grenzstadt zu bringen, und hierzu ließ er sich auch um so bereitwilliger finden, da er eine Meile am Wege ersparte.

Mit schwerer Mühe ward der Oheim auf den Wagen gehoben. Ich und sein Sohn legten uns zu beiden Seiten neben ihn und hielten ihn möglichst sanft in unsern Armen, während mein Bruder den Wagen begleitete, welcher den ebenen Weg längs dem Seestrande einschlug. Gott weiß aber, daß ich wohl nie mehr geweint und gejammert habe, als auf dieser Fahrt. Der geringste Anstoß des Wagens verursachte dem Kranken die peinlichsten Schmerzen, daß er kläglich winselte und zugleich an den Stücken geronnenen Blutes im Munde und Halse zu ersticken drohte, wie sehr ich auch bemüht war, ihm durch Herausnahme derselben Luft zu verschaffen.

So kamen wir endlich nachmittags (es war an einem Sonntage) in Dünkirchen an. Ich ließ den Fuhrmann vor einem Wirtshause halten, welches das Schild „zum roten Löwen" führte; denn hier hatte ich bei meiner früheren Anwesenheit jezuweilen ein Glas Bier getrunken und rechnete mich also in meinem Sinn zu den Bekannten des Hauses. Das hinderte jedoch nicht, daß ich hier mit meiner unerwünschten Begleitung geradezu ab- und nach dem Klosterhospital hingewiesen wurde, wo der rechte Ort für fremde Kranke und Gebrechliche sei. Wirklich auch waren wir dort kaum angelangt und mein Oheim vom Wagen gehoben, so sahen wir ihn auch von einem Schwarm katholischer Ordensgeistlicher umzingelt, die ihn in Empfang nahmen und zuvörderst auf einen langen und breiten Tisch ausstreckten, wo er bis auf die nackte Haut entkleidet wurde.

Darnach fand sich eine Anzahl von Doktoren und Chirurgen ein, welche nun zu einer genaueren Untersuchung seiner Verletzungen schritten. Die erste Operation geschah durch Lösung des Tuches, welches ich dem Armen gleich nach seinem unglücklichen Falle um das Auge gebunden. Da dieses nur noch durch einen dünnen Nervenstrang in der Augenhöhle befestigt hing, so war es freilich rettungslos verloren; es ward kurzweg abgeschnitten.

Bei weiterer Untersuchung ergab sich, daß das linke Bein oberhalb des Kniees im dicken Fleische gebrochen war; doch am bedenklichsten blieb die Zerschmetterung eines Rückenwirbels dicht unterm Kreuz, die dem armen Manne auch wohl die empfindlichsten Schmerzen verursachen mochte. Denn während man ihn nach der Kunst behandelte und die Gliedmaßen bald so, bald anders reckte und dehnte, hörte er nicht auf zu winseln und zu ächzen. Uns drei Jungen, die wir Zeugen von dem allen waren, schnitt jeder Klageton tief durchs Herz, und wir heulten und jammerten mit ihm um die Wette, so daß man sich genötigt sah, uns aus dem Gemache fortzuweisen.

Nachdem der Kranke endlich geschient und verbunden worden, legte man ihn auf ein Feldbette, welches man in die Mitte des Zimmers hingestellt hatte. Eine Klosternonne saß neben ihm und flößte ihm von Zeit zu Zeit einen Löffel roten Weines ein, den sie auf einem Kohlenbecken zu ihrer Seite erwärmte. Am Kopfende des Bettes aber standen wir armen Verlassenen und weinten unsere bitterlichsten Tränen; und so währte das bis zum Abend, wo ein Pater uns andeutete, daß wir die Nacht über im Kloster nicht bleiben könnten, sondern uns nach einer andern Herberge umsehen müßten. Diese fanden wir denn auch in dem Wirtshause; doch brachten wir eine schlaflose, trübselige Nacht zu und wußten nicht, wo Trost und Hilfe zu finden.

Kaum graute der Morgen, so machten wir uns wieder nach dem Kloster auf den Weg, wo wir unsern armen Leidenden unter fortwährendem Gestöhn und Seufzen noch in dem nämlichen Zustande wie gestern fanden. Was konnten wir abermals tun, als um ihn her stehen und die Luft mit unsern Klagen erfüllen? Indes hatte man uns auf unsere Nachfrage verständigt, daß heute Posttag sei; und so ließ ich mir im Gasthofe Papier und übriges Zubehör reichen und brachte den Rest des Tages damit zu, sowohl an unsern Schiffsreeder, Herrn Becker, als an meine Eltern nach Kolberg zu schreiben und ihnen Meldung von unserm Unglück zu machen. Die Briefe wurden versiegelt, und am nächsten Morgen standen wir wiederum von Herzen betrübt am Bette unsers Kranken, ohne daß wir eine merkliche Veränderung an ihm spürten. Ich beugte mich indes dicht zu seinem Ohre und versuchte die Frage: „Lieber Vatersbruder, sollen wir auch nach Kolberg schreiben?" — Er hatte mich verstanden, denn er schüttelte mit dem Kopfe, als ob er nein! sagen wollte. So schwach auch dieser Hoffnungsstrahl seiner wiederkehrenden Besinnung war, so erfüllte er mich doch mit Mut, daß wohl noch alles wieder gut werden könnte. Ich glaubte darum auch, daß ich die Briefe unbedenklich abgehen lassen dürfte, gab den andern beiden einen verstohlenen Wink und eilte mit ihnen nach dem Postkontor.

Unsere Abwesenheit mochte etwa dreiviertel Stunde gedauert haben. Doch als wir wieder das Krankenzimmer betraten, fanden wir zu unserer höchsten Bestürzung und mit einem Schmerz, der sich mit nichts vergleichen läßt, — nur unsers guten Oheims Leiche vor. Sie ward auch alsbald aus dem Bette genommen, auf den nämlichen Tisch wie vorhin ausgestreckt, abermals völlig entkleidet, und der wiederholten genauen Besichtigung der Ärzte unterworfen, wo sich denn die zuvor bemerkten Verletzungen noch deutlicher bestätigten. Sobald uns aber die Doktoren verlassen hatten, traten einige Pfaffen herzu und fragten mich: zu welchem Glauben dieser unser Schiffskapitän sich bekannt habe? — Ich armer Narr antwortete unbedenklich: „Ei, zum lutherischen!"

So wie dieses unglückliche Geständnis über meine Lippen floh, war es gleich, als ob das Gewitter ins Kloster geschlagen hätte. Alles geriet in Bewegung; der eine sprach hitzig mit dem andern; niemand wollte den Seligen anfassen, und doch mußten die Ketzergebeine, ehe die Sonne unterging, aus dem geweihten Bezirk fortgeschafft werden. Man steckte uns endlich eine beschriebene Karte in die Hand, die an einen Tischler lautete, welcher wohl die Lieferung der Särge für das Hospital haben mochte. Denn als wir ihn uns endlich erfragt hatten, fanden wir deren bei ihm einen reichlichen Vorrat vor und wurden bedeutet, unter denselben einen nach der Größe unserer Leiche auszusuchen. Unsere Wahl fiel auf den längsten, weil unser Oheim von einer ansehnlichen Statur gewesen war; und mit diesem Sarge wanderten wir nun nach dem Kloster zurück.

Hier trieb man uns, ohne sich zu irgend einiger Handreichung zu verstehen, mit barschem Ernst, den Leichnam unverzüglich einzusargen und ihn aus dem Gemache hinweg auf die Straße unter einen uns dazu angewiesenen Schuppen zu bringen. Unsere Wehmut kannte keine Grenzen. Indes taten wir, wie uns geboten worden; man reichte uns Hammer und Nägel, um den Deckel zuzuschlagen, und nun hoben wir an, den Sarg mit den uns so teuren Überresten eine kurze Strecke auf den Flur fortzuziehen und zu schieben. Hier aber übermannte und lähmte der ungeheure Schmerz plötzlich all unsere Kräfte, und wir fühlten uns, in ein lautes und vereintes Jammergeschrei ausbrechend, ohne Vermögen, die geliebte Last auch nur einen Schritt weiter zu bringen. Ich fiel vor dem einen Pater auf die Kniee und bat um Gottes willen, man möchte sich unser erbarmen, denn wir könnten hier nichts mehr tun.

Jetzt gab es ein kurzes Gespräch unter den Anwesenden; ein Aufwärter ward fortgeschickt, und binnen einer Viertelstunde erschienen vier Kerle mit einer Bahre und jeder mit einem Spaten versehen. Sie packten die Leiche an, und so ging der Zug zum Tore hinaus, etwa zweitausend Schritte weit und gerade auf eine Kirche zu. Wir, die wir den Trägern gefolgt waren, meinten, der Leichenzug eile dem Kirchhofe zu. Das aber war weit gefehlt; denn es ging neben dem Gotteshause vorüber wohl noch tausend Schritte weiter auf ein freies Feld; und da die Träger ihre Last wohl zwanzigmal niedergesetzt hatten, um frischen Atem zu schöpfen, so begann es bereits dunkel zu werden, bevor wir die Grabstätte erreichten.

Es war ein Fleck am Wege, der nichts hatte, was einem Totenacker ähnlich sah. Hier sollten wir nun ein Grab graben; da es aber den Kerlen damit zu lange währte, nahmen sie uns verdrießlich die Spaten aus den Händen, schaufelten und schalten uns „Ketzer". Wir hingegen gaben alle möglichen guten Worte; und sobald auch nur das Grab so tief geöffnet war, daß der obere Sargdeckel unter Erde kommen konnte, senkten wir die Leiche mit Weinen und Wehklagen hinein, füllten die Erde drüber her, nahmen unter tausend heißen Tränen Abschied und wanderten bekümmert wieder auf unsern „Roten Löwen" zu; — doch nur, um, nach einer ängstlich durchseufzten Nacht, gleich am nächsten Morgen wieder das Grab des lieben Oheims aufzusuchen und auf demselben zu jammern.

Fürwahr, wer eine menschliche Seele hat, wird unser Elend mit uns fühlen! Da saßen wir drei Jungen, von achtzehn bis zu vierzehn Jahren herab, in der größten Leibes- und Seelennot — in einem ganz fremden Lande, auf dem freien Felde und über dem frischen Grabhügel unsers geliebten Vaters und Führers! — saßen, als eine arge Ketzerbrut von jedermann gemieden und ausgestoßen, ohne einen Pfennig im Vermögen, nichts in und wenig auf dem Leibe, in dieser rauhen Jahreszeit, ohne Trost oder Hilfe von Menschen! Betteln konnten und wollten wir nicht, lieber hätten wir hier auf dieser Grabeserde des geliebten Hingeschiedenen gleichfalls verscheiden und verschmachten mögen! Er allein war in diesen trostlosen Augenblicken unser Gedanke und unsre Zuflucht. „O Vatersbruder, erbarmet Euch!" riefen wir unaufhörlich, bis wir uns müde geschrieen hatten und das Törichte unseres Beginnens einsahen.

Jetzt erst konnten wir uns untereinander beraten, was wir in dieser schrecklichen Verlassenheit anzufangen hätten? Wir beschlossen, am nächsten Morgen zu unserm Schiff und unsern andern Kameraden zurückzukehren. Wo diese blieben, wollten auch wir bleiben und ihr Schicksal mit ihnen teilen. Unser einziger und letzter Notanker war aber des verstorbenen Oheims Taschenuhr, die wir an uns genommen hatten und, wenn uns zuletzt das Wasser an die Seele ginge, loszuschlagen gedachten. Ob dies schon im Roten Löwen würde geschehen müssen, wohin wir nun zunächst zurückkehrten, sollten wir alsbald erfahren. Gesättigt und durch einigen Schlaf erquickt, kam denn auch am Morgen darauf unsre bisherige Zeche zur Sprache. Doch der gute Wirt, den unser trauriges Schicksal erbarmt hatte, war mit unserm Dank und einem herzlichen „Gott lohn's!" zufrieden; wir aber wanderten ebenfalls in Gottes Namen wieder den Strand entlang, um unsere zurückgelassenen Unglücksgefährten aufzusuchen.

Noch waren wir indes keine Meile gegangen, als unser Schiffskoch, namens Roloff, uns begegnete und uns berichtete: die österreichischen Strandwächter hätten unsere preußische Flagge von dem zertrümmerten Schiffe am Ufer aufgefischt; die Mannschaft sei hierauf nochmals in ein scharfes Verhör genommen worden und habe sich endlich zu ihrer wahren Landsmannschaft bekennen müssen. Von Stund an habe man sie als Kriegsgefangene und mit Härte behandelt, habe sie genötigt, die Trümmer des Schiffes und der Ladung mit angestrengter Arbeit ans Land bergen zu helfen, zugleich aber auch sie in so genauer Obacht gehalten, daß nicht einer ohne militärische Begleitung sich nur bis zwischen die nächsten Sanddünen habe entfernen dürfen. Dennoch sei es ihm selbst in dieser letzten Nacht geglückt, seinen Aufsehern zu entwischen; und er gedenke nunmehr nach Dünkirchen zu gehen, wo er in Sicherheit zu sein hoffe; — uns aber rate er wohlmeinend, auf der Stelle wieder mit ihm umzukehren.

In der Tat war auch dieser Vorschlag der beste, und er ward unbedenklich von uns angenommen. Indem ich aber in unsrer neuen Not alles reiflich bei mir überdachte, kam mir wieder der Kaufmann in Dünkirchen zu Sinn, an welchen Schiffer Damitz vor vier Jahren, als er mit mir von Liverpool kam, seine Ladung Tabak abgeliefert hatte. Sein Haus war mir noch erinnerlich, doch sein Name nicht. Indes beschloß ich, geradeswegs zu ihm zu gehen, ihm unsre Not zu klagen und ihn um Rat und Beistand zu bitten. Daneben fiel mir bei, daß unser Schiff in Amsterdam für Seeschaden und Türkengefahr versichert gewesen, und daß der Kommissionär, der dieses Versicherungsgeschäft besorgt hatte, den Namen Emanuel de Kinder führte. Ich konnte demnach den Dünkircher Kaufmann bitten, daß er an diesen Agenten unsers Reeders nach Amsterdam schriebe und in unserm Namen um einen Vorschuß von einhundert Gulden für Rechnung Herrn Beckers oder meines Vaters in Kolberg bäte. Damit ließ sich dann schon hoffen, unsre Heimat wieder zu erreichen.

Alles dieses ging auch nach Wunsch in Erfüllung. Der Kaufmann war willig und bereit, uns in der vorgeschlagenen Weise zu dienen. Binnen acht Tagen ging auch eine Antwort von Emanuel de Kinder an ihn ein, mit der Anweisung, daß, wenn wir des Nettelbecks Kinder wären, er uns die hundert Gulden, oder falls wir es verlangten, auch das Zwiefache auf sein Konto vorschießen möge. Das war allerdings brav von dem Amsterdamer; aber noch diesen Tag freut es mich, daß ich diese Wohltat im Jahre 1783 — also 27 Jahre nachher — an seinem Sohne Florens de Kinder habe vergelten können, indem ich mich, mit einer reichen Ladung von Lissabon kommend, an diesen adressieren ließ; und gewiß hat er hierbei als Korrespondent über zweitausend Gulden gewonnen.

Ich war ein so guter Wirt, daß ich mich mit der Hälfte des angebotenen Darlehns begnügte; und das um so lieber, da uns der Dünkircher belehrte: es sei auf diesem Platze der Brauch, daß Seefahrer, die an der dortigen Küste ihr Schiff verlören, einen Sou (etwa vier Pfennige unsers Geldes) für eine jede Meile bis nach ihrer Heimat als Reisegeld empfingen. Zugleich erbot er sich, jemand von seinen Leuten mit uns nach dem Stadthause zu schicken, um uns diesen Zehrpfennig auswirken zu helfen. Dort war jedoch den Herren, denen wir Kolberg als unsre Vaterstadt nannten, dieser Ort ein ganz unbekanntes Ding; denn damals hatten ihm die wiederholten Belagerungen noch keinen Ruf in der politischen Welt gegeben. Ich bat mir demnach eine Seekarte aus und wies in derselben die Lage dieses Handelshafens nach, ward aber zugleich auch aufgefordert, dessen Entfernung von Dünkirchen abzumessen. Dies trug über See gegen einhundertundneunzig Meilen aus; und ebensoviel Sous wurden auch jedem von uns dreien auf der Stelle ausgezahlt.

Nun galt es die Frage, welchen Weg wir einschlagen sollten, um wieder zu den Unsrigen zu gelangen? Es war Winter und die See so gut als gesperrt. Zu Lande aber hätten wir uns durch die österreichischen Niederlande wagen müssen, wo wir als Preußen Gefahr liefen, gleich an der Grenze angehalten zu werden. Indes fand sich über unser Erwarten bald genug eine Gelegenheit, die wir zu unserm Weiterkommen nicht glaubten versäumen zu dürfen. Die Dünkircher Kaper hatten nämlich einen englischen Kutter als Prise aufgebracht und denselben an einen Schiffer von Bremen, namens Heindrick Harmanns, verkauft. Dieser belud denselben sofort mit losen Tabaksstengeln und war willens, damit nach Hamburg zu gehen. Die gesamte Schiffsmannschaft bestand außer ihm selbst nur aus zwei Matrosen, und wir drei waren ihm als Passagiere um so lieber, da wir uns erboten, gegen die Kost, die er uns reichen sollte, die Wache mit zu halten.

Vier Tage vor Weihnachten gingen wir in See. Es begann hart zu frieren, und das ganze Fahrzeug nahm zuletzt die Gestalt eines großen Eisklumpens an. Da wir so wenig auf dem Leibe hatten, wurden uns unsre Wachen herzlich sauer. Uns fror jämmerlich; daher begruben wir uns, so oft die Wachtzeit zu Ende lief, im Raume tief in die Tabaksstengel; kamen aber gewöhnlich ebenso erfroren wieder heraus, als wir hineingekrochen waren. Unsre Schiffsleute verfuhren auch so unbarmherzig mit uns, daß sie uns nicht in ihre Schlafkojen aufnehmen wollten, wiewohl dies, während sie selbst sich auf der Wache befanden, füglich hätte geschehen können. Ebensowenig ließen sie uns zu unserer Erwärmung das geringste von ihren Kleidungsstücken zukommen, und selbst die kärglichen Mundbissen, die wir erhielten, wurden uns nur mit Widerwillen und Brummen hingestoßen.

So kamen wir vor die Mündung der Elbe. Da wir hier aber alles mit Eis besetzt fanden und überdem auch sich ein Ostwind erhob, wurde der Beschluß gefaßt, wieder umzukehren und an der holländischen Küste einen Nothafen zu suchen. Vor der Insel Terschelling fand sich auch eine Lotse zu uns an Bord, der uns schon bei später Abendzeit zwischen die Bänke im Vorwasser brachte. Weil uns indes der Wind entgegenstand und wir nicht weiter hineinkommen konnten, warfen wir Anker, und der Lotse ging wieder an Land, mit dem Versprechen, sobald der Wind sich umsetzte, zu uns zurückzukehren. Aus den Äußerungen unseres Schiffers ging hervor, wie erwünscht es ihm sei, gerade an diesem Punkte an Land gekommen zu sein; denn sein Vater fahre als Gildenschiffer regelmäßig von Bremen nach Haarlingen, und eben jetzt müsse die Reihe an ihm sein, hier Ladung zu erwarten, so daß er hoffen dürfe, denselben an letzterm Orte vorzufinden, von wo wir hier nur zwei oder drei Meilen entfernt seien.

Es war gerade der 1. Januar des Jahres 1757. Abends um zehn Uhr setzte sich der Wind in Nordwesten, und indem er zu einem fliegenden Sturm anwuchs, wurde das Schiff vom Anker getrieben; saß auch, ehe wir uns dessen versahen, auf einer Bank fest, wo die Sturzwogen unaufhörlich über das Fahrzeug hinwegrollten und bis hoch an die Masten emporschäumten. Das Schiff war scharf im Kiel gebaut; so oft daher eine Welle sich verlief, fiel es so tief auf die Seite, das die Masten beinahe das Wasser berührten. Gleichwohl erhielt uns Gottes Barmherzigkeit, daß wir nicht vom Borde hinweggespült wurden. Diese ängstliche Lage dauerte wohl vier bis fünf Minuten, als endlich eine besonders hohe und mächtige Welle uns hob und mit sich über die Bank hinüberschleuderte.

So gelangten wir zwar für den Augenblick wieder in fahrbares Wasser; doch ehe wir Zeit hatten, uns unsrer Rettung zu freuen, jagte der Sturm unser Fahrzeug vollends auf den Strand, und die brandenden Wellen zogen aufs neue im schäumenden Gebrause über das Verdeck und unsre Köpfe hinweg. Der Schiffer mit seinen beiden Leuten befand sich zufällig auf dem niedriger liegenden Hinterteile des Schiffs; während wir drei Passagiere uns vorne in der Höhe befanden und den Fockmast umklammert hielten, um nicht von den spülenden Wogen mit fortgerissen zu werden. Die Angst, mit etwas Hoffnung vermischt, machte uns mäuschenstill; jene aber schrieen und wimmerten, daß die Luft davon erklang, ohne daß wir ihnen helfen oder sie zu uns empor klimmen konnten.

Die Nacht war ziemlich dunkel, auf dem Lande lag Schnee, und rings um uns her schäumte die Brandung; folglich war alles weiß, und es ließ sich nicht unterscheiden, wie nahe oder wie fern wir dem trocknen Ufer sein möchten. Je länger ich indes meine Aufmerksamkeit hierauf spannte, desto gewisser auch deuchte mir's, daß beim Rücklauf der Wellen nur ein kleiner Zwischenraum bis zum Lande stattfinden könne. Ich nahm einen Zeitpunkt wahr, wo das Verdeck nach vorne frei vom Wasser war, und kroch an dem langen Bugspriet hinan, das nach dem Strande hin gerichtet stand; da sah ich nun deutlich, daß jedesmal, wenn die See zurücktrat, das Ufer kaum eine Schiffslänge von uns entfernt blieb.

Jetzt schien mir unsere Rettung länger nicht unmöglich. Ich nahm behutsam den Rückweg zu meinen Gefährten, teilte ihnen meine glückliche Entdeckung mit und sprach ihnen Mut ein, mir nach auf das Bugspriet zu klettern. Sobald die nächste Welle sich weit genug zurückzöge, wollte ich's zuerst versuchen, mich schnell an einem Tau (deren dort überall eine Menge zerrissen hing) hinabzulassen, und wenn ich festen Boden unter mir fühlte, sollten sie auf mein gegebenes Zeichen beim nächsten Ablauf einer Woge, meinem Beispiele getrost nachfolgen. Auch den übrigen schrie ich zu, sich auf diesem Wege zu retten; allein das Sturm- und Wellengebrause war zu mächtig, als daß ich hätte können verstanden werden.

Unser Wagestück gelang nach Wunsch; wir kamen glücklich an Land und fielen alle drei voll Entzücken auf unsre Kniee, um dem göttlichen Erretter unsern Dank darzubringen. Durchnäßt bis auf die Haut und erstarrt vor Frost, beeilten wir uns, ein Asyl zu suchen. Wir wanderten unverzüglich auf eine Feuerbake zu, die hier auf dem Terschelling zum Besten der Seefahrenden unterhalten wird, und deren Licht wir etwa zweitausend Schritte von uns flimmern sahen. Wohl hundertmal fielen wir in der dicken Finsternis und auf den unebenen Sanddünen über unsere eigenen Füße; aber innig froh, dem tosenden Meere entronnen zu sein, hätten wir auch wohl größeres Leid nicht geachtet und gelangten endlich auch wohlbehalten zu dem Feuerturme. Die Tür desselben ward im Dunkeln ausgetastet; vor uns öffnete sich eine Wendeltreppe, die wir hinanstiegen, und droben im Wachtstübchen fanden wir einen Mann auf der Pritsche ausgestreckt, dem bei unserem unerwarteten Eintritt im Todesschrecken das Pfeifchen aus dem Munde entsank, bis wir uns beiderseits besannen und näher miteinander verständigten.

Auf den Bericht von unsrer unglücklichen Strandung erklärte er uns, daß er verpflichtet sei, dieses Ereignis sofort im nächsten Dorfe, das kaum einige tausend Schritte entfernt liege, anzuzeigen. Er lud uns ein, ihn dorthin zu begleiten, kam uns erstarrten armen Burschen aber gar bald aus dem Gesicht und überließ es uns, ihm, so gut wir konnten, nachzuhumpeln. Unzählige Male purzelten wir auf diesem kurzen Wege, kamen selbst in Gefahr uns zu verirren und fanden uns nur dann erst zu dem Dorfe hin, als wir eine Glocke gezogen hörten, welche das Zeichen gab, daß alles Mannsvolk auf und empor sollte, um unser gestrandetes Schiff aufzusuchen und zu bergen.

Wir wurden indes in ein Haus geführt, wo des Fragens nach unserm erlittenen Unglück kein Ende war, wo aber die guten Leute zugleich auch trockene Kleider, Speisen, Warmbier und sogar Glühwein, und was sie sonst irgend im Vermögen hatten, herbeibrachten, um uns zu erquicken. Sie weinten um die Wette mit uns — wir vor Freude, sie vor Mitleid; und nicht eher verließen sie uns, als bis sie uns in einem warmen Bette zur Ruhe gebracht hatten.

Am Morgen, da wir uns wieder ermuntert hatten, erfuhren wir, daß die Dorfsmannschaft von ihrem nächtlichen Zuge wieder heimgekehrt sei. Sie hatte das gestrandete Schiff in der Dunkelheit nicht finden können, war aber bei anbrechendem Tage auf die einzelnen, längs dem Ufer umhertreibenden Trümmer gestoßen, ohne jedoch weder einen lebendigen Menschen, noch eine ausgeworfene Leiche anzutreffen. Wir blieben also leider die einzigen Geborgenen! Es ward uns indes angeraten, uns zu Mynheer de Drost, der die polizeiliche Aufsicht auf der Insel führte, zu begeben und demselben unser Unglück vorstellig zu machen, da zudem eine Kasse vorhanden sei, woraus armen schiffbrüchigen Leuten, wie wir, eine Unterstützung gereicht zu werden pflege. Auch möchten wir deren wohl um so mehr bedürftig sein, da jetzt zwischen Terschelling und dem festen Lande alles mit Eis gestopft und so bald an kein Hinüberkommen zu denken sei.

Dieser Vorschlag kam uns gar sehr gelegen. Ohne uns also zu äußern, daß wir noch mit Geld und mit einer Taschenuhr (beides hatte ich sorgfältig in meinen Beinkleidern verwahrt) versehen wären, machten wir uns zum Landdrosten auf den Weg, ihm unsre Lage zu schildern. Der brave Mann hörte uns mit dem äußersten Mitleid an, ließ auch sofort einen Schneider kommen, der uns eine tüchtige Jacke und Hosen anmessen mußte, und versah uns mit doppelten Hemden, Halstüchern, Strümpfen, einer Filzmütze und andern Notwendigkeiten mehr. Hiermit auch nicht zufrieden, ließ er einen Mann kommen, dem er uns in die Kost befahl; und so blieben wir in dieser menschenfreundlichen Pflege bis in die Mitte des Januars, wo endlich das Eis zwischen Terschelling und Haarlingen aufging und wir ein Schiff von dorther nach dem Schelling durchbrechen sahen.

Sobald dieses Fahrzeug an Land gekommen war, beeilten wir uns, den Schiffer, welcher schnell löschen und dann den Rückweg antreten wollte, dahin zu vermögen, daß er uns einen Platz an seinem Borde gestattete. Auf seine ausweichende Antwort, die uns wenig Hoffnung übrig ließ, hielten wir's für das Geratenste, auf der Stelle unserm großmütigen Gönner, dem Drosten, unser neues Anliegen vorzutragen. Sogleich auch war er zur Vermittlung bereit, ließ den Schiffer rufen, verdingte uns ihm als Passagiere bis Haarlingen und an seinen eignen Tisch, wie lang oder kurz die Überfahrt auch währen möchte, und berichtigte die Kosten mit fünfzehn Gulden vor unsern Augen. Es versteht sich, daß wir ihm aus Herzensgrunde und mit weinenden Augen dankten, indem wir zugleich von ihm Abschied nahmen, um mit unserm Schiffer zu gehen. Diesem halfen wir vergnügt löschen, und eine neue Ladung einnehmen; und so konnten wir schon nach achtundvierzig Stunden mit ihm vom Terschelling absegeln.

Wir brauchten einen Tag und beinahe die ganze folgende Nacht, um uns durch das Eis zu arbeiten, bis wir mit dem Morgen vor Haarlingen anlegten. Hier nahmen wir sofort unser kleines Bündel auf den Arm und waren im Begriff, längs dem Kai zum nächsten Tore hinauszuziehen, als wir zufällig an einem Fahrzeuge vorüber schlenderten, welches, wie mehrere andre, im Eise eingefroren war. Auf demselben stand ein kleiner alter Mann, der uns anrief und dessen Neugier wir über unsere Umstände, erst im allgemeinen und dann im besondern, befriedigen mußten. Wir taten es als ehrliche Pommern in aller Unbefangenheit und nannten letzlich auch den Namen „Heindrick Harmanns“, als des Schiffers, mit dem wir unsern neuerlichen Unfall erlitten und der dabei ein Raub der empörten Wogen geworden.

Kaum ging der unglückliche Name über meine Lippen, so schlug der alte Mann die Hände über dem Kopf zusammen und schrie, daß es in die Lüfte klang: „Barmherziger Gott! Mein Sohn! mein Sohn!“ Zugleich sank er auf seine Kniee nieder und mit dem Angesicht auf das Verdeck, und jammerte unabläßig: „Mein Sohn! o, mein Sohn!“ — Uns schnitt der klägliche Anblick durchs Herz; wir weinten mit ihm und konnten nicht von der Stelle. Als wir uns beiderseits ein wenig erholt hatten, drang er in uns, ihm in seine Kajüte zu folgen. Hier mußten wir ihm den ganzen Verlauf umständlich erzählen, auch wollte er uns (als ob ihm dies einigen Trost gäbe) den ganzen Tag nicht von seiner Seite lassen; aber während er uns Kaffee, Wein und alles, was er nur zur Hand hatte, vorsetzte, überwältigte ihn immer von neuem der Gram um sein verlornes Kind und preßte auch uns Tränen der Rührung und des Mitleids aus.

Gegen den Abend, wo es uns endlich die höchste Zeit deuchte, unsern Stab weiterzusetzen, hub er an: „Liebe Jungen, heute könnt und sollt ihr nicht mehr von dannen. Ich will euch in ein gutes Haus bringen, wo ihr euch die Nacht über erholen könnt. Aber morgen früh hol' ich euch ab und gehe eine Strecke Weges mit euch. Ihr seid jung und unerfahren und braucht Anweisung und guten Rat, wie ihr eure Reise weiter anzustellen habt. Kommt denn, in Gottes Namen!“

Unser Führer schien in der Herberge, zu welcher er uns geleitete, und wo es von Biergästen wimmelte, gar wohl bekannt. Er erzählte seines Sohnes und unser Unglück; auch wir mußten erzählen, und so verstrich der Abend, bis der

Wirt, in Ermangelung seiner abwesenden Ehegenossin, uns in ein recht artiges Zimmer hinaufleuchtete, uns dreien ein großes, mit Betten hoch ausgestopftes Nachtlager anwies und uns sodann eine freundliche Ruhe wünschte. Wirklich tat sie uns not, und wir krochen wohlgemut und behaglich unter die Decke zusammen.

Leider aber hatten wir diesmal unsere Rechnung — zwar nicht ohne den Wirt, aber doch ohne die Wirtin gemacht! Denn kaum war uns so ein süßes halbes Stündchen zwischen Schlaf und Wachen verlaufen, so kam es unter Zank und Gepolter die Treppe hinaufgestürmt; unsre Zimmertüre ward ungestüm aufgerissen und eine gellende Stimme gebot uns, sofort das warme Nest zu räumen und ihr sauberes Bettzeug nicht zu verfumfeien. Da half kein Widerreden; wir sprangen auf, ließen die Ohren hängen und duckten uns in einen Winkel zusammen, bis die Betten, die der Dame so fest ans Herz gewachsen waren, mit einem Strohsack, einer Matratze und einer Art von Pferdedecke vertauscht worden. Das war ein böser Wechsel! und der unfreundlich genug ausgestoßene Wunsch einer guten Nacht, womit uns die gestrenge Hausfrau verließ, hinderte nicht, daß wir eine sehr böse Nacht unter Frost, Verdruß und Schlaflosigkeit zubrachten.

Unser ehrlicher Vater Harmanns, der in seiner Kajüte geschlafen hatte, und dem wir am Morgen unser nächtliches Abenteuer mitteilten, nahm sich den Schimpf, welcher seinen Schützlingen widerfahren war, mehr zu Herzen, als wir erwarteten. Trotz unserer Vorstellungen las er der Wirtin einen derben Text, sagte ihr und ihrem Hause, wo er so viele Jahre verkehrt hatte, alle Gemeinschaft auf, und wollte jede Christenseele warnen, keinen Fuß über diese unwirtliche Schwelle zu setzen. Wir hatten genug zu tun, den lieben alten Mann zu beschwichtigen, der sich's nicht nehmen ließ, uns noch zu guter Letzt durch ein vollständiges Frühstück satt zu machen; ja auch alle unsre Taschen mit Brot, Käse, gekochtem Fleisch, und was er sonst wußte und hatte, vollzustopfen.

Dann ergriff er seinen Stab und wanderte mit uns zum Tore hinaus, wie sehr wir ihn auch bitten mochten, umzukehren und seine Kräfte zu schonen. Vielmehr hörte er nicht auf, uns eifrig wegen unsers bessern Fortkommens zu beraten, und während dieser Besprechungen verlief ein Stündchen nach dem andern, es ward Mittag, und wir befanden uns in Franecker. Hier zog er mit uns in ein Wirtshaus, ließ auftragen, als ob wir uns für drei Tage satt essen sollten, und konnte sich endlich nur schwer entschließen, uns das Valet zu geben. Noch drückte er uns beim Abschiede zwei holländische Dukaten in die Hände; wir aber schieden mit Tränen der Dankbarkeit von diesem Ehrenmanne und gelangten abends wohlbehalten nach Leuwaarden, wo wir übernachteten.

Die nächste Tagereise brachte uns spät in der Dunkelheit noch Dockum; aber es wollte uns nicht gelingen, hier eine Herberge zu finden. Überall, wo wir anklopften, beleuchtete man uns sorgfältig von allen Seiten und zog dann die Türe uns vor der Nase ins Schloß mit einem frostigen: „Geht weiter mit Gott!" — Es war eine kalte stürmische Nacht; wir irrten umher und jammerten, bis wir endlich bei einem Hinterhause an einen Stall gerieten, wo ein Knecht noch den Dünger auskehrte. Vergebens klagten wir auch diesem unser Leid und baten ihn, uns die Nacht in seinen warmen Stall aufzunehmen; er fürchtete, sich dadurch Scheltworte bei seinem Herrn zu verdienen, und uns blieb zuletzt nichts übrig, als uns hinter einer Scheune, zunächst dem Tore, wo es etwas Überwind gab, zusammenzukauern und uns recht herzlich satt zu weinen. Hatten wir eine Weile gesessen, so sprangen wir wieder auf und rannten auf dem Platze hin und her, um nicht vor Frost zu erstarren. Es ward uns aber wahrlich je länger je übler zu Mute.

Das währte so fort bis nach Mitternacht, wo wir Räder rasseln und ein Posthorn blasen hörten. Eine Kutsche hielt am Tore, und auch wir kamen hinter unsrer Scheune hervor, um zu sehen, was es gäbe? Bis die Torflügel und

Gatter sich öffneten, standen wir aus langer Weile um den Wagen her, an welchem der Schlag von innen aufgemacht wurde, und von woher ein lautes „Wer da?" an uns erging. Wir fanden keine Ursache, unsrer Personen, Drangsale und gegenwärtigen Not ein Hehl zu haben; und unser unwillkürliches Zähneklappern legte genugsames Zeugnis ein, daß wir die Wahrheit redeten.

Es fand sich nun, daß ein einzelner Mann im Wagen saß und daß ihm unser trübseliger Zustand zu Herzen ging. Nachdem er seinem Unwillen durch einige Verwünschungen gegen die hartherzigen Dockumer Luft gemacht, uns um unsre Heimat befragt (freilich mochten wohl Pommern und Kolberg böhmische Dörfer für ihn sein!) und endlich noch erfahren hatte, daß unser Weg zunächst auf Gröningen ginge; so überraschte er uns durch die willkommene Einladung, zu ihm in die Kutsche zu steigen und ihn bis zu dem genannten Orte zu begleiten. Es versteht sich wohl, daß wir armen erfrornen Schlucker uns das nicht zweimal sagen ließen. Der Wagen rollte mit uns fort, und wir mußten unserm Wohltäter die ganze Nacht hindurch alle unsre erlebten Schicksale erzählen. Mit Tagesanbruch sahen wir uns nach Gröningen versetzt, und der Mann im Wagen fuhr seines Weges weiter; doch nicht, ohne zuvor uns mit drei holländischen Gulden beschenkt zu haben.

Nun aber gerieten wir in andre Nöte. Meine beiden Begleiter, der angestrengten Märsche ungewohnt, hatten die Füße voller Blasen und fanden sich auch anderweitig unbequem, so daß mir's immer schwerer fiel, sie des Weges vorwärts zu bringen. Ging ich meinen guten Schritt vorweg und sah dann hinter mich, so war der eine noch immer weiter als der andere zurückgeblieben. Bat ich sie, sich zu fördern: — sie wollten nicht, sie konnten nicht; sie weinten. Es gedieh endlich so weit damit, daß mein Bruder auf einem Düngerhaufen am Wege sitzen blieb und unter heißen Tränen beteuerte: Jetzt vermöchte er nicht weiter; ich möchte nur meinen Weg allein gehen. Wollt' ich ihm von unserm Gelde nichts zukommen lassen, so möchte es darum sein. Es sei ihm ohnehin so zu Sinne, als müsse er hier sitzen bleiben und Hungers sterben.

Meine Angst war unaussprechlich. Ich weinte mit ihm um die Wette; ich tröstete, ich versprach ihm goldene Berge, wenn er nur aufstehen und es versuchen wollte, mit mir fortzuhumpeln. Nur bis ans nächste Dorf noch sollte er sich fortschleppen, bevor es Abend würde. Morgen wollten wir ein Fuhrwerk nehmen und alles sollte besser werden. Unter solchen kräftigen Zureden nahm ich ihn endlich unter die Arme, hinkte mit ihm weiter und trug ihn mehr, als er ging, bis wir unser heutiges, abgekürztes Reiseziel erreichten. Ich hielt ihm indes Wort, und wir fuhren von Dorf zu Dorf, bis wir ins Oldenburgische kamen. Hier aber nahmen wir die halbe Post und erreichten Lübeck; doch griff dieses schnellere und bequemere Fortkommen auch so gewaltig in unsre Reisekasse, daß uns, wie knapp wir's auch unserm Munde abdarbten und obschon wir kaum mehr als das trockene Brot mit einem Wassertrunk genossen, endlich doch der letzte Groschen aus den Händen zerronnen war.

Was blieb zu tun? Ich wandte mich in Lübeck an einen Kaufmann, Herrn Sengbusch, der mir von Kolberg her dem Namen nach bekannt war, und ersuchte ihn, uns auf unsre teuer gehaltene Taschenuhr zwanzig Taler vorzustrecken. Hierzu war der gute Mann auch willfährig; wir konnten nunmehr mit der Post nach Stettin weiter gehen und fanden hier eine Gelegenheit, die uns vollends nach Kolberg förderte, wo wir in der Mitte des März, mit einem baren Kassenbestande von sieben Groschen sechs Pfennigen, anlangten und von den Unsrigen mit einer Freude, als wären wir vom Tode auferstanden, empfangen wurden.

Fünf Tage lang war ich im lieben Vaterhause gewesen und von der Not kaum wieder ein wenig zur Besinnung gekommen, als schon wieder ein neuer Unglücksstern über mir aufging. Denn da hieß es: Die Unteroffiziere von unserm Bataillon, welches damals seine Winterquartiere in Torgau hatte, hätten sich bei uns eingefunden, um frische Rekruten in diesem ihrem Kanton auszuheben. Eine

Schreckenszeitung für alle Eltern jener Zeit, sowie für alles junge Volk, das eine Flinte schleppen konnte und nicht mochte!

Diese entschiedene Abneigung des Bürgers gegen den Soldatenstand hatte aber auch ihre genugsame Rechtfertigung in der heillosen und unmenschlichen Art, womit die jungen Leute beim Exerzieren, zumal von den Unteroffizieren, behandelt wurden. Unter den Fenstern ihrer Eltern selbst, auf öffentlichem Markte, wurden sie von diesen rohen Menschen bei solchen Einübungen mit Schieben, Stoßen und Prügeln auf das grausamste gemißhandelt; — oft nur, um ihre neue Autorität fühlen zu lassen, oft aber auch wohl in der eigennützigen Absicht, um von den Angehörigen Gaben und Geschenke zu erpressen. Es war ein kläglicher Anblick, wenn die Mütter bei solchen Auftritten in Haufen daneben standen, weinten, schrieen, baten und von den Barbaren rauh und unsanft abgeführt wurden. Klagen bei den Obern fanden nicht statt oder wurden verspottet; denn diese dachten wie ihre Untergebenen und sahen mit kalter Geringschätzung auf alles herab, was nicht den blauen Rock ihres Königs trug.

Wenn nun schon unsre Bürgersöhne sich damals so ungern unter die militärische Fuchtel beugten, so wird es um so begreiflicher, daß insonderheit die jungen Seefahrer unter ihnen diesen Abscheu in noch verstärktem Maße bei sich empfanden, je früher sie bereits auswärts die goldne Freiheit gekostet hatten, und je weniger überhaupt ihre Hantierung mit dem harten und gezwungenen Soldatendienste übereinstimmte. Wer es also irgend vermochte, entzog sich dieser Sklaverei lieber durch die Flucht ins Ausland und ging dadurch dem Staate gewöhnlich für immer verloren.

Hätte ich selbst nicht auch jenen Widerwillen gegen ein so gebundenes Leben so lebhaft gefühlt, als irgend einer unter meinen Seekameraden, so durfte ich mich doch schon um meiner kleinen Statur willen nicht tauglich zu einem regelrechten Soldaten halten; und darum stand mir's auch nie zu Sinn, meinem großen Friedrich, so sehr ich ihn auch verehrte, in Reihe und Glied und mit dem Schießprügel auf der Schulter zu dienen. Denke man sich also meinen Schreck, als ein gutmeinender Freund unter dem angekommenen Werberkorps (er hieß Lemcke) meinem Vater insgeheim vertraute: sämtliche junge Bursche in der Stadt von vierzehn Jahren und darüber, wären bereits notiert, und um elf Uhr würden die Tore geschlossen, die brauchbarsten darunter aufgegriffen und gleich mit dem nächsten Morgen nach Sachsen auf den Transport gegeben werden. Ich flüchtete eilends nach der Münde. Mein Vater ließ mir dahin durch eine vertraute Frau den Bescheid bringen, daß auch bei ihm genaue Haussuchung nach mir geschehen sei. Ich möchte mich daher ungesäumt aufmachen und zwei Meilen weiter am Strande entlang im Dorfe Bornhagen bei einem mir namhaft gemachten Bauer, dem zu trauen sei, eine einstweilige Zuflucht suchen. Doch dieser gute Rat kam leider zu spät; mein Aufenthalt war schon verraten!

Gleich am Nachmittage zeigten sich jene Werber überall auf der Münde und umringten das Haus, worin ich steckte, von allen Seiten. Ich gewann nur die Zeit, mich auf den stockfinsteren Boden zu flüchten, wo ich in der Angst ein großes Fischernetz, das an den Sparren umher hing, über mir zusammenzog, so daß ich meist darunter verdeckt lag. Kaum war dies geschehen, so rührte sich auch etwas auf der Leiter, die unter das Dach hinaufführte. Es war der Unteroffizier Schnell, der nun sein Seitengewehr zog und mit der Spitze desselben in alle Winkel blind umhertastete. So ging er rund um mich und mein aufgetürmtes Netz umher, ohne mich darunter zu ahnen; obwohl es mir nicht ganz den Kopf verdeckte, und mir dadurch Gelegenheit gab, seine Bewegungen einigermaßen zu beobachten. Ich darf aber wohl sagen, daß mir dabei gar unheimlich zu Mute war. Indes fand er mich nicht, und auch unten im Hause ward ich standhaft verleugnet.

Nun war hier aber auch meines Bleibens nicht länger! Kaum graute der Abend, so machte ich mich in Gottes Namen zu meinem Bauer auf den Weg, nachdem man mir ein tüchtiges Seitengewehr zu meiner Sicherheit mitgegeben — weniger vor meinen Verfolgern, als um mich im Stadtholze, welches ich passieren mußte, der Wölfe zu erwehren, die damals an Menschen und Vieh viel Unglück anrichteten. Wirklich auch war es ein wahres Wolfswetter mit Sturm und Schneegestöber, und Gott weiß, wie blutsauer mir dieser Weg geworden; denn unzählige Male brach das Eis unter mir ein, oder ich versank im Schnee, daß ich vollauf zu tun hatte, um nur allemal wieder auf die Beine zu kommen. Endlich am Morgen erreichte ich meine Freistatt; ich hielt mich dort zehn oder zwölf Tage verborgen. Aber diese deuchten mir bald wie eine halbe Ewigkeit; bis mich's nicht länger ruhen ließ und ich mich eines Abends wieder aufmachte, um in meinem alten Quartier auf der Münde nachzufragen, ob ich mich wohl mit einiger Sicherheit wieder zeigen dürfte?

Hier lauteten indes die Nachrichten so wenig tröstlich, daß mir nur die sorgfältigste Verbergung übrig blieb. Doch wollte ich nicht gerne von der Münde weichen, weil nächstens die Schiffahrt wieder aufgehen konnte, und ich dann hier bei der Hand war, um mit irgend einem absegelnden Schiffe zu entkommen. Mit einem ähnlichen Plane trugen sich noch mehrere meiner jungen Kameraden; allein eben darum waren wir auch um so gewisser bereits nach einigen Tagen verraten, und eine neue Nachjagd ward auf uns begonnen. Mitten in der Nacht erweckte mich ein leises Klopfen an den Fensterladen des Kämmerchens, wo ich schlief, und die bekannte Stimme einer getreuen Frauensperson rief mir zu: „Joachim, auf! auf aus den Federn! die Soldaten sind wieder auf der Münde! Den, und den, und den (die sie mir bei Namen nannte) haben sie schon beim Flügel gekriegt. Mach', daß du davonkömmst!"

Man glaubt mir es wohl, daß ich flugs und mit beiden Füßen zugleich aus dem Bette sprang. In der Bestürzung griff ich nach den ersten, den besten Kleidern, die auf den Stühlen umherlagen und die ich für die meinigen hielt. So stahl ich mich alsobald und im Hemde auf die Straße hinaus, schüttelte meinen Fund auseinander, um mir davon etwas über den Leib zu werfen, und bemerkte nun erst mit Schrecken, daß mir nichts als Frauenkleider in die Hände gefallen waren. Was blieb zu tun? Ich warf mir einen roten Friesrock über die Schultern und war im Begriff, mich mit dem Reste noch besser auszustaffieren, als ich in meinem Anputzen häßlich gestört wurde.

Es waren die Herren Soldaten, die kaum zehn Schritte von mir um eine Ecke bogen. Ich suchte mein Heil in der Flucht; aber eben dadurch verriet ich mich, und hatte alsobald meinen alten Widersacher Schnell, nebst noch ein paar andern, mir auf den Fersen. Mein Lauf ging geradesweges einem im Hafen liegenden Schiffe zu, an dessen Bord sie mir nicht so hurtig nachfolgen konnten. Zu meinem Glücke lag an der andern Seite des Schiffes ein Boot befestigt. Ich sprang hinein, fand sogar ein Ruder darin vor, löste das Tau, stieß ab und ließ jenen in eben dem Augenblicke das Nachsehen, als auch sie endlich das Verdeck erreicht hatten.

Jenseits, in der Maikuhle, ging ich an Land und überlegte nun etwas ruhiger, was weiter zu tun sei. Ich befand mich so gut als nackend in einer bitterlich kalten Märznacht und mußte vor allen Dingen meine Blöße zu decken suchen. Also wanderte ich getrost zu der nächstgelegenen Holzwärterei Grünhausen, klopfte den Bewohner hervor, gab mich zu erkennen und bat um Aufnahme. Seine abschlägige Antwort durfte mich nicht befremden, da es derzeiten hart verboten war, Flüchtlinge meiner Art zu hegen. Ich beschränkte demnach meine Bitten auf irgend eine Kopfbedeckung und ein paar Strümpfe. Der ehrliche Kerl reichte mir seine Schlafmütze vom Kopf und ein Paar hölzerne Pantoffeln von seinen Füßen, und fügte den Rat hinzu, mich eiligst zu entfernen, weil es auch bei ihm nichts weniger als sicher sei, da er gleichfalls einen Sohn im Hause habe, dem, obwohl er krank und elend sei, von den Soldaten nachgetrachtet werde.

So aufs abenteuerlichste ausstaffiert, begab ich mich nach der Maikuhle zurück, um eine anderweitige Zuflucht aufzusuchen. Es stand dort, wie ich wußte, ein alter Schiffsrumpf hoch auf dem Strande, der im Sommer als ein Bierschank benutzt zu werden pflegte. An diesem kletterte ich hinan, stieg oben durch das Rauchfangsloch und duckte mich da vor der Kälte in einen Winkel zusammen. Darüber ging endlich die langweilige Nacht zu Ende. Mit dem ersten Dämmerungsstrahl lugte ich von meiner Hochwarte herab überall umher, und da nach der Münde hinaus alles ruhig schien, so wagte ich mich hervor, suchte mein verlassenes Boot wieder auf und ruderte mich leise zu einem Schiffe heran, das nach Königsberg gehörte und von Schiffer Heinrich Geertz geführt wurde. Dieser gute Mann nahm mich willig auf und hielt mich länger als vierzehn Tage bei sich verborgen.

Dennoch konnte hier meines Bleibens nicht ewig sein. Es war mir daher eine erwünschte Nachricht, daß ein Kolberger Schiffer, namens Martin Albrecht, der dicht neben uns vor Anker lag, am nächsten Morgen mit Ballast nach Danzig auszugehen gedenke. Zu diesem Schiffe führte mich um Mitternacht in aller Stille mein Freund Geertz. Meine ganze Reiseausrüstung bestand in einem Bündelchen mit Hemden und anderen kleinen Notwendigkeiten, welches meine Mutter mir unter der Hand zugeschickt hatte. Sobald ich an Bord hinübergestiegen war, dankte ich meinem freundlichen Beschützer zum Abschied mit einem warmen Händedruck, bat ihn, meinen besorgten Eltern Gruß und Lebewohl zu bringen, und ließ nunmehr meinen guten oder bösen Stern weiter walten.

Auf dem Schiffe war alles stille. Niemand hatte mich wahrgenommen. Ich öffnete die vordere Kabelgatsluke, rutschte hinunter, machte die Luke hinter mir zu und suchte mir auf den Tauen und Segeln, die hier verwahrt lagen, ein Ruheplätzchen. Bald aber überlegte ich, daß dieser Versteck mit Tagesanbruch auch sofort von Menschen wimmeln würde, die zu der Abfahrt Segel und anderes Zubehör daraus hervorlangten, wo es denn garstig für mich ablaufen könnte. Ich versuchte es also, mich durch tausend Gegenstände, die sich mir hindernd in den Weg stellten, tiefer in den Raum hinab zu minieren. Es glückte mir endlich damit; aber zu gleicher Zeit hörte ich hinter dem Ballast etwas rascheln und flüstern, das mir unheimlich vorkam. Gleichwohl kroch ich noch weiter heran und unterschied bald menschliche Stimmen, die mir, je länger ich sie behorchte, um so bekannter vorkamen. Kurz es gab hier eine ganz unvermutete Erkennungsszene zwischen mir und elf andern jungen Seekameraden, welche gleiche Not und gleiche Hoffnung hierher zusammengebracht hatte.

Für den Augenblick hielten wir uns zwar verborgen; aber unter Furcht und Zagen hatten wir nun zu erwarten, ob das Schiff vor seiner Abfahrt nicht nach uns Flüchtlingen visitiert werden dürfte? Inzwischen brach der Tag an, und am Borde ward es über unsern Köpfen lebendig. Wir unterschieden deutlich, wie man Anstalten machte, in See zu gehen; ja, ein wenig später spürten wir mit steigender Freude das Schiff in Bewegung, dann das Anschlagen der Brandung an die Seitenborde und endlich auch den Abgang des Lotsen, der uns zum Hafen hinaus begleitet hatte. Da auch der Wind gut sein mußte, so glaubten wir nach Verlauf von noch einer Stunde weit genug von Kolberg, das uns ein Schreckensort geworden, entfernt zu sein, um uns wieder ans Tageslicht hervorwagen zu dürfen. Wir setzten also die Leiter an, schoben die große Luke auf, und traten wohlgemut auf das Verdeck hervor.

Das Erstaunen des Schiffers über unseren unerwarteten Anblick kannte keine Grenzen; aber auch von seinem Volke mußten selbst die, welche vielleicht um das Geheimnis wußten, sich billig verwundern, daß wir uns ihnen unter den Händen in unserer Anzahl verdoppelt hatten. Eines besonders freundlichen Empfangs hatten wir uns indes nicht zu rühmen. Der Kapitän, der nur seine schwere Verantwortlichkeit erwog, tobte wie besessen. „Könnte ich nur gegen den Wind ankommen“, rief er, „ich brächte euch alle auf der Stelle nach Kolberg zurück und machte rein Schiff. Aber ich weiß darum wohl, wohin ich euch abzuliefern habe.“ — Zugleich verbot er seinen Leuten aufs strengste, sich um uns zu kümmern und uns Essen und Trinken zu reichen.

Zwar ward es mit diesem Befehl nicht so gar genau genommen, und unsere Freunde steckten uns immerfort etwas von ihren Mundportionen zu; allein da wir volle acht Tage in See blieben, so litten wir gleichwohl grausamen Hunger und Durst und waren darum von Herzen froh, als endlich die Anker im Danziger Fahrwasser fielen. Hier deutete der Schiffer seiner Mannschaft in unserer Gegenwart (und also auch wohl nicht ohne geheime Absicht) an: „Er gehe in diesem nämlichen Augenblicke an Land und nach Danzig zum preußischen Residenten, um ihn uns Deserteurs anzumelden und uns in seine Hände zu überliefern. Bis dahin sollten sie uns an Bord festhalten und mit Leib und Leben für uns einstehen.“ Vergeblich wandten sie ihm ein: „die Partie sei gar zu ungleich, da ihrer nur fünf Mann, wir aber zwölf Köpfe stark wären.“ — „Was kümmert's mich?“ war seine Antwort, „und wenn es auch Mord und Totschlag gibt, so laßt sie nicht laufen!“

Das hieß nun wohl deutlich genug: immerhin, laßt sie laufen! — Kaum hatte er auch nur den Rücken gewandt, so machten wir uns zum Abzuge fertig. Zum Schein gab es zwischen uns und dem Schiffsvolk ein unbedeutendes und unblutiges Handgemenge, worauf wir unseres Weges gingen, uns sofort über die Weichsel setzen ließen und längs dem Seestrande die Richtung nach Königsberg einschlugen. So mochten wir ein paar Stunden wacker zugeschritten sein, als wir den Weg zu beschwerlich fanden und darum gern auf den Vorschlag einiger Gefährten hörten, die ihn früher schon mehrmals gemacht hatten und das Fortkommen an der anderen Seite der Nehrung, längs dem Frischen Haff, als angenehmer und gemächlicher priesen. Sogleich schlugen wir uns nach dieser Seite hinüber und entgingen dadurch, ohne es zu ahnen, einer Gefahr, die das bisherige Spiegelfechten leicht in bitteren Ernst verwandelt haben würde.

Denn seinerseits hatte der Kapitän in Danzig nicht umhin gekonnt, seine Pflicht zu tun. Wir waren gesucht, vermißt und auf fernere Anzeige bei der Ortsobrigkeit sofort verfolgt worden. Ein Kommando von einigen Danziger

Stadtdragoneren setzte uns längs dem Seestrande nach und würde uns gar bald eingeholt haben, wenn wir uns nicht bereits landeinwärts gelenkt hätten. So verfehlten sie uns und kehrten unverrichteter Dinge nach Danzig zurück, während wir ohne weitere Anfechtung Königsberg erreichten und vor weiterer Entdeckung sicher uns im Gewühl dieses lebhaften Handelsplatzes verloren.

Es traf sich sehr gelegen, daß es hier bei eben wieder eröffneter Seefahrt Mangel an unterrichteten Seeleuten gab, die als Steuerleute gebraucht werden konnten. Daher währte es nicht zwei oder drei Tage, daß wir uns samt und sonders, und meist in jener Eigenschaft, mit Vorteil angebracht hatten. Ich selbst fand einen Platz als Steuermann auf einer kleinen Jacht von fünfzig Lasten und fünf Mann Equipage. Mein Schiffer hieß Berend Jantzen und war mit einer Ladung Hanf nach Irwin in Westschottland bestimmt; sollte aber, um die französischen Kaper zu vermeiden, oben herum durch die Nordsee und die Orkaden steuern.

Wir gingen unter Segel; aber schon im Sunde erlebten wir das Unglück, daß das eiserne Band eines Wasserfasses beim Zerspringen dem Schiffer von hinten gegen die Wade schlug und dadurch das Bein so heftig gegen eine scharfe Holzecke schleuderte, daß wir ihn in die Kajüte tragen mußten und er an dem Schaden mehrere Monate lang das Bett zu hüten hatte. So beruhte nunmehr die Führung des Schiffes einzig auf mir und einem Matrosen, und ich darf wohl gestehen, daß mir bei der Sache nicht gar zu wohl zu Mute wurde.

In der Tat gehört die Schiffahrt zwischen Schottland und den Hebriden zu den gefährlichsten, die es geben kann; — nicht nur des engen Fahrwassers zwischen den Inseln und der vielen Klippen wegen, sondern hauptsächlich, weil hier so starke Strömungen gehen, daß es oft überall brandend aufschäumt und nicht anders aussieht, als ob alles ringsumher dicht mit blinden Klippen besät wäre.

In dieser Bedrängnis kam uns ein englisches Schiff zu Gesicht, welches zwischen zwei hohen Landspitzen hervorsegelte und von welchem ich richtigeren Bescheid zu erlangen hoffte. In dieser Absicht richtete ich die Segel nach jener Seite hin, indem ich zugleich die preußische Flagge aufsteckte welche bekanntlich weiß ist und in der Mitte den schwarzen Adler führt. Aber auch die französische Flagge ist von weißer Farbe; und da sich bei dem mäßigen Winde die meinige zu wenig entfaltete, um den Adler statt der Lilien erblicken zu lassen, so ward ich von den Engländern für einen französischen Kaper angesehen, und er setzte bei dem stillen Wetter so viel Segel auf, als sein Schiff nur tragen konnte, um mir zu entgehen. Ich tat desgleichen, um Jagd auf ihn zu machen; und so machten wir uns beiderseits Not und Mühe, bis zuletzt nachmittags der Wind völlig erstarb, als ich nur noch eine kleine Viertelmeile von dem Flüchtling entfernt war.

Meinen Zweck verfolgend, setzte ich nunmehr mit Hilfe meines Matrosen und des Jungen die Jolle aus und ließ mich von ihnen an den jenseitigen Bord hinüberrudern. Als Vorwand meines Besuchs sollte mir ein mitgenommenes lediges Wasserfaß und die kleine Notlüge dienen, daß uns unser Trinkwasser ausgegangen. Wir kamen dem Schiffe auch glücklich zur Seite, wo wir mit Verwunderung alles zum Gefechte in Bereitschaft fanden, während sie selbst beim näheren Anblick von uns drei Köpfen über ihre ausgestandene Furcht lachen mußten.

Meine Bitte um frisches Wasser schien unverdächtig und fand willigen Eingang. Unter der Zeit aber, daß es gezapft und in mein Faß übergefüllt wurde, nahm ich der Gelegenheit wahr, ganz unbefangen nach dem Namen dieses und jenes Landes, das uns eben im Gesicht lag, zu fragen. So erfuhr ich, das dort hinaus Kap Cantrie, hierwärts aber die Insel Lamlach gelegen sei. Ich war nun zu meiner großen Beruhigung wieder orientiert, ohne mir die arge Blöße gegeben zu haben, meine Unwissenheit einzugestehen; eben so wenig aber mochte ich mir auch die Schande antun, mich hier für einen Steuermann halten zu lassen. Dennoch möchte ich unter meinesgleichen immer noch nicht der

Dümmsten einer gewesen sein, und wenn man bedenkt, daß ich damals noch keine zwanzig Jahre zählte, und mir meinen Mangel an Erfahrung billigerweise zugute hält, so wird unter den angeführten Umständen selbst das Urteil des gewiegteren Seemanns schonend genug für mich ausfallen.

Irwin, unser Bestimmungsort, liegt im Grunde einer tiefen runden Bucht, in welche, als wir ihre Höhe erreichten, ein Sturm aus Nordwest gerade hineinblies. Da sie mir durchaus unbekannt war, bekanntlich aber schlechten Ankergrund hatte, so wäre es verwegen gewesen, mich bei diesem Wind und Wetter in sie hinein zu wagen. Ich steuerte also gegen die Insel Arron, um dort vielleicht eines Lotsen habhaft zu werden; allein vergebens kreuzte ich zwei Tage umher. Meine weiße Flagge spielte mir abermals den Streich, daß alles auf der See vor mir floh, und vom Lande niemand sich zu mir heranwagte, weil ich für einen Franzosen gehalten wurde. Zuletzt näherte ich mich dem Strome von Portglasgow; und hier gelang es mir denn, einen Lotsen zu finden, der mich nach Irwin brachte.

Ich berühre es nur kurz, daß wir, nachdem auch unser Schiffer wieder auf die Beine gekommen, von hier mit Ballast und unter neutraler Flagge nach der Insel Noirmoutiers, an der westlichen Küste von Frankreich gingen, wo wir eine Ladung Seesalz einnahmen und uns dann nach Königsberg auf den Heimweg machten. Leider konnten wir es im Kanal, in der Nähe von Dover, nicht vermeiden, nach und nach mit sieben englischen Kapern zusammen zu geraten. Alle diese Schnapphähne — Kerle mit wahren Galgengesichtern, stiegen zu uns an Bord und wußten in allem, was ihnen anstand (und ihnen stand fast alles an!) so geschickt reinen Tisch zu machen, daß sie es uns schier unmöglich machten, wieder an Land und zu Leuten zu kommen, Kessel und Pfannen, Tauwerk und losgebundene Segel, Seekarten und Kompaß mußten mit ihnen wandern. Was der eine uns ließ, das nahm der andere. Ja, endlich zogen sie uns sogar die Kleider vom Leibe.

Wir hatten eben, Dover gegenüber, beilegen müssen, als mir bei dem letzten unerwünschten Zuspruche solcher Art einer von diesen Taugenichtsen, zudringlicher als die übrigen alle, die langen Schifferhosen von den Beinen streifte. Das hätte ich verschmerzen mögen; aber bei der Gelegenheit fiel ihm auch ein Notpfennig von etwa dreizehn Rubeln in die Augen, die ich ins Hemd eingenäht hatte und hier für sicher genug hielt. Kaum aber erreichte der süße Ton des Silbergeklappers sein Ohr, so griff er gierig zu, hieb mit seinem Hauer mir den Hemdenzipfel vom Leibe, überzählte seine Beute und trieb die britische Großmut so weit, mir davon einen Rubel zurückzugeben.

Ich war über diese Behandlung dermaßen erbittert, daß ich augenblicklich das Ruder aufholte, die Segel abbraßte und, da der Wind südlich war, nach dem Lande zuhielt. „Was soll das bedeuten? Wo hinaus?" fragten die Kerle, die mir auf dem Verdeck am nächsten standen. „Wo hinaus?" antwortete ich, von der innern Wut übermeistert. „Geradeswegs nach Dover, wo ihr Schelmgezüchte noch heut am lichten Galgen baumeln sollt!" Flugs kam auf diese Drohung das ganze Pack aus Kajüte, Roof, Kabelgat und Raum, wohin sie sich zum Rauben verteilt hatten, im dichten Kreise um mich her zusammen. So viel Hände, so viel Pistolen wurden mir auch an den Kopf, oder Hauer auf die Brust gesetzt; doch schoß oder stach niemand. Dagegen rissen sie mich bei den Haaren aufs Deck nieder, einige hielten mich an Kopf und Füßen fest, andre schlugen mit den flachen Klingen auf mich drein, daß mir schier Hören und Sehen verging. Endlich wollten doch die Barmherzigsten meine weitere Mißhandlung nicht gestatten, doch ging es nicht ohne einige Fußtritte ab, und einer, der mir nun noch die Stiefel von den Füßen zog, schlug sie mir zum Beschlusse um die Ohren, zog sie selbst auf der Stelle an, und machte sich darauf mit seinen feinen Gesellen, zusammen dreizehn an der Zahl, an Bord ihres Kaperschiffes zurück.

Mein Zustand war so jämmerlich, daß unser Schiffsvolk mich für halbtot in meine Koje trug. Nicht genug aber, daß ich, der ich mich kaum regen konnte, der Regierung des Schiffes abging, sondern nun entstand auch in der nächsten Nacht ein Sturm, gegen den die übrigen sich zu schwach fühlten, die Segel einzunehmen. Dies hatte die Folge, daß bald auch der große Mast brach undmit seiner ganzen Takelage über Bord ging. Nun trieben wir als ein Wrack in der See und hätten wahrscheinlich unsern Untergang gefunden, wenn nicht tags darauf eine holländische Fischerschuyt in unsre Nähe gekommen und bereitwillig gewesen wäre, unser Schiff nach dem Texel und von dort nach Medemblyk zu schleppen, wo sich die bequemste Gelegenheit fand, es wieder zu vermasten und in segelfertigen Stand zu setzen.

Als es zugerüstet war, fühlte ich mich noch zu krank und elend, um wieder mit an Bord zu gehen. Ich mußte also in Medemblyk zurückbleiben und begab mich dort zu einem Kompaßmacher, dem ich seine Kunst gründlich ablernte, und diese ist mir in der Folge von großem Nutzen gewesen. Zugleich schrieb ich in meine Heimat und erhielt auch bald eine Aufforderung von meinem Vater, ungesäumt nach Kolberg zurückzukommen. Die Gefahr, zum Soldaten ausgehoben zu werden, sei jetzt nicht mehr zu fürchten, da er als Bürgeradjutant sich den Festungskommandanten von der Heyde besonders geneigt wisse; es gebe mehr als eine Weise, dem Vaterlande rechtschaffen zu dienen. Überdem sei es sehr wahrscheinlich, daß der Festung binnen kurzem eine Belagerung von den Russen bevorstände. Es sei also das beste, daß ich nach Hause käme, um mit meinen Eltern zu leben und zu sterben. Schlüge ich jedoch diese Ermahnung in den Wind, so möchte ich auch fernerhin nimmer wagen, mich seinen Sohn zu nennen.

Ich setzte mich unverzüglich auf das Schiff eines Landsmannes, der zu Amsterdam lag und unter Danziger Flagge fuhr, und wurde auf der Kolberger Reede im Vorüberfahren von ihm an Land geschickt. Drei oder vier Wochen darauf begann die erste, von dem russischen General Palmbach geleitete Belagerung meiner Vaterstadt. Nun ist es bekannt, daß schon von alten Zeiten her die Einwohner von Kolberg durch ihren Bürgereid verpflichtet sind, zur Verteidigung der Festung Leib und Leben, Gut und Blut daran zu setzen. Sie blieben also auch bei dieser Gelegenheit als brave Preußen nicht hinter ihrer Schuldigkeit zurück. Meines Vaters Posten insonderheit forderte, daß er in dieser Zeit stets um die Person des Kommandanten sein mußte, und wo er war, da war auch ich, um ihm als ein flinker und rühriger junger Mensch zur Hand zu gehen. Der alte wackre von der Heyde sah meinen guten Willen, und das gewann mir sein Wohlgefallen in dem Maße, daß ich beständig in seiner Nähe sein und bleiben mußte. Ich konnte solchergestalt für seinen zweiten Bürgeradjutanten gelten und wurde oftmals auf den Wällen von ihm gebraucht, seine Befehle nach entfernten Posten zu überbringen. In der Tat war dies eine gute Vorschule für mich, um zu lernen, was unter solchen Umständen zum Festungsdienste gehört, und die Lektion ist mir noch im späten Alter trefflich zugute gekommen!

Man weiß, daß diese Belagerung, obgleich ernstlich genug gemeint und mit überlegener Kraft begonnen, dennoch durch die Entschlossenheit unsers Anführers und seine geschickten Gegenanstalten fruchtlos blieb, und daß die Russen, nachdem sie eine Menge Pulver unnütz verschossen hatten, nach einigen Wochen wieder abziehen mußten. Sobald aber auch nur der Platz wieder frei geworden, war dort meines Bleibens nicht länger. Ich machte eine Fahrt nach Amsterdam, von der ich hier nichts Besonderes anzuführen habe, und traf hier wieder mit meinem alten wertgehaltenen Kapitän Joachim Blank zusammen, den ich vor drei Jahren ungern verlassen hatte. Er hatte gerade eine neue Reise nach Surinam vor, und es bedurfte seinerseits keines langen Zuredens bei mir, auf seinem Schiffe meine alte Stelle als Steuermann anzunehmen.

Es war gegen das Ende Dezembers (1758), als wir mit einer großen Flotte von Kauffahrern und unter Bedeckung von drei holländischen Kriegsschiffen aus dem Texel mit einem tüchtigen Sturm aus Nordosten in See gingen. Allein es gibt so mancherlei Verzug und Beschwerde, sich — zumal bei den langen Winternächten — im Gedränge einer solchen zahlreichen Flotte zu befinden, daß wir uns die erste beste finstre Nacht zunutze machten, uns heimlich von unserer lästigen Begleitung abzudrücken und unser Heil in uns selbst zu suchen. Der anhaltende günstige Wind ließ uns auch bald einen weiten Vorsprung gewinnen, so daß wir binnen kurzem die östlichen Passatwinde erreichten und die gesamte Fahrt vom Texel bis in den Fluß von Surinam — eine Strecke von 2200 Meilen — in der ungewöhnlich kurzen Zeit von achtundzwanzig Tagen zurücklegten.

Meine Beschäftigungen an diesem unserm Bestimmungsorte waren die nämlichen, die ich schon früher angeführt habe. Ich befuhr beide Ströme in der Kolonie, versah die Plantagen mit den Artikeln unsrer Ladung und brachte von dort eine neue Rückfracht an Zucker und Kaffee zusammen. Dies setzte mich nun mit einer Menge von Plantagendirektoren in Verbindung, die großenteils meine näheren oder entfernteren Landsleute waren und mir sämtlich viele Liebe und Güte erwiesen. Ihrer unbegrenzten Gastfreundlichkeit danke ich die vergnügtesten Tage meines Lebens, die unstreitig in diese achtmonatliche Dauer meines Aufenthalts in dieser Kolonie fielen.

Am 1. Dezember (1759) erreichten wir Amsterdam; unsre Fahrt hatte diesmal beinahe ein rundes Jahr gewährt. Von unsrer Bemannung, die vierundvierzig Köpfe betrug, hatten wir neun Menschen durch den Tod verloren.

Untätigkeit und träge Muße waren mir unleidlich. Ich verdingte mich daher sofort wieder als Untersteuermann auf das Schiff, „de goede Verwachting" unter Kapitän Siewert, welches schon im Texel lag, nach St. Eustaz bestimmt war und kurz vor Anfang des Jahres 1760 die Anker lichtete. Die späte Jahreszeit ließ uns eine schwere, stürmische Fahrt in der Nordsee und im Kanal erwarten. Auch traf diese Befürchtung nur zu pünktlich ein; denn wir büßten nicht nur mehrere Segel, sondern auch Stengen und Rahen ein, und fünf Matrosen, samt dem Schiffszimmermann, hatten das

Unglück, ohne Rettung über Bord gespült zu werden. So kamen wir in einem äußerst beschädigten Zustande in St. Eustaz an, bewirkten jedoch binnen vier Wochen unsere Ausbesserung und Rückladung und mochten kaum die Hälfte unsers Weges nach Holland zurückgelegt haben, als wir von einem englischen Kriegsschiffe genommen wurden. Die gesamte Mannschaft, bis auf vier Mann, mußte an dessen Bord hinüberwandern, und so wurden wir im Monat Mai nach Portsmouth aufgebracht. Unser Prozeß kam zu einer kurzen Entscheidung; da man für gut fand, in unsrer Fracht französisches Eigentum zu wittern, so wurden Schiff und Ladung mit Beschlag belegt, die Mannschaft aber mit der ausgezahlten Gage von einem Monat abgefunden.

Unter diesen Umständen blieb mir nichts übrig, als Dienste auf einem englischen Schiff unter Kapitän Keppel zu nehmen. So kam ich mit Anfang des Juli nach Danzig, von wo ich sofort an meine Eltern nach Kolberg schrieb und ihnen meine Lage schilderte. Meine gute Mutter kam zu meiner Überraschung persönlich mit der Post nach Danzig, steckte sich hinter den preußischen Residenten und brachte es durch diesen mit leichter Mühe dahin, daß ich als Untertan einer befreundeten Macht von dem englischen Schiffe entlassen wurde. Unmittelbar darauf ging ich mit meiner Befreierin nach unserer Vaterstadt ab.

Kaum fünf oder sechs Wochen hatte ich im väterlichen Hause zu meiner Erholung zugebracht, so trat für Kolberg der Zeitpunkt jener zweiten denkwürdigen Belagerung ein; und da die Russen diesmal zu Wasser und zu Lande operierten, so war auch der Hafen gesperrt, und ich saß also wieder in der Kaltschale! Indes tat ich meinen Dienst, wie ich wußte und konnte, ebenso wie vor zwei Jahren; nur ging es diesmal noch um vieles wärmer her. Glücklicherweise dauerte unser Notstand nur etwa drei Wochen, da dann die Festung durch den braven General Werner wie durch ein Wunder entsetzt wurde.

Während dieser Zeit des Siebenjährigen Krieges blieb den preußischen Schiffen und Seeleuten, um ihrem Erwerb nachzugehen, kaum etwas anderes übrig, als unter der neutralen Danziger Flagge zu fahren. So ging ich auch im Oktober von Danzig nach Königsberg, und von Königsberg mit einem Schiff in See, das nach Amsterdam bestimmt war und von Karl Christian, einem in Pillau ansässigen Schiffer, geführt wurde. Ich verdingte mich als Steuermann. Es war im November 1760, und so fehlte es in dieser vorgerückten Jahreszeit auch wiederum nicht an häufigem Sturm und Unwetter, womit wir besonders in der Nordsee viel zu schaffen hatten. In den Schären an der südlichen Spitze Norwegens warf uns der Sturm auf eine Klippe, und wir brachten eine Nacht voll entsetzlicher Angst zu und sahen lange unsern gewissen Tod vor Augen, bis uns endlich ein Lotse aus den fürchterlichen Schären befreite. Im Hafen von Klewen besserten wir unser hart beschädigtes Schiff aus, erreichten endlich Amsterdam und kehrten von der Insel Noirmoutiers mit einer Ladung Salz als Rückfracht nach Königsberg zurück.

Eines Tags befanden wir uns morgens unter der Höhe von Quessant, als ich eben mit meiner Wache fertig war; und da der Kapitän aufs Deck kam, um mich abzulösen, bedeutete ich ihm: „Dort haben wir Quessant. Wir dürfen nicht südlicher steuern, als südsüdwest, wenn wir nicht hier in die Bucht zwischen den Klippen verfallen wollen." — Ich war auch zu dieser wohlgemeinten Weisung um so befugter, weil ich ohnehin auf dem Schiffe meist alles allein zu leiten hatte; denn mit des Mannes Steuerkunst war es herzlich schlecht bestellt, indem er zwar einige Reisen nach Ostindien, aber nur als Zimmermann, gemacht hatte.

Während ich in meine Koje zur Ruhe ging, nahm jener sein Werkgerät und machte sich an der Zimmerung des Bootes etwas zu schaffen. Ehe mir aber noch die Augen recht zufielen, kam er aus demselben hervor, trat zu dem Matrosen am Steuer und fragte: „Was steuert Ihr?" — „Südsüdwest, Herr!" war die Antwort. — „Ei, warum nicht gar! Steuert südsüdost!" befahl der Schiffer. Ich erschrak und geriet immer mehr in Nachdenken, was ihn zu dieser

Widersinnigkeit veranlassen könne. Kaum zehn Minuten später kam er nochmals und gebot dem Manne am Ruder, vollends gegen Südost zu steuern. Sogleich sprang ich auf, überzeugte mich, daß dieser wirklich den anbefohlenen Kurs hielt, und rief nun augenblicklich dem Kapitän zu: „Um Gottes willen! Mit dem Südostkurs sind wir ja gleich im Unglück! Wir müssen wieder südwestlich steuern."

Der harte Kopf tat, als hörte er mich nicht, und gab keine Antwort. Noch ahnte ich nicht, daß sein Starrsinn der Anfang eines völligen Irrsinns war. Ich rannte zu dem Matrosen und donnerte auf ihn ein: „Steuert südwest!" — Der Schiffer, dies hörend, warf seine Zimmeraxt über Seite, kam heran und gebot seinerseits: „Steuert südost!" — Was blieb mir jetzt übrig, als dem Kerl die Ruderpinne aus der Hand zu reißen und so meinen Willen zu erzwingen — bis jener sie mir wiederum mit Gewalt entriß und wütend erklärte, daß es bei südost verbleiben solle.

So abgewiesen, ging ich in den Roof (eine Art Hütte, die auf Deck steht und meist als Wohnraum für die Mannschaft dient), wo ich mein Wachtvolk herausrief und nun auch meinerseits erklärte: „Der Schiffer wolle uns mit seinem Eigensinne ins Unglück bringen; wir führen mit diesem Kurs dem Verderben in den offenen Rachen. Gleich hin nach vorne, und ausgeschaut nach Klippen und Brandung!" — In der Tat auch war kaum eine halbe Stunde verlaufen, so schrieen die Leute: „Ho da! Klippenbrandung vor uns!" — Jetzt hielt ich mich auch nicht länger; griff wie ein Sturm ins Ruder, holte es hart an die Backbordseite und sah mit Herzbeben rings umher ein Labyrinth von Klippen weiß aufschäumen.

Auch der Kapitän sah, was vorging, und schlich bleich und zitternd nach der Kajüte, während ich mit Hilfe der übrigen das Schiff wandte und, da mir der Wind günstig in die Segel stand, auch das kaum verhoffte Glück hatte, mich mit Kreuzen und Lavieren endlich wieder aus dem Untergang drohenden Gedränge herauszufinden. Von unserm Schiffer war und blieb nichts zu sehen, bis zur

Essenszeit, da er mich wie gewöhnlich zu Tische rufen ließ. Kaum trat ich in die Kajüte, so fiel er mir um den Hals, gestand, er sei ganz von Sinnen gewesen, und bat mich, alles Geschehene zu vergessen, mit der heiligen Zusicherung, daß er mir künftig ganz meinen Willen lassen wolle. Ich schärfte ihm jedoch ein wenig das Gewissen durch die Vorstellung, wie nahe es daran gewesen, daß wir alle durch seine Schuld Kinder des Todes geworden. Er erkannte das, gab gute Worte, und damit war die Sache abgetan.

Auf der Heimreise hatten wir den Kanal bereits wieder passiert und bei Nacht die Leuchtfeuer bei Dover deutlich erkannt, indem wir bei einem, zum Sturm werdenden Westsüdwestwind herliefen. Weiterhin in die Nordsee, wo diese mehr Breite gewann, fanden wir gewaltig hohe Wogen, die unserm tief mit Salz geladenen Schiffe durch öfteres Überstürzen sehr beschwerlich fielen. Eben war meine letzte Nachtwache von zwölf bis vier Uhr zu Ende. Ich ging demnach zum Kapitän in die Kajüte, um ihm zu sagen, daß seine Wache begönne, daß es gewaltig stürme, und daß, wofern der Wind nicht bald nachließe, es nötig werden möchte, die Segel einzunehmen und gegen den Wind zu legen. Anders sei mir bange, daß uns Boot, Wasserfässer und selbst Menschen durch die Sturzwellen über Bord gerissen würden.

Müde suchte ich meine Lagerstätte, ohne jedoch einschlafen zu können. Ich hörte den Kapitän aufs Deck hervorkommen und wieder in die Kajüte zurückkehren, wobei er Morgen- und Bußlieder zu singen begann. Das deuchte mir an ihm um so verwunderlicher, da er während der ganzen Reise, außer der Zeit des gewöhnlichen Schiffsgebets, nie ein geistliches Buch in die Hände genommen noch eine Gesangnote angestimmt hatte. „Das mag wohl gar ein Zeichen vor seinem Ende sein", sagte ich zu mir selbst: — „nun, so ist es doch immer das schlimmste nicht, was er tun kann."

Eine Stunde später trat er an mein Bett, um mich zu fragen, ob ich schlafe? — „Kann man es wohl bei Eurer seltsamen Musik?" war meine Antwort. Nun sagte er mir:

es werde nicht anders sein, als daß wir die Segel einreffen und gegen den Wind würden drehen müssen. Zugleich bat er mich, daß ich mich etwas in die Kleider würfe und mit meinen Leuten auf dem Platze wäre, während er selbst mit seinem Wachtvolk die Besane (das hinterste Ende des Schiffes) einnehmen wolle. — Flugs sprang ich aus den Federn, machte Lärm und brachte meine Mannschaft auf die Beine. Aber noch steckte ich selbst erst halb in einem Stiefel, so begann der Mann am Ruder ein helles Geschrei, ohne daß ich eine Veranlassung dazu begriff. Ich stürzte hervor — „Kerl, bist du toll? Was ficht dich an?" — „Mein Gott! mein Gott! da vorne muß ein Unglück passiert sein. Sie lamentieren alle ganz kläglich durcheinander."

In drei Sprüngen war ich vorn am Bug. „Was ist's? was fehlt euch? Sprecht!" — „Ach, das Gott erbarm! der Schiffer ist über Bord!" — „Nun denn, nicht lange besonnen! Frisch, daß wir ihm helfen!" — Sogleich griff ich nach allem Tauwerk, das mir zunächst in die Hand kam, und ließ die Enden über Bord laufen, damit sich der Unglückliche vielleicht daran halten möchte. Das Gleiche tat ich hinten auf dem Kajütendeck; aber immer noch, ohne zu wissen, nach welcher Seite ich ihn eigentlich zu suchen hatte, da das Schiff eine fliegende Fahrt lief. Endlich nahm ich wahr, daß er hinten im Kielwasser in die Höhe tauchte, sich in einer Entfernung von zehn oder zwanzig Klaftern hinter dem Schiffe zum Schwimmen umwarf und nun mit Macht zu rudern begann. Daß er ein fertiger Schwimmer sei, der in Ostindien wohl Strecken von mehr als einer Viertelmeile zurückgelegt habe, hatte er selbst mir oftmals erzählt, und auch wohl hinzugesetzt: er glaube gar nicht, daß er ersaufen könne.

Sobald ich seiner ansichtig wurde, holte ich das Ruder nach der Steuerbordseite, um das Schiff bei den Wind zu legen und dadurch möglichst aufzuhalten. In dieser Stellung aber legte es sich, da es ohnehin der tiefen Ladung wegen nur wenig Bord hielt, so übermäßig auf die Seite, daß sogar die Kajütentür unter Wasser geriet und dasselbe wie zu einer Schleuse hineinstürzte. In dieser Lage standen wir, wenn sie noch wenige Minuten anhielt, in der augenscheinlichsten Gefahr, auf der Stelle zu sinken. Ich mußte mich entschließen, das Ruder wieder nach der andern Seite zu holen, um das Schiff in die Höhe zu bringen, bevor es seinen Schwerpunkt verlöre.

Wohl brach mir das Herz, wenn ich an den armen Kapitän gedachte, den wir noch von Zeit zu Zeit mit dem stürmenden Elemente kämpfend erblickten, so oft die Woge ihn emporhob. Es gab kein Mittel mehr, uns in seiner Nähe zu erhalten, da das Schiff, vom Winde gejagt, gleich einem Pfeile durch die Fluten dahinschoß. Der Unglückliche war nicht zu retten, selbst wenn wir unser eignes Leben hätten preisgeben wollen! Sogar jetzt, wo ich mich frei von der unsäglichen Bestürzung fühle, die in jenen schrecklichen Augenblicken auf uns alle drückte, weiß ich nicht, was noch anderes und mehr zu seinem Beistande von uns hätte versucht werden können.

Mittlerweile hielt der Sturm noch immer an, ohne jedoch härter zu werden. Ich wagte es daher, das Schiff vor dem Winde hinlaufen zu lassen, bis sich mit dem nächsten Tage das Wetter allmählich wieder besserte. Nun aber lag mir eine andre schwere Sorge auf dem Herzen, wie ich den mancherlei Verantwortlichkeiten entgehen sollte, die über den Nachlaß unsers unglücklichen Kapitäns entstehen konnten. Unser ganzer Vorrat an Brot, Grütze, Erbsen und übrigen Lebensmitteln war in der Kajüte aufbewahrt, und Koch und Kochsmaat hatten täglich und stündlich ihren Gang in dieselbe, um das Nötige hervor zu holen. Zugleich aber lagen hier auch des Schiffers Habseligkeiten umher, und ich wußte, daß es ihm nicht an Geld und Geldeswert gefehlt hatte. Noch mehr: er hatte mir zuzeiten einen bedeutenden Vorrat von Kostbarkeiten an Gold und Silber gezeigt, zu deren Einkauf in Amsterdam ihm von seinen Königsberger Freunden Auftrag gegeben worden. Auch diese mußten in der Kajüte und, wie ich vermutete, in seinem Kasten befindlich sein.

Um mich wegen dieser Dinge auf jede Weise zu sichern, ließ ich gleich am andern Tage das ganze Schiffsvolk bis auf den Matrosen, der das Steuer versah, in der Kajüte zusammen kommen. In ihrer Gegenwart nahm ich ein schriftliches Verzeichnis von sämtlicher Habe unsers verstorbenen Schiffers auf; wir packten dies alles in die vorhandenen Kisten, Kasten und Säcke und schritten dann zu einer allgemeinen Versiegelung derselben, damit weiter keine Hand daran rühren könne. Das dazu gebrauchte Petschaft aber ward von mir vor ihrer aller Augen durch das Kajütenfenster in die See geworfen.

Da bei dieser Verhandlung alle Behältnisse hatten geöffnet werden müssen, um nachzusehen, ob sie keine Schiffspapiere enthielten, die mir im Sunde oder sonst nötig werden konnten, so erstaunte ich nicht wenig, daß sich hierbei nirgends weder Gelder und Barschaften, noch seine Taschenuhr und silbernen Schuh- und Knieschnallen, noch endlich auch jene vorerwähnten goldenen und silbernen Galanteriewaren vorfanden. Unsere Meinung fiel endlich dahin aus, daß der verunglückte Eigentümer diese Sachen wohl hie und da versteckt haben möchte, um sie vor den gierigen Blicken und langen Fingern der Kapermannschaften zu sichern, die zuweilen ungelegene Besuche an unserm Borde machten. Allein wie sorgfältig wir auch jeden Winkel der Kajüte durchsuchten, so ließ sich doch nicht die mindeste Spur des Verlornen entdecken.

Des dritten Tages nachher war ich im Sunde, und zwei Tage später kam ich, trotz stürmischer See bei Pillau unweit des Bollwerks wohlbehalten vor Anker.

Eine Menge neugieriger Menschen war am Bollwerk versammelt. Ich bemerkte unter diesen Zuschauern mit wehmütiger Empfindung unseres verunglückten Schiffers Frau, die ihre Kinderchen zur Seite hatte und eifrig nach uns aussah. Kaum trat ich an Land und fiel ihr in die Augen, so rief sie mit sichtbarer Beängstigung: „Gott im Himmel! wo ist mein Mann?" — alles, was zugegen war, umstand mich und fragte: „Wo ist Schiffer Karl Christian?"

— „Krank! krank!“ war meine zwar vorbereitete, aber durch Ton und Gebärde nur schlecht beglaubigte Antwort. Ich suchte nur mich los zu machen und eilte zum reformierten Prediger, dem Beichtvater der armen Frau, dem ich den ganzen traurigen Vorfall mitteilte und den ich mit der Bitte anging, ihr die Todespost auf eine gute Weise beizubringen und ihr mit seinem Troste beizustehen.

Das geschah denn auch auf der Stelle. Ich selbst fand mich demnächst auch ein, um der leidige Bestätiger seiner Nachricht zu sein, und ich darf wohl sagen, daß mir das ein schwerer und bitterer Gang geworden. Am nächsten Morgen, wo ich hoffen konnte, daß die unglückliche Witwe sich der Wehklage etwas begeben und zu Fassung gekommen sein würde, ging ich wiederum zu ihr und kündigte ihr an, daß, da ich mit dem Schiffe unverweilt nach Königsberg hinaufgehen müsse, ich ihr heute noch ihres verstorbenen Mannes Sachen und Gerätschaften vom Schiffe ins Haus schicken würde. Zugleich aber mußte ich ihr leider auch ankündigen, daß sowohl seine Barschaften, als eine Menge anderer Sachen von Wert auf eine uns allen unbegreifliche Weise unter seinem Nachlaß vermißt würden, wofern sich nicht etwa noch in seinen Papieren darüber eine nähere Auskunft ergebe.

Nach diesem betrübenden Abschiede langte ich mit dem Schiffe bei Königsberg an und meldete mich bei den Reedern desselben. Hier war es sofort das erste, daß das ganze Schiffsvolk zu einer eidlichen Erklärung über alle einzelnen Umstände des dem Schiffer widerfahrnen Unglücks aufgefordert wurde. Wir alle, und ich insonderheit, mußten uns auf gleiche Weise von jedem Verdachte einer Veruntreuung seines Eigentums reinigen und beschwören, daß wir keine Kenntnis davon hätten, wohin die verschwundenen Sachen gekommen seien. Hätte nur diese gerichtliche Prozedur zugleich auch meine Unschuld vor den Augen der Welt und der giftigen Stimme der Lästerung zu rechtfertigen vermocht! Aber leider fiel hier die Sache ganz anders! Ich mußte mir hinter meinem Rücken Dinge nachsagen lassen, an die meine

Seele nie gedacht hatte. Ich galt wohl überall für den Dieb, der Witwen und Waisen verkürzt habe, und mußte es dulden, daß oftmals auch in meinem Beisein mit spitzigen Worten auf dergleichen gedeutet wurde. Wie oft, aber auch wie schmerzlich bitter habe ich's Gott geklagt und darüber im stillen meine Tränen geweint!

Die nächste Wirkung dieses unseligen Verdachtes war, daß das Schiff, nachdem es ausgeladen war, mir genommen und dem Schiffer Christian Kummerow übergeben wurde. Ja, mein ganzes Geschick schien hierüber eine andre Richtung nehmen zu wollen. Als Bräutigam einer Tochter des Segelmachers Johann Meller in Königsberg war ich mit großen Aussichten und Plänen ausgefahren; jetzt kam diese Heirat zwar wirklich zustande, aber ich ließ die Flügel mächtig hängen und beschränkte meinen in die weite Welt strebenden Sinn nunmehr auf den engen Verkehr eines kleinen Bordingreeders, und meine weitesten Reisen begrenzten sich in dem spannenlangen Raume zwischen Königsberg, Pillau und Elbing. Es war der leidige Gang eines Langohrs in der Mühle!

Wäre aber mein freier, immer ins Weite gestellter Sinn eines solchen Austernlebens nicht schon an sich selbst frühzeitig müde geworden, so waren doch Zeit und Umstände ebensowenig dazu gemacht, mir diese Unlust durch anderweitige Vorteile zu vergüten. Mein Kahn war ein altes Fahrzeug, das meinem Schwiegervater gehörte, und auf das ich ihm die Hälfte des taxierten Wertes von zweitausend preußischen Gulden bar ausgezahlt hatte. Es währte aber nicht lange, so ward ich gleich vielen andern meinesgleichen von den Russen, die damals in ganz Preußen den Meister spielten, gepreßt und zum Transport von Proviant und Militäreffekten von Pillau nach Elbing und Stuthof gebraucht. An Bezahlung war hierbei im geringsten nicht zu denken; desto reichlicher aber gab es hier üble Behandlung und allerlei Verdrießlichkeiten zu verdauen, die mir die Galle ins Blut jagten. Ich entschloß mich daher kurz und gut, der Pauke ein Loch zu machen.

Eben lag ich auf dem Frischen Haff bei Stuthof vor Anker. Ich war ledig und sollte nach Pillau gehen. Ein russischer Soldat war mir an Bord zur Aufsicht gegeben, der keinen Augenblick von mir weichen sollte. Dennoch war leicht ein Vorwand gefunden, ihn ans Land zu locken und dort bei der Flasche so angelegentlich zu beschäftigen, daß ich mich auf mein Fahrzeug zurückschleichen, den Anker lichten und meines Weges davonsegeln konnte. Der arme Kerl, der mich indes nur zu bald vermißte, lief mir wohl eine halbe Meile am Strande nach, schrie und beschwor mich bei all seinen Heiligen, daß ich ihn wieder einnehmen möchte. Dazu hatte ich denn nun freilich keine Ohren; ich spannte vielmehr noch ein Segel mehr auf und kam ihm bald aus dem Gesichte, bis ich auf dem Pregel bei Fischhof anlegte. Hier wimmelte es eben von Schiffen, welche Bordingkähne brauchten, um ihnen einen Teil ihrer Fracht nachzuführen, und wo ich auf eine bessere Ernte zu rechnen hatte.

Wirklich verabredete ich hier auch sogleich eine gute Fracht nach Pillau; doch machte ich zu meiner Sicherheit dem Schiffer die Bedingung, daß ich jenem Orte nicht näher, als über den Grund in der Rinne (dem Fahrwasser) kommen dürfte, und daß er mich, sobald ich ihm die Güter wieder an Bord gegeben, durch seine Leute sogleich aufs Haff zurückbugsieren helfen sollte. So gelang mir dieses Spiel noch öfter, ohne den Russen in die Scheren zu geraten, und ich konnte sie obenein ins Fäustchen auslachen.

Im Frühling 1762 durfte ich mich endlich in Pillau blicken lassen. Um nun die Hände ein wenig freier rühren zu können, schlug ich meinen alten Bordingkahn in Königsberg zu einem billigen Preise los und kaufte ein zwar nicht großes aber tüchtiges Seeschiff, „der Postreiter“ genannt, von fünfundvierzig bis fünfzig Lasten. Ich fand auch sogleich eine erwünschte Ladung von Malz, nach Wolgast bestimmt, die für zweiundzwanzig holl. Gulden die Last bedungen wurde. Nun säumte ich nicht, unter russischen Pässen meine erste Reise dahin anzutreten.

Als ich in Wolgast vor Anker gekommen, vertraute mir Herr Cantzler, der Empfänger der Ladung, daß dieselbe für die Preußen in Stettin bestimmt sei, und bat mich, so lange zu verweilen, bis er eines Fahrzeugs habhaft geworden, das sie heimlich bei Nacht und Nebel dorthin schaffen solle.

Ich ließ mir das gefallen. Als aber die Ankunft des dazu bestimmten Schmugglers sich von einem Tage zum andern verzog, ward mir Zeit und Weile lang; und zugleich erwachte auch in mir der Patriotismus, meinen pommerschen Landsleuten in Stettin etwas zur Liebe zu tun. So machte ich mich denn zu Herrn Cantzler und stellte ihm vor: Mein Fahrzeug ginge nicht tief und wäre gar wohl geeignet, das Haff und dessen Untiefen zu passieren. Wäre es ihm recht, so unternähme ich es wohl selbst, die Ladung nach Stettin zu bringen, da ich dieser Gegend hinreichend kundig wäre.

„Mir schon recht!" erwiderte der Handelsherr erfreut — „will Er sein Schiff dran wagen, Herr, die Ladung muß gewagt werden! — Wie hoch die Fracht?" — Wir wurden um fünfhundert Taler einig. — „Aber sehe sich der Herr wohl vor!" setzte jener warnend hinzu, „auf dem Haff liegt eine ganze Flotte von unsern schwedischen armierten Schiffen. Das wird Künste kosten!" — Was war zu machen? Der Schritt war einmal getan, und wäre mir der Handel nun auch leid geworden, so erlaubte mein Ehrgefühl doch nicht, jetzt noch zurückzutreten.

Fürerst ging ich mit meinem Schiffe die Peene hinauf bis unfern an den sogenannten Bock am Eingange des Haffs. Hier sah ich die schwedische Armierung in einem weiten Halbzirkel vor mir liegen und in der Mitte derselben eine Fregatte, so daß das Ding nicht wenig bedenklich aussah und ich meinem Mute wacker zusprechen mußte. Indes peilte ich noch bei Tage mit dem Kompaß, wo hinaus die größte Öffnung zwischen den Fahrzeugen war. Die Nacht fiel rabendunkel ein; der Wind war frisch, mit Regen und Donnerwetter vergesellschaftet, und alles schien mein Unternehmen begünstigen zu wollen.

Um elf Uhr endlich hob ich die Anker und segelte glücklich und ohne Hindernis durch die Flotte, deren eigene aufgesteckte Feuer mir sogar die Richtung noch deutlicher angaben. Schon hatte ich sie eine Viertelmeile im Rücken und glaubte mich geborgen, als unerwartet ein Schuß von einer auf Vorposten ausgestellten Galley, nach mir hin fiel. Himmel! wie sputete ich mich, jedes Segel aufzusetzen, das mein Schiffchen nur tragen konnte, welches überdem, zu meinem Troste und seinen Namen rechtfertigend, ein trefflicher Segler war. Nicht lange aber, so blitzte noch ein zweiter Schuß von der Seite nach mir auf, und dieser kam von einem andern Vorpostenschiffe, dem ich eben so wenig Rede zu stehen gesonnen war.

Nunmehr machten beide Galleyen die ganze Nacht hindurch Jagd auf mich und kamen mir in der Tat so nahe, daß unter den unzähligen Kugeln, womit sie mich begrüßten, vier durch meine Segel gingen. Mit Tagesanbruch war ich Neuwarp gegenüber. Hier aber kamen mir bereits drei von unsern preußischen armierten Fahrzeugen entgegen, die gewöhnlich bei Ziegenort lagen und durch das nächtliche Schießen alarmiert worden waren. Unter ihrem Schutze hinderte mich denn nichts, meinen Bestimmungsort zu erreichen und meine Fracht abzuliefern.

Während ich hier lag, kam der Friede mit Rußland zustande. Die günstigen Verhältnisse benutzend, machte ich schnell hintereinander eine Reihe glücklicher Fahrten: von Stettin nach Kolberg mit Salz, woran es dort nach der dritten Belagerung, bei der die Salzhütten zerstört worden waren, dringend fehlte, von hier mit einer Ladung Wein nach Königsberg, und wiederum dahin zurück mit Roggen.

Von Königsberg aus brachte ich im Auftrage eines russischen Generals mein Schiff nach Riga. Meine Fracht bestand in lauter Kommißstiefeln, je paarweise zusammengenäht. Wohl ein ganzes Regiment Soldaten kam damit hochbepackt aus einem benachbarten Speicher anmarschiert, und jeder einzelne warf seine Ladung durch die Schiffsluke in den Raum, wie Kraut und Rüben durcheinander, bis endlich diese Stiefel sich zu einem hohen Berge auftürmten. Als ich nun dem Offizier, welcher dabei die Aufsicht führte, vorstellte, daß hinten und vorne alles ledig bleibe und die Last durch den ganzen Raum gleichmäßig verteilt werden müsse, so schickte er endlich einige Mannschaft hinunter, die sich die Stiefel wacker um die Ohren schmiß, bis es hieß: das Schiff ist voll, und es kann keine Maus mehr hinein!

Da ich sah, daß ich trotz dieser wunderlichen Ladung immer noch nicht ballasttief mit meinem Schiffe lag, so hielt ich bei dem General an, daß er mir noch eine Anzahl Bomben oder Kugeln in den hintern oder vordern Raum geben möchte, weil ich sonst die See nicht würde halten können. Allein seine Antwort lautete: damit könne mir jetzt nicht geholfen werden; auch bekäme ich noch einen Offizier, zwei Sergeanten und zwanzig Gemeine aufs Schiff, für deren Personen und Sachen gleichfalls noch Raum übrig bleiben müsse. Der Bescheid war nicht sehr erbaulich, ich mußte mich jedoch damit behelfen, und so lag ich nun am Lizent zum Auslaufen fertig.

Des nächsten Tages suchte mich ein russischer Offizier, ein Livländer, namens Rasch, der vollkommen gut Deutsch sprach, in meinem Hause auf, um mir anzuzeigen, daß er als Kommandeur auf meinem Schiffe bestellt sei, die Fahrt nach Riga mit mir zu machen, und sich mit seinem Kommando gegen Abend an Bord einstellen werde. Am nächsten Morgen fuhren wir ab.

Ein paar Tage darauf kamen wir ins Gesicht von Dünamünde, und da der Wind nach Osten umging, legten wir uns auf der Reede vor Anker.

Des andern Tages um Mittag kam ich die Düna hinauf nach Riga, meldete mich beim Kommandanten und bat um baldigsten Befehl zur Ablieferung der geladenen Effekten. So erschien denn bereits in der nächsten Stunde ein unzählbarer Schwarm abgeschickter Soldaten, die nach der schon beschriebenen russischen Manier auch wieder bei mir aufräumten. Ihr Gedränge um die Schiffsluken her gestattete ihnen kaum Zeit und Raum, sich ihre zehn Paar Stiefel und drüber über die Schultern zu schlagen und damit fort, wie die Ameisen! Abends um sieben Uhr war mein Schiff ledig, wie mit Besen gefegt.

Da mir, kaum fünfzehn oder zwanzig Schritt entfernt, am Bollwerk ein Berg Ballast vor der Nase lag, so legte ich nun augenblicklich mein Schiff hart daran, dingte acht russische Soldaten zu einem halben Rubel, mir diesen Sand über Bord hineinzuschaufeln, und nachdem ich an den Vorder- und Hintersteven mit Kreide bezeichnet hatte, wie tief geladen werden sollte, ließ ich sie unter Aufsicht meiner Leute tapfer fortarbeiten, während ich mich selbst ruhig aufs Ohr legte. Am Morgen war alles getan.

Des dritten Tages nachher warf ich bereits wieder in Pillau den Anker. Weil jedoch mein Schiff in der Bordingszunft zu Königsberg eingeschrieben war, so blieb ich hier noch liegen, um eine Fracht den Pregel hinauf zu erwarten.

Zwei Tage darauf erschien Schiffer Kummerow mit jenem nämlichen Schiffe, auf dem im vorigen Jahre der gute Christian verunglückte, auf der Reede und steuerte trotz eines fliegenden Sturmes mutig in den Hafen. Als er im „Kessel" vor Anker gekommen, bekam ich im lustigen Mut den Einfall, mit meinen braven Landsleuten, den Schiffern Paul Todt und Johann Henke, zu dem Neuangekommenen, der gleichfalls ein ehrlicher Kolberger war, an Bord zu fahren. Beim Eintritt in seine Kajüte sahen wir, daß ihm die Brandung beim Einlaufen hinten die Fenster und Porten in Stücke geschlagen hatte, und daß drinnen alles voll Wasser stand. Er hatte nun zum Schaden auch noch den Spott, indem wir ihn redlich auslachten. Ich erinnerte mich dabei, daß ich mit diesem nämlichen Schiffe und in einem ähnlichen Sturmwetter hier in den Hafen gesegelt, aber die Besonnenheit gehabt, die Hinterporten vorher fallen zu lassen.

Bei der fortgesetzten Neckerei hub endlich unser Wirt im halben Unwillen an: „Basta, ihr Herren! Ihr sollt am längsten gespottet haben. — Heda, Junge! Den Koch herbei! — Koch, auf dem Platze an Land gefahren, und holt mir den Tischler, so und so genannt. Er soll sich mit Handwerkszeug versehen, um hier die Einschiebrahmen loszumachen, damit sie zum Glaser in die Kur gebracht werden können." — Während nun sein Wille ausgerichtet wurde, der Tischler aber, ohne daß wir uns weiter daran kehrten, seine Arbeit begann, saßen wir daneben bei einem Glase Wein, wobei wir vergnügt und wohlgemut alte und neue Geschichten nach Seemannsweise auf die Bahn brachten.

Ganz von ungefähr fielen hierbei meine Blicke auf den emsig beschäftigten Tischler und nahmen mit Verwunderung wahr, wie dieser hinter der Verkleidung, wo die Fensterrahmen eingeschoben gewesen waren, allerlei Sachen hervorlangte und mit dem krummen Stiele seines Schnitzers immer noch nach mehreren angelte. Das Blut schoß mir aufs Herz und ins Gesicht. Ich fiel wie aus den Wolken; denn ich erkannte augenblicklich, Stück für Stück, das verschwundene Eigentum des verstorbenen Schiffers Karl Christian. Da war seine Uhr, seine Garnitur silberner Schnallen, ein Beutel mit einigen hundert Talern dänisch Kurant, ein Schächtelchen mit Edelsteinen an goldenen Ringen und Ohrgehängen, desgleichen silberne Schlösser zu großen Bügeltaschen nach damaliger Mode, und was sonst noch mehr, das der gute Mann vormals in Amsterdam eingehandelt und unterwegs aus Furcht vor Kaperei hier in Sicherheit gebracht hatte. — Hier hatte es kein Mensch gesucht, und auch wir hatten es eher in jedem andern Versteckwinkel vermutet.

Guter Gott! Und ich hatte mich müssen drum gleichwohl einen Dieb heißen lassen! Aber der Himmel ist gerecht und barmherzig. Er fügte es, daß die Wahrheit noch nach Jahr und Tag wunderlich ans Licht kam; daß es sogar in meiner Gegenwart und vor vieler Zeugen sichtlichen Augen geschehen mußte! Wären wir nicht alle zugegen gewesen — wer weiß, wie weit die Ehrlichkeit des Finders Stich gehalten, ob je Hund oder Hahn danach gekräht und ich nicht Zeit meines Lebens Dieb geheißen hätte! — Ja, allemal wenn ich an diese Geschichte denke, schlage ich meine Hände in die Höhe und danke Gott. Der Name des Herrn sei gelobet!

Nun raffte ich in der Bestürzung alles zusammen und eilte damit an Land zu der Witwe meines ehemaligen Schiffers. „Hier, meine liebe Frau!“ rief ich außer Atem. — „Hier bring' ich Ihnen den Schatz von Ihrem seligen Herrn, um den ich so lange habe Dieb heißen müssen. So und so ist das durch Gottes Leitung wieder aufgefunden worden, und nun danken auch Sie Gott und seien Sie fröhlich! Nun ist Ihnen und Ihren armen Würmerchen auch besser geholfen!“

So gab es also Freude von allen Seiten. Bald auch wurde die Geschichte in Königsberg und in der ganzen Umgegend ruchbar. Jeder hielt es für ein halbes Wunderwerk; jeder wollte darüber von mir selbst noch näheren Bericht erfahren; und war ich vorher hie und da wohl zweideutig und über die Achsel angesehen worden, so wurde ich seitdem, Gott weiß es! von Bekannten und Unbekannten mit unverdienter Güte und Liebe behandelt.

Mein gutes Glück machte mich, wenn auch nicht übermütig, doch zuversichtlich. Ich war ein junger Mensch und wollte mich noch besser in der Welt versuchen, um es desto gewisser in der Welt zu etwas zu bringen. Meinem Absehen nach mußte ich ein neues und größeres Schiff haben, mit dem ich mich in die Nordsee und über den Kanal hinaus wagen dürfte, anstatt bloß in der Ostsee wie in einer Entenpfütze umherzuleiern.

Ich verkaufte meinen kleinen und glücklichen „Postreiter“, setzte mir es in den Kopf, ein funkelnagelneues Schiff von etwa achtzig Lasten auf den Königsberger Stapel zu setzen, und war den größten Teil des Jahres 1764 mit dem Ausbau desselben beschäftigt, ohne den Ort zu verlassen. In dem nämlichen Jahre war auch der unglückliche große Brand in Königsberg, wobei der Löbenicht, Sackheim und ein Teil vom Roßgarten in Feuer aufgingen. Als der erstgenannte Stadtteil so plötzlich und an allen Orten zugleich in Flammen stand, befand ich mich mit wohl noch tausend andern Menschen auf der Holzwiese, dicht am Pregel, dem Löbenicht gegenüber. Hier bemerkten wir auf der Ladebrücke hinter dem Hospital arme gebrechliche Bewohner desselben, welche darauf ihre letzte kümmerliche Zuflucht gesucht hatten. Denn hinter ihnen standen ihre Zellen und die Hospitalkirche in lichtem Brande; zur einen Seite nicht minder der Mönchhof, und zur andern, neben der Brücke, ein großer Stapel Brennholz, so daß den Unglücklichen nur übrig blieb, sich in den Pregel zu stürzen oder ihr Schicksal auf jener Ladebrücke abzuwarten.

Schon aber schien die Flamme sie auch in diesem letzten Bergewinkel ereilen zu wollen! Wir sahen deutlich von jener Seite, wie bereits einigen Lahmen und Krüppeln die Kleider auf dem Leibe angeglommen waren, während andre, die noch etwas rühriger waren, Wasser schöpften und damit ihre Unglücksgefährten wiederholt übergossen, um sie vor dem Verbrennen zu retten.

In dieser dringenden Gefahr sollte und mußte nun den armen Leuten unverzüglich geholfen werden! Fahrzeuge waren in der ganzen Gegend nirgends zu sehen. Ich lief indes über die Kuttelbrücke nach dem Hundegat, sprang in ein Boot, das zu einem dort liegenden Schiffe gehörte, und da zum Glück ein Ruder darin lag, so war ich mit Hilfe des starken Windes binnen fünf bis zehn Minuten wieder an der Ladebrücke. Man denkt sich's leicht, wie ich hier von den armen Menschen bestürmt wurde. Immer wollte einer vor dem andern aufgenommen sein, und mir blieb endlich nichts übrig, als eilig mit dem Boote und den zuerst Eingesprungenen abzustoßen, wenn nicht alles auf der Stelle mit und unter mir versinken sollte. Ich brachte indes meine Ladung nach der Holzwiese in Sicherheit, und so gelang es mir in dreimaligem Hin- und Herfahren, sie alle glücklich aus der Klemme zu schaffen.

Darauf stieß ich wieder ab, um womöglich irgend einem Bedrängten retten zu helfen, und kam an das Löbenichtsche Schlachthaus, das gleichfalls in hellem Feuer stand, und wo noch, wie ich durch die niedergebrannten Planken wahrnehmen konnte, eine Menge ausgeschlachteten Viehes umherhing. „Mein Gott! dachte ich — wie vielen hundert Menschen könnte das noch zur Erquickung dienen, denen das Unglück heute nichts als das liebe Leben gelassen hat!" Ein großer, fetter Ochse, der der Treppe nach dem Wasser am nächsten hing, fiel mir besonders in die Augen. Ich schnitt ihn ab, wälzte ihn hinunter und schleppte ihn hinter meinem Fahrzeuge her an das jenseitige Ufer, wo ihn mir ein Reiter abnahm und vollends auf das Trockne brachte. Wo er weiter geblieben und wem er zugute gekommen ist, weiß ich nicht.

Indem ich mich nun aufs neue nach der Löbenichtschen Seite hinüber machte, stieß ich dort auf eine wohlbeleibte Frau die ihre Hände nach mir aufhob und rief: „O Schifferchen, erbarme Er sich! Helf' Er! Rett' Er! — Das da ist mein Haus, was mit den andern im Brande steht, und mein Mann ist ausgereist auf den Viehhandel. All meine Leute haben mich verlassen; und was Er hier um mich liegen sieht, habe ich mit meinen eigenen Händen aus dem Feuer gerissen." — Dabei wies sie auf einen Berg von Betten, Kleidungsstücken und dergleichen.

Ich ließ mich nicht zweimal bitten. Wir warfen beide Hals über Kopf von den Sachen bunt durcheinander in das Boot, so viel es nur fassen konnte, und nun schlug ich ihr vor, diese Ladung ans jenseitige Ufer hinüber zu schaffen, dann aber wieder zu kommen und sie selbst mit dem Rest in Sicherheit zu bringen. Das war aber kein guter Rat, wie ich sogleich inne ward, als ich die Holzwiese erreichte, denn hier gab es zwar hundert geschäftige Hände, die mir die geretteten Sachen abnahmen; als ich mich aber auch danach umsah, ob sie auch in gute Verwahrung kämen, lief der eine hierhin, der andre dorthin; dieser zog mit einem Bette ab, jener mit einem Laken oder einem Arm voll Kleider, und als ich das letzte Stück aus den Händen gab, hatte sich bereits die ganze Ladung verkrümelt.

„Frauchen!" sagte ich bei meiner Wiederkehr — „das sieht betrübt mit Ihrem Eigentum aus! — Ich fürchte,

Sie kriegt in Ihrem Leben keine Faser wieder davon zu sehen. So und so ist mir's gegangen." — Die Unglückliche weinte und seufzte. Indes schleppten wir noch einen schweren Kleiderkasten an und ins Boot, und was sie noch von Gerätschaften geborgen hatte. Sie selbst trug ich trotz ihrer Wohlbeleibtheit, indem ich bis an den halben Leib durchs Wasser watete, gut oder übel ebenfalls hinein und fuhr ab. Unterwegs gewann sie wieder etwas Mut und Redseligkeit. Sie nannte mir ihres Mannes Namen, und daß er ein Branntweinbrenner gewesen, samt ihren andern häuslichen Umständen. Die ganze Brandgeschichte, vom ersten Feuerlärm an, und ihren Schreck, und was sie und ihre Nachbarn gedacht und gesagt und vermutet — das alles bekam ich anzuhören, und wahrscheinlich noch sehr vieles mehr, wenn wir nicht schon früher bei der Holzwiese angelangt gewesen wären.

Hier ward das unordentliche Getümmel der räuberischen Dienstfertigkeit um die arme Frau fast noch ärger, als bei meiner ersten Landung. Endlich drängte man mich ganz von ihr ab und ich sah sie nur noch aus der Ferne auf ihrem Kasten sitzen, um wenigstens diesen zu behaupten. Wieviel ihr von dem übrigen geblieben oder wiedergebracht worden, weiß Gott; denn meine Augen haben sie nachdem in dem weitläufigen Ort niemals wieder gesehen.

Für diesmal wollte ich nun sehen, was in einer andern Gegend, auf der Sackheimschen Seite, passierte. Nicht lange, so traf ich abermals mit einer alten Frau zusammen, die am Wasser stand und mir entgegenschrie: „Ach Herzensschifferchen, goldnes! Hierher, zu mir hin! Ich will Ihm auch gerne einen Sechser geben." — Ich mußte lachen, so wenig mir es bei der allgemeinen grausamen Not auch lächerlich ums Herz war. — „Nun, und wo soll ich hier denn angreifen?" — „Ach du mein Gottchen; diesen Kasten hier, wenn Er mir den doch nach der Holzwiese schaffen wollte. Mein ganzes armes Hab und Gut steckt zusammen drinnen! Ich bin eine geschlagene Frau, wenn ich den missen soll!" Sie übergab mir eine lange schmale Kiste, die glücklich ins

Boot geschoben und, weil sie darin der Länge lang keinen Platz fand, mit Mühe querüber ins Gleichgewicht gerückt wurde, wiewohl das Fahrzeug, da sie hochstand, heftig damit schwankte. Auch ging es mit der Fahrt noch immer gut genug, bis wir auf Stromesmitte in den Bereich des Sturmwindes gerieten, welcher uns dergestalt packte, daß sich das Boot ganz auf die Seite legte und Wasser schöpfte. Was ich immer tun mochte, dem Übel abzuhelfen, blieb vergeblich, und unsre Gefahr zu sinken ward mit jedem Augenblick dringender. „Aber liebe Frau, was hat Sie denn in dem unbeholfenen verwetterten Kasten?" fragte ich endlich mit einiger Ungeduld. — „Ach, mein ein und alles! Meine Hühner und Enten, womit ich handle, und die mir Eier legen." — „Ei, so hole der Henker lieber den ganzen Kram!" schrie ich giftig, — „als daß wir hier unsere Haut darum zu Markte tragen!" — und damit schob ich den Kasten fein säuberlich über Bord und ließ ihn treiben, wohin er wollte. Nun aber erhub sich über mich ein Sturmwetter von ganz andrer Art, und ich kriegte Ehrentitel zu hören, wie ich sie mir nimmer vermutend war. Aber wie sollte ich es anders machen? Das Boot stand am Umkippen und war schon hoch voll Wasser gelaufen.

Indes waren wir beinahe bis an den Sackheimschen Baum getrieben. Ich machte mich also eilig von meiner lästigen Begleiterin los, stieg an Land, befestigte das Fahrzeug und half anderweitig bei dem Feuer bergen und retten, wo und wie ich immer vermochte. Darüber blieb ich nun von meiner eigenen Schwelle entfernt vom Sonntag abends, da das Feuer anging, bis Dienstags nachmittags, wo endlich seine zerstörende Wut sich legte.

Einige Zeit nach jenem unvergeßlichen Unglück stieg ein Orkan so gewaltig auf, daß alle Schiffe, mit denen der Pregel vom grünen Baume an bedeckt war, sich teils einzeln von ihren Befestigungen am Bollwerk losrissen, teils untereinander abdrängten und selbst die mitten im Strome geworfenen Anker dagegen nicht aushielten. Die Verwirrung und das Gedränge ward mit jedem Augenblick größer. Endlich packte sich alles an der grünen Brücke in eine dichte wüste Masse zusammen; die Masten stürzten über Bord, und die Bugspriete knickten wie Rohrstengel. Der Schade war unermeßlich, und als man endlich wieder zur Besinnung kam, hatte man sich billig zu verwundern, daß nicht alles und jedes zugrunde gegangen war.

Dieses Schicksal betraf unter andern auch einen ledigen Bording von fünfzig Lasten, der zwischen den andern Schiffen so eingeklemmt ward, daß er endlich als die geringere Masse von ihnen niedergedrückt und dergestalt völlig in den Grund versenkt werden mußte, daß keine Spur von ihm zu erblicken war. Dieses Gefäß gehörte einer Witwe Roloff, meiner guten Freundin und Gevatterin, die in ihrer Not und mit weinenden Augen zu mir kam, ob ich ihr in ihrem Unglück nicht helfen könnte. Ich versprach mein möglichstes, und sobald nur der Sturm sich gelegt hatte und die Schiffe sich wieder auseinandergewirrt, traf ich Anstalten, den Bording mit Winden und Tauen aus dem Grunde wieder emporzuheben, was mir denn auch mit vieler Mühe und Arbeit gelang, so daß das Fahrzeug auf eine sichere Stelle gebracht und der erlittene Schaden ausgebessert werden konnte.

Einige Zeit nachher, während ich noch an meinem Schiffe baute, kam eines Tages das Geschrei zu mir auf die Baustelle: auf dem Pregel am grünen Kran stehe ein holländisches Schiff, mit hundertzwanzig Lasten Hanf geladen, in lichtem Brande. Sofort machte ich mich samt all meinen Schiffszimmerleuten, deren jeder mit seiner Axt versehen war, auf den Platz und sah, wie das Feuer klafterlang gleich einem Pferdeschweif hinten durch die Kajütporten emporflackerte. Alle Menschen, soviel sich deren bereits herbeigemacht hatten, waren damit beschäftigt, Löcher in das Verdeck zu hauen und von oben hinab Wasser in den brennenden Raum zu gießen. Offenbar aber gewann dadurch der Brand unterm Deck nur um so größern Zug und war auf diese Weise mit nichten zu dämpfen.

Ein so widersinniges Verfahren konnte ich nicht lange gelassen mit anblicken, und das um so weniger, da mir das schnelle und sichre Mittel beifiel, dem weitern Unglück auf der Stelle zu steuern, wenn nämlich das Schiff, ohne langes Säumen, zum Untersinken gebracht werden konnte. So packte ich denn flugs den Schiffer am Arm und schrie ihm zu: „Ihr arbeitet Euch ja damit zum Unglück, daß Ihr dem Feuer noch mehr Luft macht. Versenken müßt Ihr das Schiff! Hört Ihr? Versenken! Was ist da lange Besinnens!“

Es lief aber alles verwirrt durcheinander, und kein Mensch konnte oder wollte in dem Tumult auf mich hören. Da griff ich einen von meinen Schiffszimmerleuten auf, sprang mit ihm in das Boot, welches zum brennenden Schiffe gehörte und demselben zur Seite lag, und zeigte ihm eine Planke, dicht an und über dem Wasser, wo er in Gottes Namen ein Loch durchs Schiff hauen sollte. „Das laß ich wohl bleiben!“ war seine Antwort — „ich könnte schlimmen Lohn dafür haben!“

Dieser Widerstand erhitzte mich noch mehr. Ich riß ihm die Axt aus den Händen und bedachte mich keinen Augenblick, ein ganz hübsches Loch hart überm Wasserspiegel durchzukappen. Als ich den guten Erfolg sah, legte ich mich auf den Bauch und hieb immer tiefer einwärts, bis endlich das Wasser stromweise in den Schiffsraum drang. Das eben hatte ich gewollt, und nun eilte ich spornstreichs aus dem Boote auf das Verdeck, wo sich hundert und mehr Menschen drängten, und schrie: „Herunter vom Schiff, was nicht versaufen will! In der Minute wird's sinken!“

Anfangs hörte man mich nicht; da ich es aber immer und immer wiederholte, und zugleich auch das Schiff begann, sich stark auf jene Seite zu neigen, so kam auf einmal der Schrecken unter die Leute; alles lief nach dem Lande in banger Erwartung, was weiter geschehen würde. In der Tat legte sich das Schiff so gewaltig seitwärts, als ob es umfallen wollte; aber im Sinken selbst richtete es sich plötzlich wieder empor, und fuhr so geraden Standes plötzlich bis an die Gaffelklaue in die Tiefe, die hier zur Stelle wohl sechsunddreißig bis vierzig Fuß betragen mochte.

Das Feuer war gedämpft. Eine stille dumme Verwunderung folgte. Aber plötzlich ward jedes Gaffers Mund wieder rege und laut, und jeder fragte in die Wette: „Wer hat das getan? Wer hat das Schiff in den Grund gehauen?“ Jeder hatte aber auch gleich die durcheinander geschrieene Antwort bei der Hand: „Nettelbeck! Ei, das ist ein Stückchen von Nettelbeck!“ — Nettelbeck aber kehrte sich an nichts, ging ruhig nach Hause, und war in seinem Herzen überzeugt, daß er recht getan habe.

Gleich des andern Tages, vormittags neun Uhr, trat in voller Angst mein Schwiegervater zu mir ins Haus und fuhr auf mich ein: „Nun haben wir's! Ein schönes Unglück habt Ihr angerichtet mit dem in Grund gehauenen Schiffe! Da sind eben drei Kaufleute und der holländische Schiffer samt einem Advokaten auf der Admiralität und klagen wider Euch auf vollen Ersatz alles Schadens. Nun sitzt Ihr in der Brühe!“ — Und noch hatte er seine Hiobspost kaum geendet, so war auch schon der Admiralitätsdiener zur Stelle, der mich auf den Lizent, gleich in dieser nämlichen Stunde, vor das Admiralitätskollegium beschied. „Die sind rasch dahinter her!“ dachte ich bei mir selbst; und mir ward doch nicht ganz wohl dabei zumute.

Als ich ankam, fand ich es ganz so, wie mir's mein Schwiegervater verkündigt hatte. Mir ward ein schon fertiges Protokoll vorgelesen des Inhalts, daß ich es sei, der unberufenerweise das Schiff zum Sinken gebracht und dadurch einen Schaden von so und so viel Tausenden angerichtet habe. Ich sollte jetzt die Wahrheit dieser Angaben anerkennen, von der Ursache Rede und Antwort geben und allenfalls anführen, was ich zu meiner Verteidigung vorzubringen wüßte.

Hm! das stand ja so gar verzweifelt noch nicht, wenn mir noch Einrede und Verteidigung zugestanden wurde! — „Tausend Augen“ — sagte ich — „haben es mit angesehen, wie das Schiff hinten hinaus in hellem Feuer stand, und je mehr Luftlöcher die Leute ins Verdeck hieben, desto mehr Nahrung gaben sie dem inwendigen Brande; hätte das nur noch eine halbe Viertelstunde so fortgedauert, so nahm die Flamme dergestalt überhand, daß es kein Mensch auf dem Schiffe mehr aushalten konnte und dieses samt der Ladung preisgegeben werden mußte. Während es nun in voller Glut stand — wie sollte es da fehlen, daß nicht auch die Taue mit verbrannten, an denen es am Bollwerk befestigt lag; daß die flammende Masse stromabwärts und unter die vielen andern dort liegenden Schiffe trieb und diese mit ins Verderben zog? — Ja, was leistete uns Bürgschaft, daß dieser Schiffsbrand nicht ebensowohl auch die dicht am Bollwerk befindlichen Speicher und die unzähligen, vor denselben aufgefahrenen Hanfwagen ergriff? und daß darüber nicht ganz Königsberg in Rauch und Asche aufging? — Jetzt ist großes und gewisses Unglück mit um so geringerm Schaden abgewandt, als Schiff und Ladung wohl noch meist wieder zu bergen sein werden. Ich bin daher auch des guten Glaubens, daß ich in keiner Weise strafbar gehandelt, sondern nur meine Bürgerpflicht geleistet habe."

Der Direktor, Herr Schnell, diktierte diese meine Verantwortung selbst zu Protokoll, und der Advokat ermangelte nicht, dagegen allerlei Einrede zu tun. Danach ward ich abermals befragt, ob ich weiter noch etwas zu meinen Gunsten vorzubringen habe? — „Nicht ein Wort!" erwiderte ich — „meine Sache muß für sich selber sprechen." Die Verhandlung ward zu Papier gebracht, und dies mußten alle Teile unterzeichnen. Dann wurden wir bedeutet, einstweilen abzutreten, weil unser Handel klar genug sei, um noch in dieser nämlichen Sitzung zur Sprache zu kommen.

„Desto besser!" dachte ich — „wenn nur die gestrengen Herren drinnen auch Vernunft annehmen wollen!" und über diesem „Wenn" kam es denn doch bei mir zu einem Herzpochen, das mir diese halbe Stunde Verweilens zu einer sehr bänglichen machte. Wer weiß, ob es meinen Gegenparten viel besser erging? — Endlich hieß es, daß wir wieder vortreten möchten: und nun gab man uns sogleich auch das gefällte Urteil zu vernehmen, dessen Inhalt, der Hauptsache nach, etwa dahin lautete:

„Die Admiralität erkenne, daß der Schiffer Nettelbeck vollkommen recht und löblich gehandelt, indem er durch schnelle Versenkung des in Rede stehenden brennenden Schiffes größeres Unglück von dem Handelsstande und der Stadt abgewandt. Nächstdem aber behalte sich das Kollegium vor, ihm dessen Zufriedenheit und Dankbarkeit durch feierlichen Handschlag zu bezeugen. Falls auch der Gegenpart mit diesem Erkenntnis zufrieden sei, solle derselbe gleichmäßig mit dargebotener Hand sich bei beregtem Nettelbeck bedanken, daß er Schiff und Ladung vor noch größerem Schaden bewahrt habe."

Nach geschehener Vorlesung stand der Direktor, Herr Schnell, von seinem Sitze auf, schüttelte mir treuherzig die Hand und sagte: „Ich tue das als Erkenntlichkeitsbezeugung im Namen aller Schiffer, die auf dem Pregel liegen, und im Namen der Stadt, die durch Ihren Mut und Ihre Besonnenheit einem großen Unglück entgangen ist. Sie sind ein wackerer Mann!"

Kaufleute, Schiffer und Advokat sahen einander an und gaben etwas verlegene Zuschauer bei dieser Szene ab. Endlich traten sie, einer nach dem andern, zu mir und gaben mir ihre dankbare Hand. Die Vernünftigeren unter ihnen gaben zu gleicher Zeit zu verstehen, sie seien nur darum zur Klage wider mich geschritten, um sich bei ihren Assekuradeurs, Reedern und Korrespondenten hinlänglich zu decken.

Schon waren wir im Begriff, aus der Gerichtsstube wieder abzutreten, als der Direktor mich zurückrief und anhub: „Schiffer Nettelbeck! Wie ist's? Haben Sie nicht im vorigen Jahre der Witwe Roloff ihren im Pregel versunkenen Bording glücklich wieder in die Höhe gebracht? — Ich dächte, Sie wären ebensowohl der Mann dazu, Ihr Kunststück auch an diesem Schiffe hier zu wiederholen?" — „Meine Herren!" sich zu den Kaufleuten wendend — „Sie sollten sich diesen Vorschlag überlegen! was meinen Sie?"

Alsobald legten mir die Gefragten die Sache andringlich vor. „Je nun", erwiderte ich — „vieles in der Welt läßt sich machen, wenn es mit Vernunft und Geschick angegriffen wird. Wir beide, der Schiffsherr und ich, wollen hingehen, untersuchen und das Ding an Ort und Stelle reiflicher überlegen. Läßt sich was beginnen, so wollen wir in Gottes Namen Hand ans Werk legen." — Sogleich auch machten wir uns auf den Platz; aber alsbald auch ward mir's klar, daß der Schiffer eine Schlafmütze war, von dem ich keinen erklecklichen Beistand erwarten durfte. Lieber also ließ ich ihn ganz aus dem Spiele, ging zu meinem guten ehrlichen Freunde, dem Schiffszimmermeister Backer, und bat ihn, daß er mir bei meinem Vornehmen helfen möchte. Der war auch zu allem bereit und willig, und so schritt ich denn getrost an die Ausführung.

Nach dem Plane, den wir entworfen hatten, erbat ich mir von ein paar guten Freunden zwei Fahrzeuge zu meiner Verfügung. Indem ich nun diese Bordinge zu beiden Seiten des versenkten Schiffs postierte und meine Winden und Hebezeuge darauf anbrachte und in Bewegung setzte, ging die Arbeit rasch und glücklich von statten. Wir hoben die ungeheure Last unter dem Wasser aus dem tiefen Grunde so weit in die Höhe, daß man bereits auf das Verdeck, etwas mehr als knietief, treten konnte und ich binnen kurzem den Augenblick erwartete, wo dasselbe vollends emportauchen würde.

Jetzt aber plötzlich stockten alle meine Maschinen, und keine Kraft derselben war stark genug, das Schiff auch nur um einen einzigen Zoll höher zu bringen. Ich hatte die beiden Bordinge durch die Winden dergestalt anstrengen lassen, daß sie vorne mit dem Bordrande dicht auf dem Wasser lagen, während die Hinterteile sich tief bis zum Kiel in die Höhe kehrten. Brach jetzt irgend etwas an den Tauen, die unter dem Schiffe durchgezogen waren, so waren Unglück und Schaden, die dann entstehen mußten, gar nicht zu berechnen. In dieser peinlichen Lage mußten demnach vor allen Dingen noch ein paar Ankertaue unter den Schiffskiel gebracht werden, in denen es nunmehr mit vollerer Sicherheit hing, und nun galt es ein Mittel, es noch um so viel zu erleichtern, daß nur die großen Luken auf dem Verdeck nicht mehr vom Strome überflossen würden und die anzubringenden Pumpen dann freies Spiel gewännen.

Da sich jedoch der Schiffskörper um keine Linie mehr rücken lassen wollte, so fiel ich darauf, ich müßte jene Luken um so viel erhöhen, daß sie über dem Wasserspiegel emporragten. Das war zu bewerkstelligen, wenn ich ebensoviel Kasten oder Vorschläge von wenigstens zwei Fuß Höhe und gleichem Umfang mit den Luken dergestalt wasserdicht auf denselben und dem Verdeck befestigte, daß sie gleichsam einen Brunnenrand vorstellten. Was nun aus diesen Kasten geschöpft wurde, war dann ebensogut, als sei es aus dem Raume geschöpft, in welchem auf diese Weise das Wasser endlich doch notwendig abnehmen mußte. Dann aber hob sich das Schiff von selbst, ohne daß es ferner meiner Maschinen bedurfte.

Kaum war dieser Gedanke zur Welt geboren, so ließ ich mir einen Zollstock geben, um unter dem Wasser das genaue Maß der Luken in Länge und Breite zu nehmen; rief meine Leute zu mir nach der Baustelle und gab ihnen an, was zu tun sei. In Zeit einer Stunde (während welcher alles in höchster Erwartung dessen stand, was werden sollte), kam ich mit den fertigen Kasten und meinen Arbeitsleuten zurück und hatte die Freude, zu sehen, daß jene vollkommen wohl anschlossen. Um mich jedoch dessen noch völliger zu versichern, riß ich mit dem Zirkel die Biegung der Schiffsdecke unterm Wasser an dem Rande der Kasten sorgfältig vor, ließ soviel, als danach nötig war, heraushauen und konnte nunmehr mein Werk, da kaum noch einiges Wasser durchsickerte, für gelungen halten.

Hunderte von müßigem Pöbel standen als Zuschauer am Bollwerk. Ich wandte mich zu ihnen und rief: „Heran mit Eimer und Gerät, wer Lust hat, mit Wasserschöpfen jede Stunde einen halben Gulden zu verdienen!" — Ho, das war, als hätte ich sie zur Hochzeit gebeten! Es stürzten gleich soviel Arbeiter herbei auf das nasse Verdeck, daß sie um die Kastenränder nicht alle Raum zum Hantieren hatten. Ich ließ sie ihr Wesen treiben und stieg derweilen ins Boot, um mit dem Bootshaken das Loch unter Wasser aufzusuchen, welches meine Hände hineingehauen hatten. Dann aber sah ich mich nach einem Sacke um (oder war es ein Stück altes Segeltuch, ich weiß es nicht!), um jenes Loch zu stopfen und dadurch neuen Zufluß zu hindern.

Bei jedem Schöpfen, das so viele Eimer zugleich taten, wurden vielleicht fünfzig und mehr Kubikfuß Wasser erst aus dem Kasten, dann tiefer aus dem Schiffsraume hervorgefördert, so daß bald die Arme der Arbeiter es nicht füglich erreichen konnten. In eben dem Maße nun, als durch diese Erleichterung das Schiff wieder an eigener Hebekraft gewann, erlangten auch die beiden Fahrzeuge, zwischen denen es in der Schwebe hing, ihre verlorne Wirksamkeit wieder. Sie hoben sich vorn wieder, und so, mit einem Ruck, brachten sie nun das Schiff glücklich in die Höhe, daß es durch sich selber flott wurde und das Verdeck über Wasser zu stehen kam.

Jetzt konnten auch die Hanfgebinde an den Lastbändern aus dem Raume hervorgelangt werden. Mit der erleichterten Ladung aber trat auch immer mehr und mehr Bord hervor, bis endlich auch mein gehauenes Loch über dem Wasser zum Vorschein gelangte und sonach mein Werk für abgetan gelten konnte. Ich schlug also ein Kreuz darüber und ging, weil ich mich trefflich abgemattet fühlte, in des Herrn Namen nach Hause, während mein Freund Backer und der Schiffer das übrige besorgen mochten.

Einige Tage darauf ward ich abermals vor die Admiralität gefordert. Ich fand dort die Herren Kaufleute, die mir vorerst ihren Dank für mein glücklich gelöstes Versprechen bezeugten, dann aber auch sich für meine angewandte Bemühung mit mir abzufinden wünschten. Auf meiner Rechnung, die ich ihnen des Endes einreichte, standen bloß die beiden Bordinge, die ich gemietet hatte, jeder mit zwanzig Talern angesetzt, samt einer Kleinigkeit für Abnutz an Tauen, Winden und andern Gerätschaften, die denn auch sogleich und ohne allen Anstand bewilligt wurden. Da ich indes, was mich selbst betraf, keine Forderung machen wollte, so boten sie mir eine Belohnung von hundert preußischen Gulden samt zehn Pfund Kaffee und zwanzig Pfund Zucker. Ich nahm, was mir gegeben wurde, und schenkte davon fünfundzwanzig Gulden den Armen, um ihnen auch einmal einen guten Tag zu machen.

Zu Ostern 1764 war ich endlich auch nach vieler Mühe und Sorge mit meinem Schiffbau im reinen. Das Gebäude und alles, was dazu gehörte, war nun wohl ganz nach meinem Sinn geraten; aber Lust und Freude konnte ich dennoch nur wenig daran haben. Denn wie so ganz anders waren die Zeiten geworden, seit ich im vorigen Jahre den Kiel dazu legte, und jetzt, wo es glatt wie ein Aal vom Stapel lief! Mit den guten Zeiten für die Reederei hatte es durch den Frieden ein plötzliches und betrübtes Ende genommen. Erst im Oktober gelang es mir, auf Amsterdam eine Fracht für sechzehn Gulden abzuschließen.

Während nun mein Schiff in der Ladung begriffen war, kam ich eines Tages von der Börse, um am Borde mit eigenen Augen nachzusehen. Das Schiff hatte sich etwas vom Bollwerk abgezogen; dennoch dachte ich den Sprung wohl hinüber zu tun, traf es aber so unglücklich, daß ich über ein Ankertau, welches längs dem Verdecke lag, stolperte und mir den rechten Fuß unten aus dem Gelenke fiel. Da lag ich nun und mußte nach Hause getragen werden! Das Bein schwoll an; ich konnte bald kein Glied mehr rühren, und während daran gezogen, gesalbt und gepflastert wurde, hatte ich die grausamsten Schmerzen auszustehen. An ein Mitgehen mit meinem Schiffe, wie ich es willens gewesen, war nun gar nicht zu denken. Ich mußte mein Fahrzeug meinem Steuermann, einem gewissen Martin Steinkraus, anvertrauen. Allein dieser Mann, der mir, halb wider meinen Willen, angebettelt worden, war ein arglistiger Taugenichts. Der unverschämte Räuber ließ sich unterwegs an verschiedenen Plätzen, angeblich wegen Reparatur, Spesen und endlich gar wegen Havarie fast siebentausend Gulden bar auf meine Rechnung auszahlen. Endlich ward mir der unsaubere Handel zu arg und zu bunt! Ich eilte darum meinem Urian nach Amsterdam nach. Es glückte mir auch, ihn zu erwischen, allein in dem dichten Gewimmel des Börsentreibens gelang es ihm, mir unter den Händen wieder zu entschlüpfen.

Ich habe den Buben nicht wiedergesehen. Meine Assekuradeurs wiesen kopfschüttelnd meine Ansprüche auf Entschädigung für gehabte Havarie zurück und verlangten, daß ich ihnen vor allen Dingen den Schiffer, der die Havarie gemacht, zur Stelle schaffte, damit er selbst Rede und Antwort stehe; denn nur mit ihm und nicht mit mir hätten sie es zu tun. Nach einigem Hin- und Widerreden und Streiten kam es endlich zu einem Vergleich, nach welchem ich mich mit der Hälfte meiner Forderung zufrieden gab.

So kam ich bei diesem schlimmen Handel noch glücklich genug mit einem blauen Auge davon, behielt mein Schiff unter den Füßen und konnte damit fahren nach Lust und Belieben, um meine Scharte wieder auszuwetzen. Letzteres beschloß ich denn auch auf der Stelle, indem ich mir vornahm, mit Ballast nach Noirmoutiers abzugehen, dort eine Ladung Salz für eigene Rechnung einzunehmen und hiernächst in Königsberg loszuschlagen. Zum Ankauf jener Ware wollten mir meine Amsterdamer Korrespondenten, die Herren Keck und van Goens, gegen Verpfändung von Schiff und Ladung (Bodmerei) die Gelder in Frankreich vorschießen.

Ehe ich jedoch zum Werk schreiten konnte, hatte ich zuvor noch reine Rechnung mit meinem Schiffsvolk zu machen. Dieses verwilderte Gezücht hatte nicht minder gottlos gelebt und hausgehalten, als der nichtsnutzige Schiffer selbst, und weil er in keinen reinen Schuhen steckte, hatte er es ihnen nicht abschlagen dürfen, während der Reise Vorschuß über Vorschuß an sie zu zahlen. Dabei waren auch hierin seine Papiere so konfuse, daß ich danach den eigentlichen Betrag ihrer aufgenommenen Gelder auf keine Weise ausmitteln konnte. Auf jeden Fall aber waren sie so beträchtlich, daß sie dieselben in Jahren und Tagen nicht wieder abverdienen konnten.

Hier blieb mir nun nichts übrig, als bald den einen, bald den andern besonders vorzunehmen, sie durch gute Worte treuherzig und willig zu machen und dann wieder durch unversehene Zwischenfragen in die Klemme zu nehmen, so daß stets ein Spitzbube den andern verriet. Allein ebensowenig, als sie gegen mich reinen Mund gehalten, konnte es unter ihnen selbst auf die Länge Geheimnis bleiben, wie ich es darauf anlegte, ihnen hinter die Schliche zu kommen. Sie hielten es demnach nach einer gemeinschaftlichen Beredung für das geratenste, mir allesamt auf einmal zu entlaufen, und diesen Vorsatz führten sie auch des andern Tages richtig aus, doch nicht, ohne daß ich es sogleich erfahren und auch den Ort am Lande entdeckt hätte, wo sie sich aufhielten.

Ich verfügte mich darum augenblicklich mit den zu mir genommenen Gerichtsdienern dahin und traf auch glücklich das ganze Nest beisammen, wo sie denn mit Gewalt aufgehoben und an Bord meines Schiffes begleitet wurden. Am besten hätte ich freilich getan, sie laufen zu lassen; allein so wenig sie auch übrigens taugten, so waren sie doch erfahren und tüchtige Kerle zur Arbeit, die hier in der Geschwindigkeit nicht wohl durch andere zu ersetzen waren. Zudem hoffte ich, daß, wenn ich mich ihrer nur bis zur wirklichen Abfahrt versichern könnte, ich sie wohl wieder zu Zucht und Ordnung herumbringen wollte.

Ich lichtete also schleunigst die Anker, um von Amsterdam nach der Bucht bei Dirkerdam abzusegeln, die etwa eine Meile von dort entfernt liegt. Hier warf ich aufs neue Anker und hoffte, daß ich's nunmehr den meinigen schwer genug machen wollte, von Bord zu kommen, um ihretwegen auch in meiner Abwesenheit wohl sicher zu sein. Denn ich konnte es nicht vermeiden, für meine Person des nächsten Tages noch einmal nach dem verlassenen Hafen zurückzukehren, um außer der Verzollung von Schiff und

Ladung (Ausklarierung) noch eine Menge anderweitiger Geschäfte zu besorgen und einen Lotsen mitzubringen.

Vor der Abfahrt nahm ich mit meinem Steuermanne die nötige Abrede und übergab ihm mein verdächtiges Volk in besondre sorgfältige Aufsicht. Das Boot ließ ich aufs Deck setzen und anschließen, damit sich dessen niemand bedienen könnte; und mein Stellvertreter sollte nicht vom Deck weichen und die Nacht kein Auge schließen, um überall gleich bei der Hand zu sein, bis ich mit dem frühen Morgen mich wieder an Bord zeigen würde. Dann versammelte ich die Ausreißer und stellte ihnen Himmel und Hölle vor, und wie schändlich sie handeln würden, Vater und Mutter und Freunde auf Nimmerwiedersehen im Stiche, und sich zu Hause nie wieder dürfen blicken zu lassen. Zugleich versicherte ich ihnen, daß meinerseits alles Vorgegangene vergeben und vergessen sein und selbst ihre, vom vorigen Schiffer empfangenen Vorschüsse in den Schornstein geschrieben sein sollten. Das alles schienen sie auch zu Herzen zu nehmen und versprachen mir mit Hand und Mund eine gebührliche Aufführung.

Nunmehr rief ich eine vorbeifahrende Schuyte an, die nach Amsterdam ging, und ließ mich von derselben an Bord nehmen. Es war nachmittags um drei Uhr, und des nächsten Morgens um acht Uhr befand ich mich, nach beendigten Verrichtungen, bereits wieder auf dem Rückwege und im Angesichte meines Schiffes. Es nahm mich sofort wunder, daß ich kein Boot auf demselben erblickte. Ebensowenig sah ich eine menschliche Seele auf dem Verdeck. Ich sprang endlich selbst hinauf, und mit steigender Bestürzung fand ich die Türe der Kajüte von außen mit einem Brecheisen gesperrt. Auf mein Rufen keine Antwort! Nun riß ich die Türe mit Gewalt auf, und da lag denn mein Steuermann, mehr tot als lebendig, auf dem Boden längs ausgestreckt!

Stöhnend erzählte mir dieser, was während der Zeit meiner Abwesenheit vorgegangen. Gleich nach meinem Abgange hatte er an dem Zusammenstecken der Köpfe und dem heimlichen Flüstern unter den Leuten deutlich wahrgenommen, daß sie etwas im Schilde führten. Endlich waren sie zu ihm herangetreten, um ihm zu erklären, daß sie mit dem Boote an Land zu gehen verlangten; wollte er sich's beikommen lassen, Lärm zu machen, so gedächten sie ihn über Bord zu werfen und wie einen Hund zu ersäufen. Gleichwohl hatte er mit Abmahnen, Drohen und endlich mit lautem Rufen über zugefügte Gewalt getan, was seine Pflicht von ihm forderte, war aber auch augenblicklich von den Bösewichtern ergriffen, geknebelt, gestoßen, geschlagen und mit verstopftem Munde trotz alles Sträubens in die Kajüte gesperrt worden, worauf sie sich des Bootes bemächtigt und sich damit in alle Welt davon gemacht hatten.

In dieser ganzen Zeit nun hatte der arme zerschlagene Mann vor Schmerz und Ermattung sich kaum zu regen vermocht, und auch jetzt hielt er nur mit Mühe den Kopf nach oben. Wie mir selbst dabei zu Mute war, mag man sich leichtlich vorstellen. Das Schiff hier auf offner Reede vor Anker, kein Volk an Bord, der Steuermann krank und keines Gliedes mächtig, meines Bootes beraubt und das Schiff von den Flüchtlingen, nebst ihren eigenen Sachen, von verschiedenem kleineren Gerät, ja sogar von Kessel und Pfannen rein ausgeplündert! Es gehörte eine standhafte Fassung dazu, sich sogleich in dieses neue Unglück zu finden!

Was war gleichwohl zu tun? Ich mußte mich entschließen, das Schiff unter der unzulänglichen Aufsicht eines einzigen kranken Mannes zu lassen, und sowohl ihm selbst ärztliche Hilfe als mir eine neue Mannschaft zu verschaffen. Also ging mein Weg zur Stelle nochmals nach Amsterdam, wo ich andre sechs Matrosen und einen Jungen, wie sie mir zuerst in den Wurf kamen, heuerte, dann einen Lotsen nahm und einen Wundarzt auftriegte, der mir den Steuermann verbinden und bepflastern und sich darüber erklären sollte, ob dieser die Reise ohne Lebensgefahr werde mitmachen können? Nachdem ihm jedoch der Doktor die Glieder etwas zurechtgesetzt und ihn mit Medikamenten reichlich versehen hatte, war derselbe der Meinung, es solle weiter keine Gefahr haben, wenn er sich nur schonen wolle, und so nahm jener seinen Abzug.

Ich machte mich darauf mit meinem neuen Schiffsvolk an die Ankerwinde, um unter Segel zu gehen. Da sah ich denn nun klärlich, was für schlechten Kauf ich gemacht hatte. Nur zwei darunter waren befahrene Matrosen, während die übrigen kaum wußten, was auf dem Schiffe hinten oder vorne war. Wahrlich, mir graute innerlich, die Reise anzutreten. Mein bestes Vertrauen mußte ich in mich selbst und in die günstige Jahreszeit setzen; denn es war jetzt Anfang Mai, da ich aus dem Texel lief. In der Mitte des Monats kam ich vor Noirmoutiers glücklich vor Anker.

Hier fand ich drei Schiffe vor, deren Kapitäne sämtlich zu meinen guten Freunden und Bekannten gehörten; nämlich Neste, mit einem Dreimaster aus Danzig, und Fries und Jantzen, beide Königsberger. Alsbald auch kamen sie sämtlich zu mir an Bord; allein so willkommen sie mir selbst waren, so unerwünscht war mir die mitgebrachte Nachricht, daß schon sie drei Frühergekommenen hier ihre Ladung an Salz nicht völlig aufzubringen vermöchten, und gleichwohl das Muid (das dort gebräuchliche Hohlmaß) mit fünfundachtzig Livres aufwiegen sollten. Nach längerer Beratschlagung fanden wir es für das dienlichste, uns nach den nächstgelegenen Salzhäfen Croisic, Bernif und Olonne zu verteilen, um anderswo wenn möglich bessern Markt zu finden, wobei das Los entscheiden sollte, wer hier bleiben und wohin ein jeder in seinem Boote gehen und vorläufig seinen Handel für alle abschließen sollte, letzteres jedoch nur mündlich, damit jeder Gelegenheit behielte, an dem wohlfeilsten Preise teilzunehmen.

Als nun die Lose gezogen wurden, traf mich die Fahrt nach Croisic, welche nicht nur die weiteste (da die Entfernung von Noirmoutiers zehn bis zwölf Meilen beträgt), sondern auch die gefährlichste war; denn sie geht durch den offnen Ozean, ohne durch Vorgebirge oder Inseln geschützt zu sein. Mein im Texel neu angeschafftes Boot stand auf Deck und ward nun sofort über Bord gesetzt; allein sowie es das Wasser berührte, sprang dieses auch zu allen durch die lang ausgestandene Hitze ausgetrockneten Nähten hinein. Es schien unmöglich, mich in diesem Zustande hineinzuwagen! Aber schon sah ich meine Freunde Neste und Fries in ihren Fahrzeugen abstoßen und sich auf die ihnen zugefallenen Posten begeben. Ich zitterte vor Ehrbegierde, ihnen in Pünktlichkeit nicht nachzustehen!

Nun hatte ich außer jenem Boote noch eine kleine fichtene, sogenannte Berger Jolle. Flugs sah ich sie mir darauf an, ob sie mich in diesem Falle der Not nicht ebensowohl nach Croisic tragen sollte können? — Wozu längeres Bedenken? Es mußte gewagt sein! — Ich ließ Mast und Segel auf derselben einrichten und bestieg sie mit zwei Mann. Um mir jedoch nicht offenbar ein Tollmannsstückchen zu schulden kommen zu lassen, wollte ich es zuvor auf eine kleine Probe anlegen; segelte vom Schiffe abwärts, legte bei, machte diese und jene Wendungen und bestärkte mich auf diese Weise in meiner Zuversicht, daß ich nichts Unmögliches wagte.

Eiligst versah ich mich nun noch an Bord mit einem durchgeschnittenen halben Oxhoft, welches ich zum sichern Reisebehälter für einen Kompaß, Brot, Fleisch, einige Flaschen Wein und Branntwein und andre kleine Bedürfnisse bestimmte. Noch nahm ich einen Bootsanker, ein Tau und drei Regenröcke für uns ein, und so versehen, trieb ich meine beiden Gefährten zum Einsteigen, rief ein herzhaftes: „Nun, mit Gott!" — und stieß ab. — Zwar ward mir's, ehe wir noch fünfzig Klafter gesegelt waren, hell und klar, daß ich meine Jolle mit all den Siebensachen ungebührlich überladen, und daß ich den dümmsten Streich in meinem ganzen Leben begangen hatte, drei Menschenleben in die augenscheinliche Gefahr des Verderbens zu setzen; aber sollte ich mir die Schande antun, noch einmal umzukehren? — Lieber wäre ich dem Tode in den offnen Rachen gesegelt!

Bis ich um die kleine Insel Piquonnier herumkam, ging auch alles gut. Hier aber rollte mir die spanische See von der Seite her in langen und hohen Wogen mächtig entgegen; der steife Wind stand von dorther gerade aufs Land, und es sahe ganz danach aus, daß wir hier mit Gemächlichkeit ersaufen könnten. Gleichwohl hätte man alles von mir fordern können, nur nicht, daß ich hier noch umsatteln sollte. „Du willst der Gefahr standhalten!“ sagte ich zu mir selbst, und faßte mein Steuer nur noch fester in die Faust.

Nach vier oder fünf Stunden begann indes der Einbruch der Nacht, und mit der Dunkelheit schien auch der Wind mehr Stärke zu gewinnen. Keiner von uns sprach ein Wort; aber meine Matrosen drängten sich immer näher an mich, der ich am Steuer saß und zugleich die Segelleine in der Hand gefaßt hielt. Allmählich fingen die beiden rohen Kerle, ergriffen vom Gefühl ihrer Lage, bitterlich an zu weinen. Ihre Todesangst ließ mich nicht ohne Mitgefühl; denn wie konnte ich die Schuld von mir abwälzen, ihnen samt mir durch meinen unzeitigen Ehrgeiz dieses nasse Grab gegraben zu haben? — Ich sagte ihnen zu ihrer Beruhigung, ich wolle vom Winde abhalten und, da wir an der Mündung der Loire schon vorüber waren, in die ich uns sonst geflüchtet haben würde, geradezu auf das Land steuern. Dort würde es freilich eine hohe Brandung geben, daher sie, sobald wir in diese hineingerieten, sogleich zu beiden Seiten der Jolle ins Wasser springen, sich an ihren Bord hängen und, sobald sie Grund unter den Füßen fühlten, das Fahrzeug mit der Spitze scharf gegen den Strand halten müßten, damit es nicht in die Quere unter die See käme. Wenn dann die letzten Sturzwellen vom Ufer zurückrollten und den Boden trocken lassen wollten, sollten sie sich mit aller Macht entgegenstemmen, damit nicht das leichte Boot mit zurückgespült würde. Alles das und noch mehreres band ich ihnen fest auf die Seele, und sie gelobten es treu zu beobachten. Es kam aber anders.

Um ihnen nun Wort zu halten, steuerte ich gerade auf die Küste. Die Jolle schoß wie ein Pfeil durch die Wogen, und nach einer guten halben Stunde drang uns auch schon das schreckliche Gebrüll der Brandung in die Ohren. Nun sahen wir angestrengt vor uns hin nach dem weißen Schaume derselben; allein die Nacht ward so finster, und unser Fahrzeug flog so schnellen Laufs, daß wir uns plötzlich mitten darin befanden. Ehe wir uns auch nur besinnen konnten, erblickten wir kurz hinter uns den beschäumten Kamm einer Woge, die sich bis zur Höhe unseres Mastes aufbäumte, dann brausend über uns niederschoß und uns zu unterst, zu oberst in ihren Abgrund mit sich fortriß.

Nun trat die See für ein paar Augenblicke zurück; ich bekam den Kopf in die Höhe, und meine Füße spürten Grund. Ehe die nächste brandende Welle wiederkehrte, hatte ich meine Sinne glücklich gesammelt; ich hielt Stand, und da sie mir diesmal nur bis unter die Arme reichte, so eilte ich guter Dinge dem Strande zu, wo ich mich in weniger als einer Minute in voller Sicherheit befand. Meine beiden Gefährten hatten ebenso gutes Glück. Wir fanden uns bald wieder zusammen; nur unsre Jolle war wieder mit in die See gerissen worden, bis sie endlich mit dem Kiel nach oben dennoch an Land trieb. Aber alles, was darin gewesen war, ging uns verloren, ohne daß wir in der Dunkelheit etwas davon aufzufischen vermochten. Wir mußten uns also begnügen, unser Fahrzeug am Strande so hoch hinaufzuziehen, daß es gesichert war, von den Wellen nicht mehr erreicht zu werden.

Hierauf gingen wir landeinwärts, um zu Menschen zu kommen; sahen auch aus der Ferne ein Licht schimmern, auf welches wir freudig zutrabten, und wo wir dann bei einem Bauern übernachteten und uns trockneten. Allein morgens begaben wir uns samt unserm Wirte nochmals zum Strande zurück, um nach unserer Jolle und dem verlornen Gepäck zu sehen. Jene fanden wir noch auf ihrer alten Stelle; aber auf dieses mußten wir zu unserm Verdrusse völlig verzichten. Zwar auch mit unserm Fahrzeuge gerieten wir in Verlegenheit, da die See noch nicht wieder fahrbar geworden, bis unser Bauer, dem ich mich durch einen meiner Matrosen verständlich machen konnte, uns aus der Verlegenheit half. Wir hatten bereits erfahren, daß wir uns hier anderthalb Meilen von Pollien (ebenfalls ein Salzhafen, wie das noch zwei Meilen weiter entfernte Croisic) befänden; und dahin erbot er sich, gegen gute Bezahlung unser Puppenfahrzeug über Land zu transportieren, indem er es zwischen zwei von seinen Eseln hängte.

Wirklich auch hielten er und seine Esel redlich Wort! In dem lustigsten und nie gesehenen Aufzuge zogen wir in Pollien ein, und die ganze Stadt lief über dem seltsamen Schauspiel zusammen. Ich erkundigte mich sofort nach dem angesehensten Salzhändler des Orts. Man nannte mir einen Kaufmann, namens Charault, und während ich zu ihm hineinging, wurde die Jolle vor seiner Tür niedergelassen. Ich wurde freundlich aufgenommen; auch brachte ich sogleich eine Unterhandlung wegen des gesuchten Salzes in Gang. Man versprach mir volle Ladung für alle vier Schiffe, das Muid zu vierundfünfzig Livres, und zwar dortigen Gemäßes, welches noch um fünf Prozent größer ist, als auf Noirmoutiers. Ich durfte mir also schmeicheln, einen vorteilhaften Handel abgeschlossen zu haben.

Nun ging meine nächste Sorge dahin, mein Boot wieder zuzutakeln und meine Rückfahrt damit anzutreten. „Wie? In der Nußschale?" fragte Herr Charault, indem er es von allen Seiten verwundert ansah. — „Lassen Sie das Dingelchen hier in Gottes Namen stehen, bis Sie mit Ihrem Schiffe kommen, es abzuholen. Ich gebe Ihnen meine Barke, die Sie mir dann ja wieder mitbringen können." — Der Vorschlag war aller Ehren wert; allein dann wäre ich dem Manne fester verbunden gewesen, als ich wünschte, falls meine Freunde anderwärts vielleicht noch besser gemarktet haben sollten. Also schlug ich diese Güte dankbar aus und setzte mich zwei Tage später mit meinen Leuten guten Mutes wieder in die Nußschale, wie er's genannt hatte. Dadurch gab ich nun zwar den Müßiggängern im Orte ein neues Schauspiel, indem sie sich zu Hunderten auf den Dünen sammelten, um uns abfahren zu sehen; allein das Wetter war schön, der Wind günstig und Noirmoutiers nach einer ruhigen Fahrt von zwölf bis vierzehn Stunden glücklich wieder erreicht.

Hier waren die beiden andern Abgeschickten schon vor mir angelangt; und alles hatte uns so gut als verloren gegeben. Daher mischten sich in ihren herzlichen Willkommensgruß zugleich auch heftige Vorwürfe über meine Tollkühnheit, die sie sehr richtig dem wahren Grunde zuschrieben und worauf ich freilich nur wenig zu erwidern hatte, da ich vollkommen fühlte, wie sehr verdient sie waren. Bei alledem hatte ich doch, wie sich's nunmehr ergab, das vorteilhafteste Geschäft gemacht.

Unterm 12. Juni schrieb ich nunmehr an meine Korrespondenten, die Herren Kock und van Goens in Amsterdam, daß ich heute mit der Ladung meines Schiffes begänne und ihnen auftrüge, die Assekuranz auf dasselbe zu achttausend holländischen Gulden, für die Salzladung aber mit zweitausend Gulden, von hier auf Königsberg zu besorgen. Sechs Tage später wiederholte ich diese nämliche Order mit dem Beifügen, daß ich bereits segelfertig läge und nur auf einen günstigen Wind warte. Zum Überfluß aber ließ ich auch noch am 22. Juni einen dritten Bescheid abgehen, worin ich mich auf meine frühern Schreiben bezog und die geschehene Versicherung von Schiff und Ware als besorgt voraussetzte oder auch neuerdings dringend aufgab, indem ich in diesem Augenblick bereits in See sei und bloß zu größerer Sicherheit noch an mein Verlangen erinnern wolle.

Indes überfiel mich bereits am 24. Juni ein so harter Sturm, daß ich nur vor einem kleinen Sturmsegel unterm Winde liegen konnte. Eine besonders schwere Sturzwelle, die sich über meinem Hinterteil brach, zertrümmerte mein Steuerruder, so daß von diesem Augenblick an alles Steuern damit ein Ende hatte. Um gleichwohl das Schiff nach Möglichkeit bei einem regelmäßigen Gange zu erhalten, suchte ich es mit den Vorder- und Hintersegeln zu zwingen. Indem aber der Wind geradezu aufs Land stand, ward meine Lage dadurch noch wesentlich verschlimmert, denn nun war ich genötigt, Segel über Segel aufzusetzen, um nur das Schiff hart an den Wind zu halten und vom Strande fern zu bleiben. Dennoch liefen wir, des Schiffes nur unvollkommen mächtig, bald in den Wind, bald wieder fielen wir vor den Wind, und da wir eine solche Menge Segel machen mußten, so bekamen auch Stengen und Masten schier über ihre Kräfte zu tragen.

Wirklich geschah auch gar bald, was ich gefürchtet hatte, denn mit einem schweren Stoßwind, der sich plötzlich erhob, brach der große Mast acht oder zehn Fuß überm Deck entzwei und stürzte samt der ganzen Takelage über Bord, und nicht nur das allein, sondern dieses ganze Gewirre von Rundhölzern — Mast, Stengen und Rahen — stießen nun unaufhörlich und mit solcher Macht gegen die Seiten des Schiffs, daß wir uns auf dem Verdeck kaum stehend erhalten konnten und jeden Augenblick erwarten mußten, Planken und Fütterung zertrümmert zu sehen. Nichts blieb übrig in dieser Not, als schnell alles Tauwerk, das mit dem gestürzten Mast noch zusammenhing, zu kappen, um davon loszukommen.

Eigentlich aber hub unsre wahre Not jetzt erst an, da unser schwer beladenes Schiff gleich einem Klotz auf dem Wasser trieb, ein Spiel der Wellen, die sich unaufhörlich drüber hin brachen und uns überspülten. Selbst die Kajüte schwamm beständig voll Wasser, unsre Lebensmittel wurden naß, und unsre Ladung hatte kaum ein besseres Schicksal zu erwarten, da wir das eindringende Wasser mit beiden Pumpen kaum zu überwältigen vermochten. Über dies alles trieben wir augenscheinlich immer näher dem Lande zu, indem wir nachts um elf Uhr bereits in einer Tiefe von vierzig Faden Grund fanden. Ungesäumt ward jedoch der Anker ausgeworfen, und ich ließ das Ankertau hundert bis hundertzehn Faden nachschießen. Nun lag das Schiff bequem gegen die hohe See, wie eine Ente, die auf ihrem Teiche schwimmt, und der Sturm ward glücklich ausgehalten.

Des andern Tages, sobald das Wetter sich abgestillt hatte, hoben wir unser Bugspriet aus, befestigten es, so gut es gehen wollte, an dem Stumpf des abgebrochenen Mastes, takelten diesen Notmast nach Möglichkeit zu und zogen daran ein paar Segel auf, die wir noch in Vorrat besaßen. Der Wind hatte sich gedreht und blies aus Ostsüdost, längs dem Lande hin, so daß wir hoffen durften, uns von demselben zu entfernen. Um aber auch das fehlende Steuer durch irgend etwas zu ersetzen, ließ ich ein Ankertau vom Hinterteil hinaus etwa zwanzig Klafter lang an einem großen Klotze treiben, und indem von vorn gleichfalls an jeder Seite ein Tau mit diesem Klotze zusammenhing, ließ sich das Schiff daran zur Notdurft links oder rechts umholen, obwohl freilich nicht daran zu denken war, mittels eines so unzulänglichen Behelfs einen ordentlichen Kurs zu halten. Vielmehr trieben wir bei anhaltendem Ostwinde auf Gottes Gnade immer weiter in die spanische See und auf das Atlantische Meer hinaus und erkannten es für unser größtes Glück, daß wir noch ein dichtes Schiff behalten hatten. Aber Leben und Seele war gleichsam aus unserm Schiffe gewichen. Jeder Veränderung des Windes preisgegeben, trieben wir hierhin und dorthin auf dem unermessenen Raume des großen Ozeans. An eine Berechnung von unserm Kurs und Distanzen war gar nicht mehr zu denken. Zwar gaben mir meine Beobachtungen an Sonne und Sternen zuzeiten die Breitengrade an, unter welchen wir uns befanden, allein über unsre Länge war auch nicht einmal eine ungefähre Schätzung anzustellen, noch weniger richtige Rechnung zu führen. Es war aber sicher genug, daß wir uns in weiter Entfernung von allen europäischen Küsten befinden mußten, da die Winde meist östlich und südlich waren. Auch erblickten wir während dieses ratlosen Umhertreibens nur zweimal ein fremdes Segel, zuerst ein englisches und demnächst ein schwedisches Schiff, welche zwar beide uns beizukommen suchten, aber durch das schlechte Wetter daran verhindert wurden. Sie gereichten uns also zu keiner Hilfe, sondern mußten sich begnügen, uns durch das Sprachrohr zu beklagen und besseres Glück zu wünschen. Doch gewährte uns dies Zusammentreffen den

Trost, daß sie uns ihre beobachtete Länge mitteilten, so daß wir uns doch einigermaßen belehrten, auf welchem Punkte des Erdballs wir uns befänden.

Schon hatten wir auf diese Weise sechs Wochen lang ebenso nutz- als hilflos auf dem Weltmeere umhergekreuzt, als uns unter der am 2. August beobachteten nördlichen Breite von 58 Grad 33 Minuten (so hoch hinauf nach Norden waren wir verschlagen!), ein gewaltiger Sturm aus Südwesten ereilte. Am 6. August sprang der Wind nach Westen um, und das Wetter wurde so furchtbar, als ich es je erlebt habe. Alle unsre andre Not und Gefahr aber wurde noch durch die Besorgnis vermehrt, daß wir bei Nacht gegen die Lewisinseln und die dort zahlreich umherliegenden Klippen geworfen werden könnten. Diese Furcht schwand erst dann, als wir uns am 9. August mitten zwischen den orkadischen Inseln und im Angesicht von Fairhill erblickten. Da auch zugleich der Wind nach Nordwesten ging und kräftig zu blasen fortfuhr, so wuchs uns der Mut, daß wir unser Schiff nach Ostsüdost zu treiben zwangen, um die norwegische Küste zu erreichen und dort Hilfe zu finden.

Am 13. trat uns diese gewünschte Küste auch wirklich ins Gesicht, und am folgenden Tage abends kamen wir ihr so nahe, daß wir deutlich die zahllosen teils emporragenden, teils blinden Klippen vor uns erkannten, an welchen die tobende See hoch in die Lüfte zerschäumte. Dieser Anblick schlug unsre Freudigkeit um ein Großes nieder, ja, diese verwandelte sich gar bald in eine peinliche Todesangst, da wir die Unmöglichkeit fühlten, unser unlenksames Schiff davon abzusteuern. Mußte es nicht uns doppelt schmerzlich sein, nach so langer ausgestandener Not uns hier, wo wir unsre Rettung gesucht und gehofft, von einem unvermeidlichen Untergange bedroht zu sehen?

Doch nicht Untergang, sondern Rettung hatte der gütige Himmel diesmal über uns beschlossen! Mitten zwischen den grausigen steilen Klippenwänden trieb unser Schiff, wie von unsichtbaren Händen gelenkt, hindurch in eine Bucht, wo ich Ankergrund und stilles Wasser fand. Es war abends um neun Uhr, als ich hier den Anker fallen ließ, und nun erst mit voller Besinnung an die schreckliche Vergangenheit zu denken vermochte, der wir in einem Fahrzeuge ohne Mast und Ruder auf einem unermeßlichen Irrwege, unter Hunger, Durst, allem nur erdenklichen Drangsal und stetem Todeskampfe nach sieben ewiglangen Wochen endlich glücklich entronnen waren!

Unser Nothafen hieß Bommelsund. Am Morgen fuhr ich selbst an Land, um mir Hilfe zu suchen; denn es fehlte mir geradezu an allem, um weiter aus der Stelle zu kommen. Allein Mast, Ruder und Takelwerk, wie ich's brauchte, war in dieser ganzen Gegend nicht zu erlangen, und so mußte es mir genügen, daß ich hier Fahrzeuge und Leute annahm, die mich zwischen den Klippen entlang täglich eine kleine Strecke weiter bugsierten. So gelangte ich kümmerlich am 19. August in den Hafen von Fahresund.

Hier wandte ich mich unverzüglich an das Handelshaus Lund et Comp., welches auch nicht ermangelte, mir schnellen und tätigen Beistand zu leisten, damit ich mein Schiff wieder in gehörigen Stand setzte. Um nichts zu versäumen, ließ ich vor allen Dingen mein Schiffsvolk eine gerichtliche Erklärung über unsre erlittenen Unglücksfälle während dieser Reise ablegen, versah mich mit allen übrigen erforderlichen Zeugnissen und übersandte dies alles an meine Korrespondenten nach Amsterdam mit dem Auftrage, mir, in ungezweifelter Voraussetzung der von ihnen bewirkten Versicherung meines Schiffes auf Grund derselben einen Kreditbrief von einer Summe, wie ich sie etwa zur Ausbesserung meines Schiffes erforderlich glaubte, zu übermachen.

Demnächst ging ich nun mit Eifer an dieses Werk selbst, wo es denn allerdings mehr zu schaffen und auszuflicken gab, als ich selbst vermutet hatte. Bei dem Ausladen des Schiffes, das vorangehen mußte, fand sich's, daß zehn bis zwölf Lasten Salz verschmolzen waren. Ich ließ nun den Boden kielholen (umlegen), ein neues Steuerruder einhängen und einen neuen Mast aufrichten, besorgte alle fehlenden Rundhölzer, Segel und Takelwerk, ersetzte was gebrochen, verfault oder sonst verdorben war, und setzte mich so allmählich wieder in den Stand, die offene See zu halten. Freilich war dies nicht möglich ohne den großen Aufwand von viertausendvierhundert Talern dänisch Courant, und ich konnte mich, um meines Schadens zu erholen, nur an die auf mein Schiff gezeichnete Assekuranz halten.

Soweit war ich, als ich von den mehrbenannten Herren Kock und van Goens ein Schreiben empfing, worin sie mir empfahlen, mich in meinen Ausgaben möglichst zu mäßigen, indem es ihnen nicht möglich gewesen wäre, mir für Schiff und Ladung eine Versicherung zu bewirken. — Als hätte der Donner vor meinen Füßen eingeschlagen, so überraschte und erschütterte mich dieser trockne Bericht! Zugleich aber gingen mir auch plötzlich die Augen auf über das Schelmstück, das man mir gespielt hatte. Wie? Auf drei nacheinander folgende Avisos, in der sichersten Jahreszeit und auf einem Platze, wie Amsterdam, sollte für keine Prämie, hoch oder niedrig, eine mäßige Assekuranz zu beschaffen gewesen sein? Oder wenn in Holland kein Mensch sein Geld an eine so geringe Gefahr hätte setzen wollen, stand dann meinen Beauftragten nicht Hamburg, Kopenhagen oder London oder jeder andre Handelsort frei und offen? — Allein es war klar (und in diesem Urteil hatte ich alle Sachverständigen auf meiner Seite), daß die feinen Herren es für zuträglicher gehalten hatten, die Assekuranz gar nicht auszubieten, sondern es immerhin im Vertrauen auf meine Tüchtigkeit und die anderweitigen günstigen Umstände zu wagen. Lief die Fahrt glücklich ab, wie zu hoffen war, so würden sie nicht vergessen haben, mir die Assekuranzprämie gehörig anzurechnen, nun aber, da ich Havarie hatte, entschuldigten sie sich als Schurken, wie es auch die Folge sattsam erwiesen hat.

Was war nun zu tun? — Ich saß in der Klemme und mußte abermals auf Schiff und Ladung Bodmerei zeichnen (verpfänden). Indes erhielt es mich noch einigermaßen bei gutem Mute, daß ich der gewissen Hoffnung lebte, das saubre Paar seiner Schelmerei zu überweisen und so wieder zu dem Meinigen zu gelangen. Ich ging also wieder in See und langte bald darauf glücklich in Königsberg an. Kaum aber hatte ich meine Ladung Salz dort gelöscht, so trat auch der Bodmereigeber auf und forderte sein auf das Schiff vorgestrecktes Geld zurück, das sich mit allen Nebenausgaben auf die Summe von siebentausend Talern belief. Da ich nun auch noch in einigen andern Schulden steckte, so kam ich von Tage zu Tage immer mehr ins Gedränge; denn an ein schleuniges Ende des Prozesses, den ich nun zunächst gegen Kock und van Goens in Amsterdam angestrengt hatte, war sobald gar nicht zu denken.

Vielmehr ward hier nun ein Federfechten begonnen, das Jahr und Tag dauerte und immer bunter und verwickelter wurde. Endlich ward mir der Handel und die Rabulisterei für meinen armen schlichten Menschenverstand zu arg. Ich packte meine dicken Prozeßakten zusammen und legte sie, in tiefster Devotion Sr. Majestät dem Könige vor, mit inständigster Bitte, Sich Ihres allergetreuesten Untertanen anzunehmen und diesen Prozeß gegen Kock und van Goens durch den preußischen beglaubigten Minister im Haag ausmachen zu lassen.

Während nun aber meine Sache diesen gemächlichen Gang ging, mußte ich, um meine Gläubiger zu befriedigen, die nicht Lust hatten, den weitaussehenden Erfolg abzuwarten, zuvörderst meine Ladung, dann aber auch mein schönes liebes Schiff, samt allem, was ich um und an mir hatte, soweit es langte, losschlagen. Das unschuldige Opfer eines schändlichen Betruges stand ich da und konnte kaum das Hemd mein nennen, das ich auf dem Leibe trug! Meine einzige letzte Hoffnung beruhte auf dem Ausgange meines in Holland geführten Prozesses, und selbst auch hier schwand mir mein anfänglicher Mut je mehr und mehr, je tiefere Blicke ich in das Gewebe rechtlicher Schikane tat, das hier von meinen Gegnern angezettelt wurde, um womöglich Weiß in Schwarz zu verdrehen.

Dieser unselige Rechtshandel bedrohte aber nicht bloß mein geringes Vermögen, sondern griff zugleich tief in meinen ganzen Lebensgang ein und legte meinem aufstrebenden Geiste Hemmketten an, die ihm je länger je unerträglicher fielen. Nach der Einbuße meines eignen Schiffes hätte ich wenigstens als Schiffer für fremde Rechnung fahren und meinen mäßigen Erwerb suchen können; allein alle Augenblicke gab es des Prozesses wegen in Königsberg gerichtliche Termine, wo ich zur Stelle sein und Rede und Antwort geben sollte. Gleichwohl wollten Frau und Kinder (denn auch der Ehesegen hatte sich nach und nach bei mir eingestellt), auf eine ehrliche Weise ernährt sein. Was blieb mir demnach übrig, als daß ich mich noch einmal unter das alte verhaßte Joch bequemte auf einem gemieteten Leichterfahrzeuge, zwischen Königsberg, Pillau und Elbing hin und her tagelöhnerte, um nur mein kümmerliches Brot zu verdienen.

Drei mühselige Jahre blieb mein Schicksal in dieser Schwebe; und Gott weiß, wie sauer, ja bitter sie mir geworden sind! Endlich ging vom preußischen Gesandten im Haag ein großes Schreiben an mich ein, mit der Verkündigung: mein Prozeß sei in letzter Instanz glücklich gewonnen. — Gottlob! hätte ich gerne aus tiefer erleichterter Brust gerufen, wäre nur nicht unmittelbar die Hiobspost damit verbunden gewesen: Kock, der eine meiner Widersacher, sei gestorben, nun sei der Bankerott des Hauses ausgebrochen, von den übrigen Gläubigern auf alle Effekten desselben Beschlag gelegt worden und zur Befriedigung meiner Anforderung leider nichts übrig geblieben. — So war ich denn ein ruinierter Mann, hatte mir die schönsten Jahre meines Lebens gleichsam stehlen lassen, mir den Leib unaufhörlich voll geärgert und mochte nun in Gottes Namen anfangen, zu meinem künftigen Glücke, wo ich wüßte und könnte, wieder den allerersten Grundstein zu legen!

Da ereignete sich's im Jahre 1769, daß der geheime Finanzrat Delatre, welchen König Friedrich II. an die

Spitze der neuen Regie aus Frankreich berufen hatte und der damals alles bei ihm galt, nach Königsberg kam. Sein neuestes und weitausschauendes Projekt, womit er dem Monarchen große Summen fremden Geldes ins Land zu ziehen verhieß, ging dahin aus, daß von dem Überfluß an dem schönsten Schiffbauholz in den königlichen Forsten in Stettin für königliche Rechnung eine Anzahl großer Fregatten erbaut, armiert und ausgerüstet und dann zu gutem Preise an auswärtige Mächte abgelassen werden sollten. Friedrich war auch auf diesen Vorschlag eingegangen, und so lag denn bereits ein Schiff von vierzig Kanonen bei Stettin auf dem Stapel.

Ich weiß nicht, auf welche Weise ich dem Franzosen bekannt und als der Mann empfohlen worden sein mochte, dem die Ausrüstung, Einrichtung und Führung dieses Schiffes vor andern anzuvertrauen wäre. Kurz, er ließ mich zu sich rufen, erklärte mir seine Meinung und bot mir endlich diese Kapitänsstelle unter solchen Bedingungen an, daß ich bei hinlänglicher Überzeugung, dem von mir geforderten Dienste gewachsen zu sein, auch kein Bedenken fand, mich für dieses Unternehmen zu verpflichten. Der Kontrakt wurde von beiden Seiten in bester Form abgeschlossen, und ich ging unverzüglich nach Stettin ab, um meinen Dienst anzutreten.

Während nun hier der königliche Schiffsbaumeister, Herr Catin, die Fregatte in ihrem Bau nach Kräften förderte, war ich meinerseits nicht minder geschäftig, Masten, Segel, Tauwerk und jedes andere Zubehör in fertigen Stand zu setzen. Sobald sie demnach im Mai 1770 glücklich vom Stapel gelaufen war, tat ich mein Bestes, daß sie schon in den nächsten vier Wochen, zu Anfang des Juni für völlig ausgerüstet gelten könnte. Dem damaligen Gouverneur, dem Herzog von Bevern, zu Ehren, erhielt sie den Namen Duc de Bevre und war wirklich ein schönes und tüchtiges Gebäude.

Erfreut über den hurtigen Fortgang, hatte mir mein Gönner Delatre bei Sr. Königl. Majestät das (in seiner

Art erste) Patent als Königl. Preuß. Schiffskapitän, samt der Berechtigung zum Tragen der Königl. Uniform und eines Säbels mit dem Portepee ausgewirkt, die mir vom Herzoge mit eigenen Händen überreicht wurden.

Doch war ich nicht der einzige, der sich in diesem neuen Zweige des Königl. Militärdienstes angestellt sah, sondern die preußische Flagge sollte nun auch einen eigenen Admiral aufzuweisen haben. Dazu schlug Herr Delatre seinen eignen Bruder vor — einen jungen, im Seewesen ganz unerfahrenen Menschen, der früher als Unterleutnant auf einer französischen Fregatte gedient hatte, mit derselben im letzten Kriege den Engländern in die Hände gefallen und dort eben erst durch des zu Glück und Ehren gelangten Bruders Vermittelung aus dem Schuldgefängnisse hervorgekrochen war. Er kam nach Stettin, und ich war eben nicht sonderlich erbaut, meinen neuen Herrn Admiral kennen zu lernen und zugleich zu erfahren, daß ihm das Kommando der nächsten zu erbauenden Fregatte zugeteilt werden sollte. Bis dahin hatte er nun freilich wenig oder gar nichts zu tun, und so verführte der Müßiggang den lustigen Patron zu einer Menge alberner Streiche, die ihm wenig zur Ehre gereichten. Unaufhörlich gab es Neckereien und blutige Händel mit den Offizieren von der Garnison, so daß er am Ende sich kaum mehr durfte blicken lassen.

Sobald ich (außen auf der Reede von Swinemünde) Ankerplatz gefunden, befahl ich, die Stangen und Rahen niederzulassen, wie es Seemannsbrauch ist, wenn ein noch unbeladenes Schiff auf der Reede liegt, um das übermäßige Schwanken desselben zu vermeiden. Dieser notwendigen Anordnung widersetzte sich aber der junge Herr Admiral, der mir die unverlangte Ehre erzeigt hatte, mich hierher zu begleiten. Er wollte zur Befriedigung seiner kindischen Eitelkeit das Schiff noch länger in Parade sehen. Vergeblich bedeutete ich ihn, daß es hier mehr auf Sicherheit als auf ein stattliches Ansehen ankomme, und daß ich wissen müßte, was ich zu tun hätte. Das Fäntchen erboste sich, trotzte und pochte und wollte durchaus wie ein unzeitiges

Kind seinen Willen haben. Freilich kam es da bei mir eben an den Unrechten. Ich wich ihm keines Daumens breit.

Nun war vollends Feuer bei ihm im Dache! Er parlierte mir, rot um den Kamm wie ein Puter, allerlei dummen Schnack vor und trat endlich drohend auf mich ein, indem er die Hand an das Gefäß seines Degens schlug. „Oho Bürschken", sagte ich, und besah ihn mir schmunzelnd von unten bis oben — „das wollen wir dir wohl anstreichen!" — Ich ging in die Kajüte, schnallte mir meinen Säbel um, und kam wieder aufs Verdeck, um ihm das Weiße im Auge zu sehen. Weil sich seine Galle aber immer noch nicht legen wollte, seine geläufige Zunge wie ein Rohrsperling schimpfte und bei jedem dritten Worte die Faust immer wieder nach dem Degen fuhr, riß mir endlich auch die Geduld. Ich legte ebenfalls die Hand, und eben nicht sanft, an meinen Säbel und forderte ihn auf, zur Stelle mit mir ans Land zu kommen, damit ich sähe, was Vater und Mutter aus ihm gefuttert hätten — wie wir Pommern zu sagen pflegen.

Ich sprang voran in die Schaluppe und bot sechs Matrosen auf, die Riemen zur Hand zu nehmen. Mein Urian kam auf mein wiederholtes Winken mir nachgestiegen. Ich stellte mich ans Ruder und steuerte nach dem Packwerk, war mit einem Satze am Lande und warf mir Hut und Rock vom Leibe, meines Gegners gewärtig, der denn auch bald hinter mir dreinfackelte. Wir zogen beide blank und standen verbittert einander gegenüber. Monsieur machte mir mit seinem Degen allerlei Figuren und Firlefanz vor der Nase, bis ich mit einem abgepaßten Hiebe von unten herauf ihm unterhalb des Gefäßes eins quer in den Arm zog, und mit der nämlichen Wendung gab ich ihm einen Denkzettel hinters linke Ohr, so daß er, wenn er nicht an dem einen, doch an beiden genug haben konnte.

Nun, er verlangte eben auch nicht mehr, warf flugs den Degen an die Erde und schüttelte die verwundete Hand mit einem etwas verstörten Gesichte. Auch ich schleuderte meinen Sarras überseite, um aus seinem Rocke, der im

Sande lag, ein Schnupftuch hervorzusuchen, welches ich, nachdem ich ihm das Blut vom Ohre gewischt, fein säuberlich um die lahme Hand wickelte. Dann machte ich dem Herrn ein Kompliment, so gut ich's ohne Tanzmeister gelernt hatte, und ließ ihn stehen, indem ich wieder in die Schaluppe stieg und nach dem Schiffe zurückfuhr.

Zwei Tage nach diesem Abenteuer erhielt ich einen schriftlichen Befehl des Herrn Geh. Finanzrat Delatre, angesichts dieses in Stettin zu erscheinen. Ich erwiderte darauf: „Das Schiff, welches ich kommandierte, liege in See, und ich sei für dessen Sicherheit verantwortlich. Ich würde mich einstellen, sobald man mir einen Stellvertreter schicke, der der Mann dazu wäre, es in versicherte Aufsicht zu nehmen." Dieses Notabene hatte denn auch die Wirkung, daß bald nachher ein gewisser Schiffer Stöphase, einer unsrer besten preuß. Seemänner, zu mir an Bord kam und sich durch schriftliche Befehle als meinen Nachfolger auswies. Zugleich wurde aber auch der Befehl zu meiner unverzögerten Gestellung in Stettin erneuert und geschärft, und ich tat, was man haben wollte.

Mein ungnädiger Gönner, mit dem ich es hier zu tun hatte, ließ mich gar hart an, daß ich so gröblich gegen den Gehorsam im Dienst gehandelt. Ich war aber auch kurz angebunden, schenkte ihm über seinen Herrn Bruder, den Admiral, klaren Wein ein, und bewies dessen Ungeschick in einem gepfefferten Text so kräftig, daß eben nicht sonderlich viel darauf zu antworten blieb. Aber es war einmal sein Bruder, den er nicht ganz im Stiche lassen konnte, und so ergriff er um so lieber ein leicht von mir hingeworfenes Wort, um mir, wenn ich nicht anders wollte, meine Dienstentlassung anzukündigen. — „Herzlich gern!" war meine Antwort — „mit dem Vorbehalt jedoch, daß meine Tauglichkeit zum königlichen Dienst nicht in Abrede gestellt werde."

„Wer zweifelt daran, Herr? Wenn Sie sich nur fügen wollten . . ."

„Gehorsamer Diener!" erwiderte ich: „da mag es wohl liegen! Aber wenn auch mein Kopf etwas hart ist, so erinnert er sich doch an eine Klausel in meinem Kontrakt, daß mir, falls ich einst meines Seedienstes entbunden würde und gegen meine Taugsamkeit nichts einzuwenden wäre, ebensowohl ein Geschenk von zweihundert Talern, als auch mein rückständiges Monatsgehalt, zugute kommen solle. — Wohl denn, ich habe bisher meine Schuldigkeit getan, jetzt erwarte ich ein Gleiches von der Regierung." — Die Zahlung geschah auf der Stelle, und so kriegte denn mein königliches Seekommando ein baldiges und betrübtes Ende.

Meine Absicht war jetzt, nach Königsberg zu meiner Familie zurückzukehren und eine Gelegenheit zu suchen, wo mir's möglich würde, die Arme ein wenig freier zu rühren. Auf dem Wege dahin sprach ich indes bei meinen Eltern in Kolberg ein; und sei es nun, daß es hauptsächlich ihr dringendes Zureden vermochte oder daß die alte Vorliebe für meine Vaterstadt wieder lebendig in mir erwachte, während ich gegen Königsberg, wo mir so vieles den Krebsgang genommen hatte, einen heimlichen Widerwillen spürte — genug, ich glaubte wohl daran zu tun, wenn ich meinen dortigen Wohnsitz aufgäbe, um mich fortan hier unter den Meinigen häuslich niederzulassen. Anstatt also meine Reise fortzusetzen, ließ ich vielmehr Weib und Kind zu mir herüber kommen und begann, mich hier häuslich einzurichten.

Aber Kolberg war doch der Ort nicht, wo meinesgleichen auf die Länge seine Rechnung finden konnte. Der Seehandel hatte damals hier eben auch nicht viel zu bedeuten, und die Kolberger Schiffer waren gar zahme Leute, die sich eben nicht weit in die Welt hinaus vertaten. Es gab daher auch wenig Anschein, daß ich hier sobald ein braves Schiff unter die Füße würde bekommen können, und wurden mir gleich binnen Jahr und Tag zu wiederholten Malen kleine Jachten zur Führung angeboten, um damit die Ostseehäfen zu besuchen, so war dies doch ein zu enger Spielraum für mich, als daß ich mich darauf hätte einlassen mögen. Ich errichtete eine kleine Navigationsschule, in der ich junge Seefahrer für ihr Fach tüchtig auszubilden suchte; und noch jetzt, in meinem hohen Alter, habe ich das

Vergnügen, einige brave Schiffer am Leben zu wissen, die ich als meine Schüler betrachten darf.

Man wird sich jedoch leicht denken, daß all dieses Tun und Treiben nur ein Notwerk blieb, dessen ich gern überhoben gewesen wäre, und daß ich mich in meiner Lage mit jedem Tage mißmütiger und unzufriedner fühlte. Auf die Länge konnte das so nicht bleiben. So ließ mir's auch länger keine Ruhe, als bis ich mich im Jahr 1771 als Passagier nach Holland auf den Weg machte, in voller und gewisser Zuversicht, daß ich hier ein besseres Fortkommen finden könnte.

Mein eigentlicher Plan bei diesem rasch gefaßten und ausgeführten Entschlusse war auf die Küste von Guinea gerichtet, wo die Art des Handelsverkehrs mir bei meiner ersten Reise dahin bereits bekannt geworden war; und da ich mich der damals erlernten Landessprache noch immer mächtig fühlte, im Navigationswesen es mit manchem aufnahm und mir auch sonst zutrauen durfte, Herz und Verstand am rechten Flecke zu haben, so war ich darauf aus, mich auf irgend einem dorthin bestimmten Schiffe als Obersteuermann anzubringen. Es gelang mir auch, einen Ruf nach Rotterdam zu bekommen, um von dort auf einem ganz neuen Schiffe, namens „Christina", unter Kapitän Jan Harmel als Obersteuermann eine Fahrt an die Küste von Guinea anzutreten.

Im November des nämlichen Jahres gingen wir von Goree unter Segel. Unsre Ladung bestand in solchen Artikeln, wie die Afrikaner sie gegen Sklaven, Goldstaub, und Elefantenzähnen am liebsten einzutauschen pflegen. Die Schiffsmannschaft betrug hundertundsechs Köpfe, und das Schiff führte vierundzwanzig Sechspfünder an Bord, weil Holland damals mit dem Kaiser von Marokko in Streit geraten war, weshalb allen Schiffen, die des Weges fuhren, aufgegeben worden, sich gegen jeden etwaigen Angriff dieser Seeräuber gehörig auszurüsten. Aus demselben Grunde versäumten wir auch nicht, sobald wir auf den Ozean hinaus gekommen waren, unser Schiffsvolk täglich in der Bedienung des Geschützes und in anderen kriegerischen Handgriffen zu üben, damit jeder, falls es zum Schlagen käme, wüßte, wohin er gehöre, und wie er es anzugreifen habe.

Wir blieben indes von den räuberischen Marokkanern völlig verschont und warfen, nachdem wir Madeira, Teneriffa und die Kapverdischen Inseln glücklich passiert, am 4. Januar vor Kap Mesurado wohlbehalten den Anker.

Zweiter Teil

Bevor ich hier in meinem Lebensberichte weiter fortfahre und mich zu den kleinen Abenteuern hinwende, die mir an der afrikanischen Küste begegnet sind, wolle mir der geneigte Leser über die nunmehr ergriffene Lebensart einige Entschuldigung zugute kommen lassen. „Wie?“ wird er vielleicht bei sich selbst gesagt haben, „Nettelbeck ein Sklavenhändler? Wie kommt so ein verrufenes Handwerk mit seinem ehrlichen pommerschen Herzen zusammen?“ — Allein das ist es ja eben, daß dieses Handwerk zu damaliger Zeit bei weitem nicht in einem solchen Verrufe stand, als seitdem man, besonders in England, wider den Sklavenhandel (und auch wohl nicht mit Unrecht) als einen Schandfleck der Menschheit geschrieben und im Parlamente gesprochen hat, und wenn er durch dieses nachdrückliche Geschrei entweder ganz abgekommen ist oder doch mit heilsamer Einschränkung betrieben wird, so ist gewiß auch der alte Nettelbeck nicht der letzte, der seine herzliche Freude darüber hat. Aber vor fünfzig Jahren war und galt dieser böse Menschenhandel als ein Gewerbe wie jedes andre, ohne daß man viel über seine Recht- oder Unrechtmäßigkeit grübelte. Wer sich dazu brauchen ließ, hatte die Aussicht auf einen harten und beschwerlichen Dienst, aber auch auf leidlichen Gewinn. Barbarische Grausamkeit gegen die eingekaufte Menschenladung war nicht notwendigerweise damit verbunden und fand auch wohl nur in einzelnen Fällen statt; auch habe ich meinesteils nie dazu geraten oder geholfen. Freilich stieß mein Auge oft genug auf Roheit und Härte; aber die waren mir leider überall, wohin der Beruf des Seemanns mich führte, und nicht bloß auf der Sklavenküste, ein nur zu gewohnter Anblick und konnten mir also auch eine Lebensweise nicht verleiden, mit der ich schon als Kind und bei meinem ersten Ausfluge in die Welt, vertraut geworden war, und zu der ich also auch jetzt als Mann um so unbedenklicher zurückkehrte.

Zu besserem Verständnisse des folgenden wird es jedoch erforderlich sein, einige Worte über die Art und Weise, wie dieser Negerhandel damals von den Holländern betrieben wurde, im allgemeinen beizubringen.

Da hier Menschen nun einmal als Ware angesehen wurden, um gegen die Erzeugnisse des europäischen Kunstfleißes ausgetauscht zu werden, so kam es hauptsächlich darauf an, solche Artikel auszuwählen, welche das Bedürfnis oder der Luxus den Schwarzen am unentbehrlichsten gemacht hatte. Schießgewehre allerart und Schießpulver in kleinen Fässern von zweiunddreißig, sechzehn bis acht Pfund, nahmen hierunter die erste Stelle ein. Fast ebenso begehrt war Tabak, sowohl geschnitten als in Blättern, samt irdenen Pfeifen und Branntwein, entweder in halben Ankern (Hohlmaß) oder in Flaschenfuttern von zwölf, acht bis sechs Flaschen. Kattune von allen Sorten und Farben lagen in Stücken von einundzwanzig bis vierundzwanzig Ellen, oder leinene und seidene Tücher, deren sechs bis zwölf zusammengewirkt waren. Ebensowenig durfte ein guter Vorrat von linnenen Lappen, drei Ellen lang und halb so breit, fehlen, die dort als Leibschurz getragen werden. Den Rest der Ladung füllten allerlei kurze Waren: kleine Spiegel, Messer allerart, bunte Korallen, Nähnadeln und Zwirn, Fayence, Feuersteine, Fischangeln u. dgl.

Einmal gewöhnt, diese verschiedenen Artikel von den Europäern zu erhalten, können und wollen die Afrikaner sowohl an der Küste als tiefer im Lande sie nicht missen und sind darum unablässig darauf bedacht, sich die Ware zu beschaffen, gegen die sie sich dieselben eintauschen können. Daher ist auch das ganze Land immerfort in kleine Parteien geteilt, die sich feindlich in den Haaren liegen und alle Gefangenen, welche sie machen, entweder an die schwarzen Sklavenhändler verkaufen oder sie unmittelbar zu den europäischen Sklavenschiffen abführen. Allein oft, wenn es ihnen an solcher Kriegsbeute fehlt und sie neuer Warenvorräte bedürfen, greifen ihre Häuptlinge, die eine despotische Gewalt über ihre Untertanen ausüben, diejenigen auf, welche sie für die entbehrlichsten halten, oder es geschieht wohl auch, daß der Vater sein Kind, der Mann das Weib und der Bruder den Bruder auf den Sklavenmarkt zum Verkaufe schleppt. Man begreift leicht, daß es bei solchen Raubzügen an Grausamkeiten jeder Art nicht fehlen kann.

Die zu diesem Handel ausgerüsteten Schiffe pflegten längs der ganzen Küste von Guinea zu kreuzen und hielten sich unter wenigen Segeln stets etwa eine halbe Meile oder etwas mehr vom Ufer. Wurden sie dann am Lande von Negern erblickt, welche Sklaven oder Elefantenzähne zu verhandeln hatten, so machten diese am Lande ein Feuer an, um dem Schiffe durch den aufsteigenden Rauch ein Zeichen zu geben, daß es vor Anker gehe, warfen sich aber auch zu gleicher Zeit in ihre Kähne und kamen an Bord, um die zur Schau ausgelegten Warenartikel zu mustern. Vor ihrem Abschiede versprachen sie dann, mit einem reichen Vorrat von Sklaven und Zähnen sich wieder einzufinden, oft jedoch ohne darin Wort halten zu können oder zu wollen.

Gewöhnlich aber erschienen sie mit ihrer Ware am nächsten Morgen als der bequemsten Tageszeit für diesen Verkehr. Denn da dort jede Nacht ein Landwind weht, so hat dies auch bis zum nächsten Mittag eine ruhige und stille See zur Folge. Dann steigt wieder ein Seewind auf, die Brandung wälzt sich ungestümer gegen den Strand, und die kleinen Kähne der Schwarzen können sich nicht füglich hin- und zurückwagen. Das Fahrzeug, welches die verkäuflichen Sklaven enthielt, war in der Regel noch von einem halben Dutzend andrer, jedes mit mehreren Menschen angefüllt, begleitet, welche alle einen Anteil an der unglücklichen Ware hatten. Allein nur acht oder höchstens zehn aus der Menge wurden mit derselben an Bord gelassen; während die übrigen in ihren Kanoes das Schiff umschwärmten und ein tolles Geschrei machten.

Nun wurden auch die Gefangenen an Bord emporgehoben, um in nähern Augenschein genommen zu werden; die männlichen mit auf dem Rücken dergestalt hart zusammengeschnürten Ellenbogen, daß oft Blut und Eiter an den Armen und Lenden hinunterlief. Erst auf dem Schiff wurden sie losgebunden, damit der Schiffsarzt sie genau untersuchen konnte, ob sie unverkrüppelt und übrigens von festem Bau und bei voller Gesundheit wären, und hierauf eröffnete sich denn die eigentliche Unterhandlung, jedoch nicht, ohne zuvor sowohl den Verkäufern, die sich auf dem Verdeck befanden, als ihren Kameraden in den Kanoes, Tabak und Pfeifen vollauf gereicht zu haben, damit sie lustig und guter Dinge würden — freilich aber auch sich um so leichter betrügen ließen.

Die europäischen Tauschwaren wurden den Schwarzen stets nach dem höchsten Einkaufspreise mit einem Zusatz von fünfundzwanzig Prozent angerechnet, und nach diesem Tarif galt damals ein vollkommen tüchtiger männlicher Sklave etwa hundert Gulden holl.; ein Bursche von zwölf Jahren und drüber ward mit sechzig bis siebzig Gulden, und ungefähr zu gleichem Preise auch eine weibliche Sklavin bezahlt. Hatten die Neger die eingetauschten Waren in Empfang genommen, so packten sie sich wieder in ihre Fahrzeuge und eilten lustig, vom gespendeten Branntwein wohlbenebelt und unter lautem Hallo wieder dem Strande zu.

Während dieser ganzen geräuschvollen Szene saß nun der arme Sklave, um welchen es gegolten hatte, auf dem Verdeck und sah sich mit steigender Angst in eine neue unbekannte Hand übergehen, ohne zu wissen, welchem Schicksal er aufbehalten sei. Man konnte den Unglücklichen sozusagen das Herz in der Brust schlagen sehen; denn ebensowenig, als die meisten von ihnen je zuvor das Weltmeer erblickt, auf dem sie nun schwammen, hatten sie auch früherhin die weißen und bärtigen Menschen gesehen, in deren Gewalt sie geraten waren. Nur zu gewiß waren sie des

Glaubens, wir hätten sie nur gekauft, um uns an ihrem Fleische zu sättigen. Voll von dieser Vorstellung, sah man es ihnen deutlich an, daß unsre weiße Hautfarbe sie mit noch weit höherem Entsetzen erfüllte, als uns ihre schwarze erschreckte.

Die Verkäufer waren kaum vom Schauplatz abgetreten, als der Schiffsarzt Sorge trug, den erhandelten Sklaven (wahrlich zum schlechten Labsal!) ein Brechmittel einzugeben, damit die seither ausgestandene Angst nicht nachteilig auf ihre Gesundheit zurückwirkte. Aber begreiflicherweise konnten die gewaltsamen Wirkungen dieser Maßregel jenen vorgefaßten schrecklichen Wahn ebensowenig beseitigen, als die Anlegung eiserner Fesseln an Hand und Fuß, wodurch man sich besonders der männlichen Sklaven noch enger zu versichern suchte. Gewöhnlich kuppelte man sie überdem noch paarweise zusammen, indem man durch einen in der Mitte jeder Kette befindlichen Ring noch einen fußlangen eisernen Bolzen steckte und fest vernietete.

Verschonte man auch die Weiber und Kinder mit ähnlichem Geschmeide, so wurden sie doch in ein festes Behältnis vorne in der Schiffsback eingesperrt, während die erwachsenen Männer ihren Aufenthalt dicht daneben zwischen dem Fock- und dem großen Maste fanden. Beide Behälter waren durch ein zweizölliges eichenes Plankwerk voneinander gesondert, so daß die Gefangenen sich nicht sehen konnten. Doch brachten sie in diesem engeren Verwahrsam nur die Nächte zu; bei Tage hingegen war ihnen gestattet, in freier Luft auf dem Verdecke zu verweilen. Auf ihre fernere Behandlung während der Überfahrt nach Amerika werde ich in der Folge wieder zurückkommen.

Der hiernächst bedeutendste Gegenstand des Handels an dieser Küste sind die Elefantenzähne, von welchen auch der ganze Strich zwischen Kap Palmas und tres Puntas den Namen der „Zahnküste" führt. Habe ich die Erzählungen der Eingeborenen recht verstanden, so bemächtigten sie sich dieser stark gesuchten Ware, indem sie sich in Parteien von dreißig und mehr Personen in die landeinwärts gelegenen

Wälder auf die Elefantenjagd begeben. Ihre Waffen bestehen hauptsächlich in fußlangen zweischneidigen Säbelklingen, die sie von den Schiffen einhandeln und zu diesen Jagden an langen Stangen befestigen. Haben sie ein Tier aufgespürt, so suchen sie es entweder zu beschleichen, oder sie treiben es mit offener Gewalt auf und trachten einzig dahin, ihm den Rüssel an der Wurzel abzuhauen; oder sie zerschneiden ihm die Sehnen an den Füßen, um es so zum Fallen zu bringen. Ist der Feind solchergestalt überwältigt, so wird er vollends getötet; man haut ihm die Zähne aus, und der Rumpf bleibt als willkommene Beute für die Raubtiere und das Gevögel liegen.

Noch wird an einem andern Striche dieser Negerländer, die „Goldküste" genannt, einiger Verkehr mit Goldstaub getrieben, oder vielmehr kleinen Körnern dieses Metalls, das entweder aus dem Flußsande gewaschen oder von der reichen Natur dieses heißen Bodens oft dicht unter dem Rasen dargeboten wird. Doch war dieses Geschäft weder beträchtlich noch sonderlich gewinnreich und pflegte deshalb dem Obersteuermann bei seinen kleinen Nebenfahrten für eigene Rechnung anheimgestellt zu werden, wie ihm zu dem Ende auch vergönnt war, den Betrag von sechshundert holl. Gulden in Waren mit an Bord zu nehmen. Ich selbst hatte mich zu diesem Privathandel mit allerlei Kurzwaren, etwa fünfhundert Gulden an Wert, versehen.

Denn außer dem Verkehr, der am Bord des Schiffes selbst stattfand, wurden von demselben in gleicher Absicht zugleich auch noch mehrere Boote ausgerüstet und abgeschickt, welche sich oft auf mehrere Wochen lang entfernten und bis auf fünfzig und mehr Meilen an der Küste umherkreuzten. Dieser Bootsfahrten habe ich zwar bereits oben, bei Gelegenheit meines früheren Ausflugs in diese Weltgegend erwähnt, doch sei es mir erlaubt, hier noch etwas ausführlicher auf diesen Gegenstand zurückzukommen.

Sobald die Guineafahrer sich dem wärmeren Himmelsstrich näherten, begannen auch die Schiffszimmerleute die Schaluppen und Schiffsboote zu ihrer künftigen neuen

Bestimmung in Stand zu setzen, indem sie ein Verdeck darauf anbrachten und alles so einrichteten, daß sie See zu halten vermochten. Holz und Planken hierzu ward schon von Holland aus mitgenommen und im Zwischendeck bereit gehalten. Die Besatzung eines solchen Fahrzeugs bestand aus zehn bis zwölf Mann unter Anführung des Obersteuermanns oder eines andern Schiffsoffiziers. Auch war es mit einigen Drehbassen (kleinen Kanonen) und kleinerm Handgewehr wohl versehen.

Die Bestimmung dieser Boote erforderte, stets in einiger Entfernung vor ihrem Schiffe vorauszugehen und die Punkte, wo ein vorteilhafter Handel zu treiben war, zu vervielfältigen, damit die gewünschte volle Ladung desto schneller zusammengebracht und der Aufenthalt an diesen ungesunden Küsten um so mehr abgekürzt würde. So oft nun ein solches Fahrzeug seine mitgenommenen Warenartikel oder seine Lebensvorräte erschöpft oder einen genügenden Eintausch gemacht hatte, kehrte es an Bord seines Schiffes zurück, um sofort für eine neue Reise ausgerüstet zu werden. Es ergibt sich daraus, wie anstrengend und beschwerlich dieser Dienst sein mußte.

Das Wasser, dessen man auf diesen Ausflügen bedarf, muß jedesmal von den Negern am Lande erhandelt werden. Man versieht sich hierzu an Bord mit allerlei kleinem Kram, an Spiegeln, Korallen, Messern, Fischangeln, Nähnadeln, Zwirn u. dgl. und erwartet dicht am Seestrande wohlbewaffnet das zufällige Zusammentreffen mit den Eingebornen, um mit ihnen den Preis für jedes Faß Wasser, welches man eben holt, oder auch künftig zu holen gedenkt, zu verabreden. Das hierzu bestimmte Boot bleibt jedesmal bis hundertzawnzig Klafter weit vom Lande vor Anker liegen. Die ledigen Wassertonnen werden über Bord geworfen, und die Neger stürzen sich in die Brandung, um sie schwimmend an Land zu bringen und nach ihren Brunnen und Wasserstellen hinaufzurollen. Sind sie hier angefüllt und verstopft, so werden sie wieder an den Strand zurückgewälzt, von zwei schwimmenden Negern in die Mitte genommen und an das Boot gebracht, wo ihnen dann die dafür bedungenen Waren ausgeliefert werden.

Die männlichen Sklaven, die man auf diesen Ausflügen erhandelte, wurden sofort unter das Verdeck gebracht, weil sie sonst nur zu leicht Gelegenheit gefunden haben würden, über Bord zu springen. Im Raume aber legte man ihnen eiserne Bügel um die Füße, die mit Ringen versehen waren, und diese streifte man hinwiederum über eine lange, mit beiden Enden unten im Vorder- und Hinterteile des Bootes befestigte Kette, so daß sie wenigstens einige Schritte hin und wieder gehen konnten. Glimpflicher verfuhr man mit den Weibern, deren Zutrauen man sich auf eine leichtere Weise versicherte.

Wenigstens eines dieser Fahrzeuge hatte noch die Nebenbestimmung, den aus Europa mitgebrachten Briefsack schneller, als sonst hätte geschehen können, nach dem holländischen Hauptfort St. George de la Mina zu fördern. Denn da die ankommenden Schiffe ihr Handelsgeschäft gewöhnlich bei Sierra Leona anfingen, das gegen zweihundert Meilen westlicher liegt, und längs der Küste nur langsam fortkreuzten, so würde es oft sechs bis acht Monate gewährt haben, bevor sie selbst jenen Platz erreichten. Dieser Unbequemlichkeit zu begegnen, waren demnach die Schiffer angewiesen, mit den Regierungsdepeschen auch die anderweitige Korrespondenz ohne Aufenthalt nach der gedachten Niederlassung abzuliefern.

Diesen Auftrag erhielt auch ich, sobald wir in den ersten Tagen des Jahres 1772 auf der Küste von Guinea angelangt waren. Zu dem Ende ward die Barkasse (so heißt das größte Boot, das die Schiffe mit sich führen) mit zehn Mann unter meinen Befehlen ausgerüstet und mit Vorräten allerart, besonders aber solchen beladen, welche in diesem heißen Klima einem schnellen Verderb ausgesetzt sein konnten. Das Brieffelleisen ward nicht vergessen, und so steuerte ich, nachdem ich auch die Vorräte für meinen eignen kleinen Handel eingenommen hatte, bereits am vierten Tage nach unsrer Ankunft, dem Schiffe vorangehend, gegen Osten.

Bei dieser Küstenfahrt führte mich mein Weg zunächst nach dem holländischen Fort Axim, wo ich ein Pack Briefe, europäische Zeitungen und andere Kleinigkeiten abzugeben hatte.

Ich fand den dortigen Befehlshaber, einen geborenen Hannoveraner, namens Feneckol, sehr begierig nach Neuigkeiten aus dem gemeinschaftlichen Vaterlande, so wie ihm wiederum die Nachricht, daß ich ein Preuße sei, Gelegenheit gab, mich aufmerksam darauf zu machen, daß Fort Axim früher eine Besitzung unseres Großen Kurfürsten gewesen und erst im Jahre 1717 durch Verkauf an die holländisch-westindische Kompanie übergegangen. Er zeigte mir auch die darüber verhandelten Akten, sowie sechs alte brandenburgische Kanonen, die noch auf einer Batterie aufgepflanzt standen. — Habe ich anders seine Erzählung recht behalten, so hatte es hiermit folgende Bewandtnis.

Ursprünglich gehörte Axim den Spaniern zu. Als aber der Kurfürst Friedrich Wilhelm, der dieser Macht in ihren Kriegen gegen Frankreich Hilfstruppen in den Niederlanden gestellt, die bedungenen Hilfsgelder trotz aller gütlichen Unterhandlung nicht erhalten können, habe er in Hamburg eine kleine Flotte ausrüsten lassen, fünfhundert Mann darauf eingeschifft, außer anderen Maßregeln auch Axim angreifen und in Besitz nehmen lassen und sich dort neun Jahre lang behauptet. Während dieser Zeit, in der der brandenburgische Gouverneur Friedrich v. d. Gröben auch noch das zweiundeinehalbe Meile östlicher gelegene Fort Friedrichsburg gegründet, sei von Hamburg und Emden aus ein lebhafter Handel dorthin getrieben worden, bis diese Befestigungen die Unzufriedenheit der benachbarten Negerstämme aufgeregt und diese die Besatzungen beider Plätze, die nicht genugsam auf ihrer Hut gewesen, überrumpelt und niedergemacht hätten. In diesem unglücklichen Ereignis — lautete die fernere Erzählung — sei es dem damaligen Gouverneur zwar geglückt, sich mit einigen wenigen Gefährten in das Pulvermagazin zu flüchten; doch habe er es vorgezogen, sich mit demselben freiwillig in die

Luft zu sprengen, als unter den Händen der Neger einen martervollen Tod zu dulden. Diese hätten darauf beide Forts ausgeraubt und dem Erdboden gleich gemacht. So hätten nun diese Plätze gegen dreißig Jahre lang in Schutt und Verwüstung gelegen, bis König Friedrich Wilhelm I. seine Ansprüche auf diese Besitzungen an die holländisch-westindische Kompanie gegen eine Summe von zweihunderttausend Gulden überlassen habe.

Als ich auf der Weiterreise zum ersten Male das Ufer betrat, um Wasser zu erhandeln, standen bereits zwölf oder vierzehn Schwarze unsers Empfangs gewärtig, und während ich, mit etwa zehn meiner Begleiter vollends ins Trockne watete, kam uns auch ihr Anführer entgegen, bot mir die Hand, schnitt eine Menge wunderlicher Kapriolen und gab sich mir endlich mit den Worten „Amo King Sorgo" (ich bin der König George) zu erkennen. Daß er aber auch für irgend etwas Besonderes angesehen sein wollte, gab schon sein ganzer Aufzug zu erkennen. Er war nämlich mit einer alten zerrissenen linnenen Pumphose und einer weißen Kattunweste ohne Ärmel bekleidet; sein noch größerer Schmuck aber bestand in einer roten und weißen Schminke, womit er sich Gesicht und Hände, vorzugsweise vor allen seinen Gefährten, scheußlich bemalt hatte. Mit diesem Narren nun und seinen Untertanen wurden wir des Preises für das Wasserfüllen einig und hielten uns auch des nächsten Tages wacker zu unsrer Arbeit.

Noch lagen wir in dieser Küstengegend vor Anker, um das erhandelte Wasser auf unsere Barkasse hinüberzuschaffen, als sich auch ein holländisches Sklavenschiff bei uns einfand und gleichfalls dicht neben uns ankerte. Der Kapitän desselben rief uns zu, daß wir ihn doch mit unsrer Schaluppe zu uns herüberholen möchten. Kaum war dies geschehen und er zu uns an Bord gekommen, als er uns die drückende Not klagte, in welcher er sich augenblicklich befände. Elf Mann von seiner Besatzung seien ihm unterwegs gestorben, und noch habe er vierzehn Kranke liegen, so daß er kaum noch fünf gesunde Leute an die Arbeit stellen könne.

Auch habe er seither nicht mehr als achtzehn Sklaven eingehandelt, und er wisse vor Sorge und Verlegenheit nicht, was er beginnen solle. Sein eigentlicher Wunsch aber war, daß wir ihm einige Köpfe von unsrer Mannschaft überlassen möchten. Hieran war jedoch von unsrer Seite um so weniger zu denken, als selbst kaum irgend jemand von den Unsrigen sich zu einem solchen Tausche freiwillig verstanden haben würde. Der einzige Rat, den wir ihm geben konnten, war, daß er suchen möchte, St. George de la Mina je eher je lieber zu erreichen, wo das Gouvernement verpflichtet sein würde, sich seiner anzunehmen.

Während ich ihn wieder nach seinem Schiffe zurückbrachte, erzählte er mir noch umständlicher, daß dasselbe zu Middelburg in Seeland ausgerüstet worden; er selbst aber heiße Harder, sei gleich mir ein Pommer und von Rügenwalde gebürtig. Nun tat es mir doppelt leid um den armen Landsmann, als ich zu ihm an Bord kam und überall ein Elend und eine Unbereitschaft wahrnahm, wie sie mir noch niemals vorgekommen war. Fast mit Tränen in den Augen trennten wir uns, und so wie ich mich von dem Schiffe entfernte, nahm ich auch wahr, daß es die Anker lichtete und unter Segel ging. Doch mochte es kaum eine Viertelmeile Weges gemacht haben, so legte es sich abermals uns im Gesichte vor Anker.

Mitten in der Nacht aber sahen wir von dorther Gewehrfeuer aufblitzen und hörten neben dem Schießen auch allerlei Lärm und Geräusch, ohne zu wissen, was wir daraus machen sollten. Endlich ward alles wieder still und ruhig; doch als der Tag anbrach, erblickten wir jenes Schiff auf den Strand gesetzt und von unzähligen Negern umschwärmt, deren gleichwohl keiner während der zwei Tage, die wir hier noch liegen blieben, sich vom Lande zu uns an Bord getraute; — zur hinreichenden Bestätigung unsers Argwohns, daß sie den wehrlosen Middelburger überrumpelt, die Besatzung niedergehauen und das Schiff hatten stranden lassen, um seine Ladung desto bequemer zu plündern.

Wenn eine solche blutige Gewalttat den Leser mit Recht empört, so muß dagegen notwendig in Anrechnung gebracht werden, daß dergleichen eigentlich doch nur als Notwehr oder Wiedervergeltung gegen nicht minder abscheuliche Überfälle angesehen werden muß, welche sich auch die Europäer gegen diese Schwarzen gestatten. Besonders sind die Engländer dafür bekannt, daß sich von Zeit zu Zeit in ihren Häfen einige Rotten von Bösewichtern, fünfzehn bis zwanzig Mann stark und aus verlaufenen Steuerleuten und Matrosen bestehend, die bereits mit dem Gange des Sklavenhandels bekannt sind, vereinigen, die ein kleines Fahrzeug ausrüsten, sich mit Schießbedarf und Proviant, sowie mit einigen Warenartikeln, wie sie zu diesem Handel gebräuchlich sind, zum Scheine versehen und so nach der Küste von Guinea steuern. Kommen hier nun die Neger an Bord eines solchen Korsaren, um friedlichen Verkehr anzuknüpfen, so fallen diese Räuber über sie her und legen sie samt und sonders in Ketten und Banden, und haben sie der Unglücklichen auf solche Weise dreißig bis vierzig, oder wie viele sie bewachen können, zusammengerafft, so stechen sie damit nach Südamerika hinüber, um sie an die Spanier oder Portugiesen loszuschlagen. Dort verkaufen sie auch ihr Fahrzeug und gehen nun einzeln als Reisende mit ihrem ungerechten Gewinn nach England zurück, um vielleicht unmittelbar darauf eine neues Unternehmen dieser Art zu wagen.

Es kann nicht fehlen, daß solche Raubzüge dem regelmäßigen Handel an der afrikanischen Küste sowie dem gegenseitigen Vertrauen den empfindlichsten Nachteil bringen. Besonders verderblich aber waren sie zu jener Zeit für den Verkehr, welchen die Holländer vermittels ihrer Boote betrieben, da die Neger diese von jenen englischen Raubfahrzeugen nicht hinreichend zu unterscheiden vermochten. Diese Erfahrung machte ich auch an meinem Teile, als ich in der Mitte Februars mit der Schaluppe unseres Schiffes und begleitet von dreizehn Mann und mit sechs kleinen Böllern wohlausgerüstet, eine Küstenfahrt antrat. Kurz zuvor nämlich hatte ein solcher englischer Korsar in dieser Gegend herumgekreuzt und mancherlei Unfug verübt. Wo ich mich also irgend blicken ließ, ward ich von den Schwarzen mit jenem verwechselt; nirgend wollte sich ein einziger von ihnen zu mir an Bord getrauen. Kam ja hier und da ein Kanoe zum Vorschein, so hielt es sich voll Argwohns in einer Entfernung von hundert und mehr Klaftern; die armen furchtsamen Schlucker glotzten mich an, fragten, ob ich ein Engländer oder Holländer sei, und verlangten zum Wahrzeichen des letztern eine holländische Pfeife zu sehen, als ob diese aus einem andern Tone gebacken wäre. Oft auch sollte ich ihnen eine Flasche aus meinem Flaschenfutter zeigen, weil sie wußten, daß die englischen Handelsleute dergleichen nicht zu führen pflegten.

Mit solcherlei kleinen Künsten und guten Worten gelang es mir endlich doch, drei Neger, die in einem Kanoe gekommen waren, zu bewegen, zu mir an Bord zu steigen. Sie hatten einen Elefantenzahn zu verhandeln; aber in ihren scheuen Blicken verriet sich die Angst und der Zweifel, ob sie bei mir auch sicher sein würden. Nun wollte es der Zufall, daß ich einen etwas närrischen Matrosen im Boote hatte, der sich den Spaß machte, einen von unsern Gästen um den Leib zu fassen und ihn auf die schwarzen Lenden zu klatschen. Allein dies Übermaß von guter Laune brachte einen so plötzlichen und heftigen Schreck über sie alle, daß sie sich kopfüber in ihr Boot stürzten und eiligst davon machten, ohne ihres Elefantenzahnes zu gedenken, den sie in unsern Händen zurückließen. In einiger Entfernung hielten sie indes an, huben die Hände in die Höhe und baten um Auslieferung ihres Eigentums.

All mein Winken und gütliches Zureden zur Umkehr war vergeblich. Je ernstlicher mein Unwille über das so mutwillig gestörte gute Vernehmen war, desto weniger bedachte ich mich nach einem tüchtigen Endchen Tau zu greifen und den Friedensstörer im Angesicht jener nachdrücklich abzustrafen. Diese Gerechtigkeitspflege gab ihnen wenigstens den Mut, sich, obwohl mit Zittern und Zagen, soweit zu nähern, daß wir ihnen ihren Zahn ins Boot werfen konnten. Da sie es aber immer noch weigerten, sich uns näher anzuvertrauen, so ließen wir sie endlich in Frieden ihres Weges nach dem Lande ziehen.

Wenige Tage später befand ich mich vor der Mündung eines kleinen Flusses, genannt Rio de St. Paul, aus welchem zwei Neger in einem Kanoe zu mir herankamen, um mir den Kauf von zwei Sklaven und einer jungen Sklavin anzubieten, die sie daheim bewahrten und wohlfeilen Preises loszuschlagen gedächten. Doch war ihre Bedingung, daß ich mit dem Boote zu ihnen in den Strom kommen müßte, weil sie mit ihren Nachbarn am andern Ufer in offner Fehde begriffen seien, die sie sonst mit ihrer Ware nicht ungehindert passieren lassen möchten. Wie mißlich mir auch dieser Antrag deuchte, so überwog doch endlich die Betrachtung, daß ich bereits seit mehreren Tagen zu gar keinem Handel hatte kommen können, und daß hier schon einmal etwas gewagt sein wolle. Nachdem ich also meine kleinen Böller geladen, die Gewehre zur Hand genommen und mich in gehörige Verfassung gesetzt hatte, ruderte ich getrost auf den Ausfluß zu, während die beiden Schwarzen bei mir im Fahrzeuge verblieben.

Ein paar hundert Klafter mochte ich stromaufwärts gekommen sein, wo ich beide Ufer dicht mit Gebüsch verwachsen fand und der Fluß selbst eine Krümmung machte, als ich es unter solchen Umständen doch für ratsam hielt, hier vor Anker zu gehen, wie sehr meine neuen Begleiter auch in mich drangen, noch weiter hinauf bis an ihre Heimat zu fahren. Da ich dies aber beharrlich weigerte, gingen sie in ihrem Kanoe ab und kamen mir aus dem Gesichte. Inzwischen verging wohl noch eine Stunde, die ich in immer gespannterer Erwartung zubrachte, als plötzlich ein Schuß fiel und gleich darauf ein gewaltiger Lärm sich erhob. Hierdurch mit Recht beunruhigt, ließ ich augenblicklich den Bootsanker aus dem Grunde reißen, das Fahrzeug seewärts umwenden und begann das Weite zu suchen. Gleichzeitig stürzte sich auch einer von jenen beiden Negern vom Ufer herwärts in den Strom, schwamm zu uns ans Boot und verlangte aufgenommen zu werden, indem er immerfort schrie: „Sie sind da! Sie sind da! und meinen Bruder haben sie schon in ihrer Gewalt!"

Kaum hatte ich indes die Strommündung erreicht und die Brandung hinter mir, so füllte sich auch das Seeufer mit einer großen Anzahl von schwarzen Verfolgern, die mir eine Menge von Kugeln und Pfeilen nachschickten, jedoch ohne jemand von uns zu treffen, wogegen aber unsere Segel verschiedene Schüsse empfingen. So kam ich also noch leidlich gut aus einem Abenteuer davon, das mir und allen im Boote den elendesten Tod hätte bringen können, wenn ich nur noch eine einzige Minute gezögert hätte, auf meinen Rückweg zu denken. Was aber nun mit unserm neuen Bootskameraden beginnen? — Wäre es auch nach den holländischen Gesetzen nicht bei Lebensstrafe verboten, öffentlichen oder heimlichen Menschenraub zu begehen, so hätte ich mich doch nimmermehr entschließen können, sein Zutrauen so schändlich zu mißbrauchen und mich für den verfehlten Handel an seine schwarze Haut zu halten. Nachdem ich also noch etwa eine halbe Meile längs dem Strande gesegelt war, gab ich ihm seinen Freipaß und ließ ihn wieder nach dem Lande schwimmen, wo der arme Teufel hoffentlich in Sicherheit gelangte.

Während ich nun meinen Verkehr bald mit mehr, bald mit weniger Glück an der Küste fortsetzte und mich dabei immer weiter vom Schiffe entfernte, begann mir allmählich das frische Wasser zu mangeln, ohne daß ich dessen am Lande wieder hätte habhaft werden können. Es schien mir demnach Zeit, mich wieder nach unserm Schiffe hinzuwenden; gleichwohl aber fand ich in der Zwischenzeit von dreizehn Tagen samt meinen Gefährten und den paar erhandelten Negern überflüssige Zeit, die steigenden Schrecknisse eines unauslöschlichen Durstes unter diesem glühenden Himmel zu erproben. Wer es nicht selbst erfahren hat, ist durchaus unfähig, sich dieses Elend in seiner ganzen Größe vorzustellen. Mit dem Mangel an frischem Wasser wurden uns auch unsre trocknen Lebensvorräte an Erbsen, Graupen usw. unbrauchbar; denn mit Seewasser gekocht (wie wir es versuchten) blieben sie so hart und waren zugleich von so bitterm Geschmack, daß sie stets wie das heftigste Brechmittel wirkten. Ebensowenig konnten wir unser Pökelfleisch ungewässert kochen und verzehren, ohne unsern grausamen Durst noch zu steigern, und selbst unsern trocknen Zwieback vermochten wir unaufgeweicht nicht durch den ausgedörrten Hals zu würgen.

In dieser Drangsal erinnerte ich mich, gehört zu haben, daß der sparsame Genuß des Branntweins in solchen Fällen ein erprobtes Mittel zur Linderung des Durstes darbiete. Allein die kleine Probe, die wir damit anstellten, bekam uns gar übel; denn die Hitze dieses Getränks trieb uns soviel Galle in den Magen, daß wir selbst den Mund beständig voll davon hatten und darüber zum Sterben erkrankten. Trotz meiner von jeher gleichsam eisernen Natur befand ich mich am elendesten unter allen und lag bereits fast regungslos auf dem Verdeck darnieder; nur unsre Sklaven schienen im ganzen von dieser Not am wenigsten angefochten zu werden.

In der Tat aber war es mit derselben bei uns schier auf das Höchste gestiegen, als wir in der Ferne eines Segels ansichtig wurden und um so freudiger darauf lossteuerten, da wir es bald für ein holländisches erkannten. Wir klagten dem Kapitän unser Elend und baten um Abhilfe, erhielten aber den schlechten Trost, daß es ihm selbst an frischem Wasser fehle, doch wolle er unserm dringendsten Bedürfnis abhelfen; und so schickte er uns wirklich ein Fäßchen, das vielleicht einen halben Anker halten mochte, herüber.

Mit einer Begierde, die keine Beschreibung zuläßt, setzte ich sofort das Gefäß an den Mund; und so wohl ward mir dabei, daß ich fort getrunken haben würde, bis ich auf der Stelle den Tod davon gehabt, wenn meine Leute, ebenso ungeduldig nach dem Genuß dieses Labsals, es mir nicht von den durstigen Lippen weggerissen hätten. Als nun aber auch einer nach dem andern sich gütlich getan, war das Faß schier leer geworden. Die Leute, welche es uns in ihrer Schaluppe gebracht hatten und Zeugen von diesem

Auftritte waren, konnten des Erstaunens über unsre ausgedörrten Kehlen und unser Elend kein Ende finden. Um so williger erfüllten sie meine Bitte, ihren Kapitän in meinem Namen noch um einigen Vorrat anzugehen. Ihre Verwendung war auch nicht ohne Erfolg, und es ward uns ein ähnliches halbes Ankerfäßchen zugestanden.

So versehen, gönnten wir uns eine neue Erquickung, indem wir uns sofort nicht nur einen Kaffee bereiteten, sondern auch einen Kessel mit Graupengrütze zum Feuer brachten, um endlich wieder einmal eine ordentliche warme Speise zu genießen.

Das Gleiche wiederholten wir am nächstfolgenden Tage, aber mit dem dritten war nun auch wieder unsre Labequelle versiegt, und das vorige Fasten wäre wieder an die Tagesordnung getreten, wenn wir nicht noch des nämlichen Tages ein Kanoe mit zwei Negern angetroffen hätten, mit denen ich mich über einen kleinen Wassertransport vom Lande verständigte. Allein die Burschen merkten, daß wir uns darum in Verlegenheit befanden, und forderten für die Lieferung von zwei Fäßchen, die ich ihnen zeigte und deren jedes etwa dreißig Quart enthalten mochte, einen so ungeheuern Preis an Waren, daß wir dafür in Europa den köstlichsten Wein hätten kaufen können. Indes galt hier kein Weigern, und die Gefäße wurden ihnen zum Füllen hingegeben.

Erst in der Nacht kehrten sie damit zurück und empfingen den bedungenen Lohn. Als wir aber den Inhalt näher untersuchten, ergab sich, daß derselbe merklich nach Seewasser schmeckte; sei es, daß hier ein absichtlicher Betrug vorgegangen, oder daß sie aus Bequemlichkeit aus dem ersten, dem nächsten Brunnen mit Brackwasser geschöpft, oder daß über das Kanot in der Brandung eine Welle hergestürzt, die Fässer umgerollt, den Stöpsel ausgeworfen und sie zum Teil wieder mit Seewasser angefüllt hatte. Da jedoch die Beimischung noch erträglich fiel, so nahmen wir auch weiter keinen Anstand, in unserm dringenden Bedürfnis davon Gebrauch zu machen. Auch erreichten wir drei

Tage später unser längst ersehntes Schiff, das bei Kap la How kreuzte, aber unsre Fahrt, die gleichwohl bis in die fünfte Woche gewährt hatte, war in jedem Betracht ungünstig ausgefallen, denn wir brachten nur drei Sklaven und fünf Elefantenzähne mit uns. Glücklicher war während der Zeit das Schiff selbst in seinem Handel gewesen.

Nach Verlauf einiger Tage rüstete ich mein Boot zu einer neuen Handelsfahrt, und diesmal durfte ich auch für meinen Privatverkehr im Einkauf von Staubgold gewissern Vorteil hoffen, da wir uns nunmehr im Angesichte der sogenannten „Goldküste" befanden. Hier wird es daher auch an der rechten Stelle sein, mich über die Art, wie dieses Geschäft betrieben zu werden pflegt, etwas ausführlicher auszubreiten.

So verschwenderisch hat die Natur hier ihr edelstes Metall verbreitet, daß selbst der Seesand dessen in hinreichender Menge mit sich führt, um die Mühe des Einsammelns zu vergüten. Wenn daher vormittags die Sonne hoch genug gestiegen ist, um den nackten Negern die Lufttemperatur behaglich zu machen, finden sie sich zu Hunderten am Strande ein, so daß derselbe oft ganz schwarz von ihnen wimmelt. Dann setzen sie sich dicht neben dem Ablauf der Wellen ins Wasser, und jeder hält eine tiefe hölzerne Schüssel (deren die Schiffe ihnen als Handelsware zuführen) vor sich zwischen den Knieen, nachdem er sie zuvor voll goldhaltigen Sandes geschöpft. Sie wissen diese Gefäße so geschickt zu drehen, daß jede anlaufende Welle darüber hinspült und etwas von dem leichteren Sande über den Rand mit sich fortschwemmt, während sich das Metall vermöge seiner natürlichen Schwere tiefer zu Boden senkt. Dies wird so lange wiederholt, bis der Sand beinahe gänzlich verschwunden ist und das reine Staubgold, kaum noch mit einigen fremden Körnern untermischt, sichtbar geworden. Die Neger wissen es sodann gar geschickt und behende in ihre kleinen Dosen aufzufassen, die wir ihnen gleichfalls zum Verkaufe bringen. Auf diese Weise habe ich wohl selbst zum öftern gesehen, daß manche binnen acht bis zehn Stunden den

Wert von sechs bis zwölf und mehr holländischen Stübern zuwege brachten.

Noch weiß ich aus den deshalb angestellten Erkundigungen, daß sie auch weiter landeinwärts mit dem dort befindlichen goldhaltigen Kiessande auf eine ähnliche Art verfahren, indem sie diese Erdklumpen in die Nähe eines Gewässers tragen und Erde, Sand und Kies so lange durcheinander rühren und ausspülen, bis sie zu dem nämlichen Erfolg gelangen. Hier aber finden sich auch nicht selten bedeutendere Stückchen Gold, selbst von der Größe wie unser grober Seegries. Die Neger nennen es „heiliges Gold", durchbohren es, reihen es auf Fäden und schmücken mit diesen kostbaren Schnüren Hals, Arme und Beine. In solchem stattlichen Putze zeigen sie sich gerne auf den Schiffen; und so trägt oft ein einziger einen Wert von mehr als tausend Talern am Leibe.

Stellen sie ihr gewonnenes Gold auf den europäischen Fahrzeugen zu Kaufe, so werden ihnen zuvor die von ihnen bevorzugten Waren vorgelegt und über den anzunehmenden Wert derselben eine Übereinkunft getroffen. Dieser Wert wird in „Bontjes" bestimmt, oder in Stückchen Gold, die etwa eine Erbse schwer und zu sechs Stübern Geldwert zu berechnen sind. Acht Bontjes betragen ein Entis oder einen Taler holländisch, und zehn Entis ein Lot, dessen Wert zu vierundzwanzig holländischen Gulden oder nach Unzen zu zweiundvierzig Gulden angeschlagen wird. Die Neger ihrerseits bedienen sich ähnlicher Gewichte, welche aber gegen die holländischen jedesmal zu kurz kommen.

Hier geht nun das Streiten und Zanken an. Immer noch fehlt etwas — noch etwas, und so weiter, bis man zuletzt unter Zanken und Streiten doch einig wird. Betrogen aber werden die Neger endlich doch immer, wie schlau sie es auch anfangen mögen! Mancher Weiße läßt sich sogar absichtlich die Nägel an den Fingern lang wachsen, rührt damit in dem Staubgolde unter dem Vorwande umher, als werde er noch gelben Sand unter den Metallkörnchen gewahr, umher, und kraut sich dann unmittelbar darauf mit den Nägeln in den Haaren, um die aufgefischte Beute dort abzusetzen. Haben sich endlich die Verkäufer entfernt, so kämmt er sein struppiges Haar mit einem engen Kamme wohl durch und bringt dadurch zuweilen zwei und noch mehr Bontjes Goldstaub vom Kopfe. Niemand rechnet sich diesen Betrug zum Vorwurf. Es heißt dann immer: „Nun, was ist's mehr? Ist's doch nur ein Neger, der angeführt wird!"

Nachdem ich endlich eines Morgens meine Fahrt wirklich angetreten hatte und etwa drei Meilen vom Schiffe entfernt war, kam mir noch an dem nämlichen Nachmittage ein kleines englisches Schiff zu Gesichte, das ungewöhnlich nahe am Strande vor Anker lag, während ein Teil der Segel und des Takelwerks sich in größter Unordnung befand und wild um die Masten peitschte. Indem ich meine Begleiter auf diese in solcher Lage unbegreifliche Nachlässigkeit aufmerksam machte, beschloß ich, mich diesem Fahrzeuge zu nähern, um zu erforschen, ob ihm vielleicht Hilfe vonnöten sein möchte. Bald kam ich im Heransegeln so dicht an seine Seite, daß ich ihm die Frage zurufen konnte, warum er sich in diese gefährliche Nähe an einem unsichern Strande festgelegt habe.

War ich bereits verwundert, so wurde ich es noch vielmehr, als sich kein einziger Weißer am Borde blicken ließ, dagegen aber wohl zwanzig bis dreißig Neger auf dem Verdeck herum standen und gingen. Vor allem zeichnete sich ein Kerl auf dem Hinterteile, mit einem blauen Tuchrock bekleidet, durch seine Keckheit aus, indem er ein kurzes weitmündiges Schießgewehr (wir nennen es eine Donnerbüchse) in der Hand führte und auf uns anlegte. Ein andrer stand vorne, mit einer weißen Weste ohne Ärmel, und lag mit seinem Gewehr ebenfalls im Anschlage auf uns. Auch die übrigen alle längs dem Borde winkten mit den Händen abwärts und schrieen aus vollem Halse: Go way! Go way! (Packt euch!)

Was war natürlicher zu glauben, als daß dieses Schiff soeben in die Gewalt der Schwarzen geraten, welche die englische Mannschaft ermordet hätten und im Begriffe ständen, ihre Beute auszuplündern. Hier war es also allerdings nicht ratsam, lange zu verweilen. Ich steuerte demnach ab, gegen den Wind; aber indem ich mich außer der Schußweite sah, fing ich an zu überlegen, daß es nicht sehr ehrenvoll für uns aussehen würde, die schwarzen Räuber ihr Wesen so ganz ungestört treiben zu lassen. Ich beriet mich mit meinen Leuten, ob nicht ein entschlossener Angriff auf die Brut zu wagen sein möchte? Denn wenn wir gleich mit einem tüchtigen Feuer auf sie anrückten, so war ich der Meinung, daß die Kerle, da sie so dicht am Lande lagen, bald über Bord springen und uns das Schiff als gute Prise überlassen würden.

Dieser Vorschlag, mit so glänzender Aussicht auf Gewinn verbunden, gewann sich alsobald ihren ungeteilten Beifall. Um mir aber jede künftige Verantwortung und üble Nachrede zu ersparen, fuhr ich fort: „Ihr habt aber auch gesehen, daß wenigstens zwei von ihnen Schießgewehr führen und es sicherlich auch gebrauchen werden, bevor sie uns das Feld räumen. Sollte nun einer oder der andre von uns dabei zu Schaden kommen, so sage niemand, ich hätte ihn zu dem Unternehmen gezwungen. Hier bedarf es durchaus eines freiwilligen Entschlusses. Also: „Ja oder Nein!" — Ihr kaltblütiges „Ja" weckte das glimmende Feuer in mir zur lichten Flamme. — „Wir gehen drauf los und jagen die schwarzen Bestien durch ein Knopfloch?" fragte ich noch lauter und heftiger. — „Ja! das wollen wir!" scholl mir zur Antwort entgegen. — „Nun denn! Immer drauf, in Gottes Namen!"

Sofort sprang ich nun zur Vollführung meines Vorsatzes hinten in die Luke hernieder, ergriff ein kleines Pulverfaß, das sechzehn Pfund enthielt, trat ihm hastig mit einem Fußstoße den Boden ein, füllte meinen Hut mit Pulver, eilte damit aufs Deck, lud meine vier Böller allein, setzte auf jede Ladung zwei Kugeln und ließ ein paar angezündete Lunten in Bereitschaft halten. Den besten und zuverlässigsten Mann setzte ich ans Ruder, mit dem Gebot, daß er von vorne auf das Schiff zusteuern und so längs dem Borde desselben hinwegstreifen sollte, wie ich ihn an Ort und Stelle noch genauer anweisen würde. Das Abfeuern meines Geschützes behielt ich mir ausschließlich selbst vor, um meines Zieles desto sicherer nicht zu verfehlen, wogegen meine übrigen Leute im rechten Augenblick mit dem Handgewehre ihr Bestes tun sollten.

Wie gesagt, so geschehen! Wir steuerten so dicht auf unsre gehoffte Prise los, daß wir ihren Bord im Vorüberfahren mit einem Bootshaken hätten entern können. Währenddessen gab ich zugleich aus all meinen vier Böllern Feuer, hatte aber den Schreck, zu sehen, wie sie samt und sonders zersprangen und über den Haufen fielen, weil ich sie in meinem unbedachten Eifer zu stark überladen hatte. Was mich jedoch auf der Stelle tröstete, indem wir nun hinter das Schiff kamen, war der Erfolg meines Knallens: der Anblick einer guten Anzahl schwarzer Köpfe im Wasser, die bereits eifrig dem Lande zuschwammen.

Jetzt rief ich meinen Leuten zu: „Das Boot umgelegt! Nun dran! Nun geentert! Handgewehr aufs Deck!" — Ich selbst sprang wiederum hinten in die Luke hinab, um die Gewehre, die uns früher hinderlich gewesen wären, schnell hervorzulangen; aber da sprudelte mir von unten ein mächtiger Wasserstrahl aus dem Boden unseres Fahrzeugs entgegen. Es war nicht anders zu glauben, als daß, während der Pulverdampf alles erfüllte, im Vorüberfahren am Schiffe jener Kerl mit der Donnerbüchse vom höheren Hinterteile herab gerade in die offene Luke gehalten und den Boden so unglücklich durchschossen haben mußte. Konnte es wohl einen wunderlicheren, aber zugleich auch widerwärtigeren Zufall geben?

Ich trat augenblicklich mit dem Fuße auf das Loch und schrie nach irgend einem Kleidungsstück, um davon einen Pfropfen zu drehen und diesen in oder auf die Öffnung zu stopfen. Meine Leute aber standen alle wie angewurzelt und bedonnert, ohne meine Meinung zu fassen. Endlich riß ich mir selbst das Hemde vom Leibe, wickelte es so fest zusammen, als mir möglich war, und suchte dem Unheil vorläufig damit abzuhelfen. Doch wie ich nun auf das Deck kam, nahm ich wahr, daß das Boot fast bis zum Sinken tief lag und das eingedrungene Wasser es in der kurzen Zeit schier bis oben angefüllt hatte. Noch empfindlicher aber wurde mir dieses Unglück in der Betrachtung, daß ich soeben erst mein Schiff verlassen hatte und nun mein noch vollständiger Vorrat von Handelswaren durchnäßt und nur zu gewiß verdorben war. An die Fortsetzung des Gefechts war unter diesen Umständen nicht mehr zu denken, und alle unsre schon erlangten Vorteile mußten aufgegeben werden.

Ich entfernte mich also mit großem Schaden von dem Kampfplatze. Dreiviertel Meilen weiter von hier nahm ich ein Schiff vor Anker wahr, auf welches ich zusegelte, bis ich neben demselben gleichfalls den Anker fallen ließ, um das eingedrungene Wasser auszupumpen. Der Kapitän jenes Schiffes kam in seiner Schaluppe zu mir an Bord, weil er wahrgenommen, daß ich bei jenem ober Windes liegenden Fahrzeuge geschossen und er zu wissen wünschte, was dies zu bedeuten gehabt? — Mein Bericht setzte ihn sehr in Erstaunen, und er bezeigte mir sein Beileid über meinen erlittenen Unfall und das Verderbnis meiner Ladung; denn ich hatte soeben die unerfreuliche Entdeckung gemacht, daß meine Waren nicht nur sämtlich unter Wasser gelegen, sondern daß auch die Pulverfässer, woraus ein Teil derselben bestand, durch das Schlingern des Bootes ihren Inhalt dem Wasser mitgeteilt und all meine Zeugwaren völlig schwarz gefärbt hatten.

Der Kapitän bemerkte, daß er das englische Fahrzeug bereits seit drei Tagen habe dort liegen sehen. Gegen den Wind habe er zu demselben nicht heransteuern können, und da auch sein Boot gerade auf einer Handelsreise abwesend sei, so habe er bisher einen untätigen Zuschauer abgeben müssen. Er wolle mir aber mein Boot in möglichst kurzer Zeit wieder dicht machen helfen, sich persönlich mit mir vereinigen, noch etwa zehn oder zwanzig Köpfe von seinen Leuten mit zu Hilfe nehmen und das englische Schiff mit mir gemeinschaftlich angreifen und nehmen. Allein ich hatte in dem Augenblick den Kopf zu voll von meinem Unglück, das mir auf dem Halse lag. Ich schlug ihm daher meine Teilnahme an der Fortsetzung dieses Abenteuers ab, und wahrscheinlich wäre es auch ebenso fruchtlos abgelaufen; denn schon am nächstfolgenden Morgen sahen wir das englische Schiff völlig am Strande liegen, wohin es die Schwarzen hatten treiben lassen. Was ferner damit geworden sein mag, ist mir nicht bekannt geworden.

Für mich blieb nun kein anderer Rat, als mich wieder nach unserer „Christina" zu wenden und eine ganz neue Ausrüstung zu verlangen. Indes mag sich der Leser selbst, wenn er kann, eine Vorstellung davon machen, mit welch einem garstigen Willkommen ich dort nach Abstattung meines Berichts von meinem Kapitän empfangen wurde, der das Unglück hatte, fast beständig betrunken zu sein. Er wollte mich totstechen, totschießen oder mir sonst auf eine neue, noch unerhörte Manier den Garaus machen. Da ich nun meinerseits des Glaubens war, daß ich nach Maßgabe der Umstände vollkommen recht und pflichtmäßig gehandelt und den unglücklichen Zufall, der hier den Ausschlag gegeben, nicht verantworten könnte, so mochte ich mich auch nicht entschließen, demütig zu Kreuze zu kriechen; und so gab es nun noch drei Wochen lang zwischen uns nichts als böses Blut und täglichen Verdruß (denn in dem Ärger sprach mein Gegner nur um so fleißiger der Flasche zu und ward dann wie ein tolles, rasendes Tier), bis wir endlich vor St. George de la Mina anlangten, um dort unsern letzten Handel abzuschließen.

Hier klagte ich dem Gouverneur mein ganzes Unglück und die schwebende Mißhelligkeit mit dem Kapitän, die mir alle Ruhe des Lebens verbittere. Er hieß mich gutes Mutes zu sein, indem er sogleich den hohen Rat versammeln wolle, vor dem ich volle Freiheit finden würde, mein Verfahren zu verteidigen. Dies geschah auch wirklich bald nachher in einer Sitzung, zu der außer den ordentlichen Räten noch fünf holländische Schiffskapitäne, die dort eben mit ihren Schiffen auf der Reede lagen, mit hinzugezogen wurden. Ich erklärte vor dieser Versammlung unter dem Vorsitz des Gouverneurs und im Beisein Kapitän Harmels den ganzen Verlauf der Sache mit dem Angriff auf das englische Fahrzeug, daß ich, was ich getan, zugunsten unseres Schiffes und unserer Leute unternommen, welche, wenn die Besitznahme geglückt wäre, nach den Seerechten zwei Drittel der Ladung als Bergelohn zu fordern berechtigt gewesen sein würden. Ob mein Angriff ungeschickt geleitet worden, und ob ich ohne den empfangenen Schuß mein Vorhaben nicht unfehlbar erreicht haben würde, überließ ich dem Gericht zur einsichtsvollen Beurteilung. — Die Folge dieser Verantwortung war, daß ich einstimmig und mit Ehren freigesprochen wurde.

Während unseres fernern Verweilens vor diesem Platze kam eines Tages ein holländisches Schiff auf der Reede vor Anker, das sofort auch die Notflagge wehen ließ und mehrere Notschüsse abfeuerte. Von allen anwesenden Schiffen konnte indes nichts zu dessen Beistande geschehen, da unsere sämtlichen Kapitäne eben mit den Schaluppen an Land gegangen waren und wir Steuerleute kein anderes Boot zu unserer Verfügung hatten. Doch sahen wir bald, daß vom Fort aus ein Kanoe mit vier Negern abstieß, eiligst nach dem notleidenden Schiffe hinruderte und nach Verlauf einer Stunde von dort wieder zurückkehrte.

Zwei Stunden später kam dieses nämliche Kanoe vom Lande aus wieder zum Vorschein und geradeswegs zu mir an Bord. Es brachte mir den schriftlichen Befehl des Gouverneurs, mit diesen Negern zu ihm an Land zu fahren. Ich befolgte diese Weisung, ohne mir's einfallen zu lassen, daß meinem Kapitän hiervon nichts gesagt worden. Indem ich aber in den großen Saal trat, fand ich die nämliche Versammlung, vor welcher ich unlängst zu Gerichte gestanden, und auch den Kapitän Harmel an der Tafel bei einem fröhlichen Mittagsmahl sitzen. Kaum aber faßte mich der letztere ins Auge, so sprang er auf und fragte mich in rauhem Tone, was ich am Lande zu schaffen hätte —

Statt der Antwort überreichte ich ihm das von Seiner Edelheit dem Gouverneur erhaltene Billett und trat währenddessen hinter den Stuhl des letzteren, um zu fragen, was zu seinen Befehlen stehe?

„Da ist", hob dieser an, indem er aufstand und sich zu mir wandte, „soeben der Kapitän Santleven von Vlissingen auf der Reede angelangt und befindet sich in der äußersten Drangsal. Er selbst liegt krank im Bette, seine Steuerleute sind tot, er hat daneben beinahe hundert Sklaven an Bord, und seine Not und Verlegenheit ist dermaßen groß, daß er hat eilen müssen, diese Station zu erreichen, um von den hier liegenden Schiffen einen Steuermann zu erlangen, der die Führung des Schiffes übernehmen möchte. Ich und die übrigen Herren Kapitäne hier wünschen ihm darin, wie billig, zu willfahren und haben Euch, mein lieber Nettelbeck, zu diesem Posten ersehen."

Bevor noch der Gouverneur seinen Antrag geendigt hatte, begann schon mein Kapitän, ihn unterbrechend, dagegen aus allen Kräften zu protestieren, wie sehr auch die übrigen Anwesenden bemüht waren, ihn davon zurückzuhalten. Zuletzt wandte er sich ganz wütend gegen mich und gebot mir: „Nettelbeck, Ihr verfügt Euch stehenden Fußes auf mein Schiff zurück und versehet den Dienst am Bord. Ich will und befehle es!" — Dem mußte allerdings gehorcht werden! Ich wandte mich ruhig um und ging zum Saale hinaus.

Kaum war ich aus der Türe, so hörte ich etwas hinter mir drein schreiten. Es war einer von den tafelnden Kapitänen, der aufgesprungen war, mich hastig an der Hand ergriff und mich fragte: „Ich bitte Euch um alles — Ihr heißt Nettelbeck?" — Ich bejahete; und nun fuhr jener noch angelegentlicher fort: „Und seid Ihr ein Kolberger? Wohnt nicht Euer Vater dort am Markte und habt Ihr nicht eine Schwester, die an einem Fuße hinkt?" — Ich bejahete wiederum, aber mit zunehmender Verwunderung, teils über diese genaue Kenntnis meiner Familie, teils über die Absicht all dieser Fragen. — „Nun denn", setzte er mit gleichem Feuer hinzu, so müßt Ihr ja auch einen Bruder in Königsberg haben, der ein Schiff für eigene Rechnung fährt?" — „Der werde ich wohl selbst gewesen sein", war meine Antwort. — „Wie? Nicht möglich? Ihr selbst? Nun denn um so weniger" ... unterbrach er sich selbst, hielt mich noch fester und zog mich stürmisch wieder in das eben verlassene Zimmer zurück. Ich wußte am allerwenigsten, was dies alles zu bedeuten haben könnte.

Sein Nächstes war nun, daß er sich an den Kapitän Harmel wandte, ihn freundlich umfing und ihm schmeichelnd zuredete: „Nicht wahr, lieber alter Freund, Ihr gebt meinem und unser aller Dringen eine gute Statt und überlaßt diesen wackern Mann an Santleven? Denn ich will's Euch nur sagen: für alles, was Nettelbeck heißt, lasse ich Leib und Leben; und ich will Euch für ihn einen meiner eigenen Steuerleute an Bord schicken und einen befahrenen Matrosen obenein, der es auch alle Tage werden könnte. Topp?" — Auch die andern insgesamt umringten den zornigen Menschen und redeten solange und eifrig auf ihn ein, bis er sich jede Ausflucht abgeschnitten sah und endlich, mir halb über die Achsel zugewandt, entgegen brummte: „So geht denn meinetwegen zum Teufel!" — Das war und blieb mein Abschied!

Dagegen drang nun der Mann, der mir so geflissentlich das Wort geredet hatte, in mich, nun auch sofort mit ihm zu Kapitän Santleven an Bord zu gehen, wohin er mich in seiner Schaluppe bringen wolle. Dies geschah auch, und indem wir nun vom Strande abstießen und in der See waren, konnte ich mich denn länger nicht entbrechen, an meinen freundlichen Begleiter die Bitte zu richten, mir doch zu erklären, woher er eine so genaue Kenntnis meiner Familie habe, und wie er überhaupt dazu komme, einen so warmen und freundschaftlichen Anteil an mir zu nehmen.

„Nun", erwiderte er lächelnd, „das wird Euch weiter nicht wunder nehmen, wenn Ihr hören werdet, was ich Euch zu erzählen habe. Im Jahre 1764 fuhr ich als Steuermann auf einem holländischen Schiffe und hatte in der herbsten Jahreszeit, zwischen Weihnachten und Neujahr, das Mißgeschick, eine Meile von Kolberg zu stranden und kaum das nackte Leben zu bergen. Des nächsten Tages führte Euern Vater der Zufall in das Dorf und die armseligen Bauernhütte, wohin ich und meine übrigen Unglücksgefährten uns kümmerlich geflüchtet hatten. Die hellen Tränen traten ihm bei unserm Anblick ins Auge. Insonderheit richtete er seine Aufmerksamkeit auf mich, fragte mich über meine Umstände aus, erbot sich auf der Stelle edelmütig, mich, wenn ich wolle, mit nach Kolberg zu nehmen und für mein weiteres Unterkommen zu sorgen. Er habe auch zwei Söhne in der See, und Gott wisse, wo und wie auch sie die Hilfe mitleidiger Seelen bedürfen könnten. Vorderhand könne er zwar nur mich allein mitnehmen, allein auch für die Rückbleibenden solle baldigst Rat geschafft werden."

„So kam ich", fuhr er fort, „nach Kolberg in Euer väterliches Haus, wo ich an Eures Vaters, Eurer Mutter und Schwester Seite gegessen und getrunken, all meine Notdurft empfangen und tausendfache Liebe und Güte genossen habe. Eure Schwester versorgte mich mit Wäsche, meine kleinsten Wünsche wurden erfüllt, und so erhielt ich von so liebreichen Händen meine volle Verpflegung bis über Ostern hinaus, wo sich endlich eine Schiffsgelegenheit fand, wieder nach der Heimat zurückzukehren. Aber auch da noch steckte mir Euer Vater einen holländischen Dukaten zum Reisegeld in die Hand, und hinter seinem Rücken tat Eure Mutter mit zwei harten preußischen Talern das nämliche. Oft genug erzählten mir beide von ihrem wackern Sohne in Königsberg; und ich hinwiederum vertraute ihnen, daß ich, obwohl ich es vorgegeben, doch kein Holländer, sondern ein preußisches Landeskind und aus Neuwarp in Vorpommern gebürtig sei, Karl Friedrich Mick heiße und mich aus Furcht vor dem Soldatenstande außer Landes gewandt habe. Seit jenen Zeiten habe ich nun stets darauf gesonnen, wie ich es möglich machen wollte, so viel Liebe und Güte nach Würden zu vergelten, und hätte wohl nicht gedacht, daß sich mir dazu hier an der Küste von Afrika eine so erwünschte Gelegenheit auftun sollte. Wiewohl ich noch immer nicht begreife, was für ein widriges Schicksal Euch hierher führt und Eure blühenden Umstände so ganz verändert hat?"

Die Antwort auf die teilnehmende Frage mußte ich dem guten Manne für diesmal noch schuldig bleiben, da wir soeben am Bord des Kapitäns Santleven anlangten. Diesen fanden wir beim Eintritt in die Kajüte bettlägerig und in elender Verfassung. Mein Begleiter stellte mich ihm mit einer nachdrücklichen Empfehlung und Verbürgung als denjenigen vor, der ihm in Führung seines Schiffs und seiner Geschäfte beirätig sein solle, und auf den er sich in allen Fällen verlassen könne. Der gute Mann streckte seine Arme nach mir aus, empfing mich inbrünstig und hieß mich von ganzem Herzen willkommen. Demnächst übergab er mir das völlige Kommando am Borde, ließ mich durch den Kapitän Mick dem Schiffsvolke vorstellen, gab mir die nötige Einsicht in seine Papiere und Geschäfte und war so nach Möglichkeit behilflich, daß hier alles wieder mit einem neuen Geist und Leben beseelt wurde. Mir selbst war nicht minder zu Mute, als sei ich aus der Hölle in den Himmel übergegangen.

Nach gepflogener Beratschlagung mit meinem Kapitän wandten wir das Schiff gegen die westlicher gelegenen Punkte, um unsre Ladung durch fortgesetzten Handel zu vervollständigen. Das beschäftigte uns bis in den September hinein, während welcher Zeit der gute Mann zu meiner nicht geringen Freude sich merklich erholte und endlich auch wieder auf dem Verdeck erscheinen konnte.

Zu Anfang Oktober endlich verließen wir die afrikanische Küste, um unserer Bestimmung zufolge den Markt von Surinam zu besuchen. Unsre Ladung bestand aus vierhundertfünfundzwanzig Negern, worunter sich zweihundert sechsunddreißig Männer und hundertneunundachtzig Frauen, Mädchen und Jungen befanden. Es begreift sich also auch wohl, daß es dazu auf dem Schiffe einer ganz besondern Wirtschaft bedurfte, und darüber will ich hier noch einige Worte verlieren.

Über die Art, die Unglücklichen paarweise zusammenzufesseln, und das zwiefache Behältnis vorn im Schiffe, wo sie, jedoch beide Geschlechter durch ein starkes Gitterwerk voneinander geschieden, den Tag zubringen, ist schon oben das Nötige beigebracht worden. Vor jener Plankenwand stehen zwei Kanonen, deren Mündung gegen das Behältnis der Männer gerichtet ist, und gleich anfänglich werden dieselben in ihrem Beisein mit Kugeln und Kartätschen geladen, nachdem man ihnen die mörderische Wirkung derselben durch Abfeuern gegen einige nahe und entfernte Gegenstände begreiflich gemacht hat und sie bedroht worden sind, daß ihrer bei der mindesten unruhigen Bewegung das nämliche Schicksal warte. Heimlich aber werden nachher die Kugeln und Kartätschen wieder herausgezogen und statt deren die Stücke mit Grütze geladen, damit es auch im Fall eines Aufruhrs doch nicht gleich das Leben gelte. Denn — die Kerle haben ja Geld gekostet!

Die Weiber und die Unmündigen, deren Schwäche sie weniger furchtbar macht, haben bei Tage ihren Aufenthalt hinter der Wand auf dem halben Deck und können ihre männlichen Unglücksgenossen zwar nicht sehen, aber doch hören. Allen ohne Ausnahme wird des Morgens, etwa um zehn Uhr, das Essen gereicht, indem je zehn einen hölzernen Eimer, der ebensoviel Quart fassen mag, voll Gerstengraupen empfangen. Die Stelle, wohin jede solche Tischgesellschaft sich setzen muß, ist durch einen eingeschlagenen eisernen Nagel mit breitem Kopfe genau bezeichnet, und alles sitzt rings umher, um das Gefäß mit Grütze, welche mit Salz, Pfeffer und etwas Palmöl durchgerührt ist; aber keiner langt um einen Augenblick früher zu, als bis dazu durch einen lauten Schlag auf ein Brett das Zeichen gegeben worden. Bei jedem Schlage wird gerufen: „Schuckla! Schuckla! Schuckla!“ Den dritten Ruf erwidern sie alle durch ein gellendes „Hurra“! — und nun holt der erste sich seine

Handvoll aus dem Eimer, dem der zweite, dritte usf. in gemessener Ordnung folgen.

Anfangs geht dabei alles still und friedlich zu. Neigt sich aber der Vorrat im Gefäße allmählich zu Ende, und müssen die letzten besorgen, daß die Reihe nicht wieder an sie kommen dürfte, so entsteht Hader und Zwiespalt. Jeder sucht dem Nachbar die Kost aus den Händen und beinahe aus dem Munde zu reißen. Da nun diese Szene jedesmal und bei jedem Gefäße schier in dem nämlichen Moment zutrifft, so kann man sich den Lärm und Spektakel denken, der dann auf dem Schiffe herrscht, und wobei die Peitsche den letzten und wirksamsten Friedensstifter abgeben muß. Diese wiederhergestellte Ruhe wird dazu angewandt, ihnen den ledigen Eimer mit Seewasser zu füllen, damit sie sich Mund, Brust und Hände abwaschen. Zum Abtrocknen gibt man ihnen ein Ende aufgetrieseltes Tau (Schwabber genannt), worauf sie paarweise zu der Süßwassertonne ziehen, da ein Matrose jedem ein Gemäß, etwa ein halb Quart enthaltend, reicht, um ihren Durst zu stillen.

Nach so geendigter Mahlzeit, und nachdem das Verdeck mit Seewasser angefeuchtet worden, läßt man das ganze Völkchen reihenweise und dicht nebeneinander sich niederkauern, und jeder bekommt einen holländischen Ziegelstein (Mopstein) in die Hand, womit sie das Verdeck nach dem Takte und von vorn nach hinten zu scheuern angewiesen werden. Sie müssen sich dabei alle zugleich wenden, und indem sie bald vor- bald rückwärts arbeiten, wird ihnen unaufhörlich neues Seewasser über die Köpfe und auf das Verdeck gegossen. Diese etwas anstrengende Übung währt gegen zwei Stunden und hat bloß den Zweck, sie zu beschäftigen, ihnen Bewegung zu verschaffen und sie desto gesunder zu erhalten.

Hiernächst müssen sie sich in dichte Haufen zusammenstellen, wo denn noch dichtere Wassergüsse auf sie herabströmen, um sie zu erfrischen und abzukühlen. Dies ist ihnen eine wahre Lust; sie jauchzen dabei vor Freude, und in der brennendschwülen Sonnenhitze, der sie ohne alle

Bedeckung den ganzen Tag ausgesetzt sind, muß es ihnen auch wirklich als eine wahre Erquickung gelten. Noch wohltätiger aber ist für sie die nun nächstfolgende Operation, indem ihnen einige Eimer, halb mit frischem Wasser angefüllt und mit etwas Zitronensaft, Branntwein und Palmöl durchgerührt, aufs Verdeck gesetzt werden, damit sie sich mit dieser Mischung den ganzen Leib waschen und einreiben.

Für die männlichen Sklaven sind ein paar besonders lustige und pfiffige Matrosen ausgewählt, welche die Bestimmung haben, für ihren muntern Zeitvertreib zu sorgen und sie durch allerlei Spiele zu unterhalten. Zu dem Ende werden auch Tabaksblätter unter sie ausgeteilt, welche, nachdem sie in lauter kleine Fetzen zerrissen worden, als Spielmarken dienen und ihre Gewinnsucht mächtig reizen. Zu gleichem Behuf erhalten die Weiber allerlei Arten Korallen, Nadeln, Zwirnfäden, Endchen Band und bunte Läppchen; alles wird aufgeboten, um sie zu zerstreuen und keine schwermütigen Gedanken in ihnen aufkommen zu lassen.

Spiel, Possen und Gelärm währen fort bis um drei Uhr nachmittags, wo wiederum Anstalten zu einer zweiten Mahlzeit gemacht werden, nur daß jetzt statt der Gerstengraupen große Saubohnen gekocht, zu einem dicken Brei gedrückt und mit Salz, Pfeffer und Palmöl gewürzt sind. Die Art der Abspeisung, des Waschens, Trocknens, Trinkens und Abräumens bleibt dabei die nämliche; nur wird mit allem noch mehr geeilt, weil unmittelbar darauf die Trommel zum lustigen Tanze gerührt wird. Alles ist dann wie elektrisiert, das Entzücken spricht aus jedem Blicke, der ganze Körper gerät in Bewegung und Verzückung, Sprünge und Posituren kommen zum Vorschein, daß man ein losgelassenes Tollhaus vor sich zu sehen glaubt. Die Weiber und Mädchen sind indes doch die Versessensten auf dieses Vergnügen, und um die Lust noch zu mehren, springen selbst der Kapitän, die Steuerleute und die Matrosen mit den Leidlichsten von ihnen zuzeiten herum: — sollte es auch nur der Eigennutz gebieten, damit die schwarze Ware desto frischer und munterer an ihrem Bestimmungsorte anlange.

Gegen fünf Uhr geht endlich der Ball aus, und wer sich dabei am meisten angestrengt hat, empfängt wohl noch einen Trunk Wasser zu seiner Labung. Wenn dann die Sonne sich zum Untergang neigt, heißt es: „Macht euch fertig zum Schlafen unter Deck!“ Dann sondert sich alles nach Geschlecht und Alter in die ihnen unter dem Verdeck angewiesenen, aber gänzlich getrennten Räume. Voran gehen zwei Matrosen und hinterdrein ein Steuermann, um acht zu haben, daß die nötige Ordnung genau beobachtet werde, denn der Raum ist dermaßen enge zugemessen, daß sie schier wie die Heringe zusammengeschichtet liegen. Die Hitze in demselben würde auch bald bis zum Ersticken steigen, wenn nicht die Luken mit Gitterwerk versehen wären, um frische Luft zur Abkühlung zuzulassen.

Zu einer Öffnung in diesem Gitter führt eine Leiter hinauf, die nur gerade weit genug ist, um zwei Menschen durchzulassen, und vor welcher die ganze Nacht hindurch ein Matrose mit blankem Hauer die Wache hält, der immer nur paarweise aus- und einläßt, was durch irgend ein Bedürfnis hervorgetrieben wird. Da indes die Rückkehrenden selten ihre Schlafstelle so geräumig wiederfinden, als sie dieselbe verlassen haben, so nehmen Lärm und Gezänke die ganze Nacht kein Ende, und noch unruhiger geht es begreiflicherweise bei den Weibern und Kleinen zu. Gewöhnlich muß daher zuletzt auch die Peitsche den Frieden vermitteln.

Sechs bis acht junge Negerinnen von hübscher Figur werden gewöhnlich zur Aufwartung in der Kajüte ausgewählt und erhalten auch ihre Schlafstelle in der Nähe derselben sowie ihre Beköstigung von den übrigbleibenden Speisen an des Kapitäns Tische, die zu dem Ende sämtlich durch einander gerührt werden. Begünstigt vor ihren Schwestern, sammeln sie allerlei kleine Geschenke an Kattunschürzchen, Bändern, Korallen und kleinem Kram ein, womit sie sich wie die Affen ausputzen, und der

Matrosenwitz gibt ihnen auch den Ehrennamen von „Hofdamen“, sowie den einzelnen diese oder jene spaßhafte Benennung. Bei Tage aber mischen sie sich gerne unter ihre Gefährtinnen auf dem Deck, wo es ergötzlich anzusehen ist, wie jede sofort einen bewundernden Kreis um sich her versammelt, in dessen Mitte sie stolziert und sich den Hof machen läßt.

Bekanntlich kommen all diese unglücklichen Geschöpfe beiderlei Geschlechts ganz splitternackt an Bord, und wenn sie gleich selbst wenig darnach fragen, so hat doch der Anstand (wie sehr er auch sonst auf diesen Sklavenschiffen verletzt werden mag) ihre notdürftige Bedeckung geboten. Die Weiber und Mädchen empfangen daher einen baumwollenen Schurz um den Leib, der bis an die Kniee reicht, und die Männer einen leinwandenen Gurt, der eine Elle in der Länge und acht Zoll in der Breite hält, und den sie, nachdem er zwischen den Beinen durchgezogen worden, hinten und vorne an einer Schnur um den Leib befestigen.

Wenn sie nun gleich auf diese Weise im eigentlichsten Verstande nichts mit sich auf das Schiff bringen, so vergehen doch kaum einige Wochen oder Monate, und sie haben allesamt, besonders die weiblichen Personen, ein Paket von nicht geringem Umfange als Eigentum erworben, womit sie sich überall unterm Arme umherschleppen. Wie man sich indes leicht denken kann, besteht dieser ganze Reichtum in nichts als allerlei Lappalien, die sie zufällig auf dem Verdecke gefunden und aufgehoben haben, abgebrochenen Pfeifenstengeln, beschriebenen und bedruckten Papierschnitzeln, bunten Zeugflicken, Stückchen Besenreis und dergleichen Schnurrpfeifereien. Hierzu erbitten sie sich nun von den Schiffsleuten den Zipfel eines Hemdes oder sonst eines abgetragenen Kleidungsstücks, um ihren Schatz dahinein zu bündeln.

Aber nur zu oft begnügt sich ihre Begehrlichkeit nicht an dem, was ihnen das Glück auf diesem Wege zuwirft, sondern sie bestehlen sich untereinander, und da entsteht denn Klage über Klage, als wären ihnen alle Kleinodien der Welt abhanden gekommen. Der wachhabende Steuermann verwaltet sodann das gestrenge Richteramt, veranstaltet Untersuchungen, wobei jeder sein Bündel vorweisen und auskramen muß, und wobei es ihm oft schwer genug wird, sich des Lachens zu enthalten, und verfügt endlich über den ertappten Dieb einige gelinde Peitschenhiebe. So geht es heute, so morgen und so alle übrigen Tage während der Dauer der Reise nicht anders, als ob man mit lauter Affen und Narren zu tun hätte.

Über unsere diesmalige Fahrt quer durch den Atlantischen Ozean weiß ich nur wenig zu sagen, wenn ich nicht die nämlichen Erscheinungen wiederholen soll, deren hundert Reisebeschreiber vor mir bereits zur Genüge erwähnt haben. Dahin gehört das Leuchten des Meerwassers in manchen dunkeln Nächten, das Emporflattern ganzer Rudel von fliegenden Fischen, wie wir's bei uns zu Lande an den Sperlingen zu sehen gewohnt sind, und manches mehr, das ich mit Stillschweigen übergehe. Dagegen bemerke ich, was meines Wissens andere noch nicht angezeigt haben, daß, wenn man sich von der Küste von Guinea etwa zehn oder mehr Meilen entfernt hat, sich das Seewasser plötzlich verändert. Es wird klarer, blauer und durchsichtiger. Gibt es nun zugleich eine vollkommene Meeresstille, wie sie in diesem Striche nicht ungewöhnlich ist, und ebnet sich dann die Flut zu einer Spiegelfläche, so gibt es einen unbeschreiblich wunderbaren Anblick, in das kristallhelle Gewässer, wie in einen dichteren Himmel unter sich, zu schauen und es von unzähligen Fischen und Seegeschöpfen in tausend verschiedenen Richtungen wimmeln zu sehen. Man fängt ihrer auch von allen Arten, soviel man will, doch haben sie, den fliegenden Fisch ausgenommen, alle ein hartes, unschmackhaftes Fleisch und werden für wenig gesund gehalten.

Ohne widrigen Zufall langten wir gegen die Mitte des Dezembers in dem Flusse Surinam an, wo wir jedoch in einer Entfernung von vier bis fünf Meilen von Paramaribo ankerten, um die Gesundheitskommission von dorther zu erwarten, weil diese zuvor untersucht haben muß, ob nicht etwa ansteckende Krankheiten am Borde des neu angekommenen Schiffes herrschen, bevor demselben die Erlaubnis zum Einlaufen gestattet werden kann. Dies war gleichwohl unser Fall, da wir (was verhältnismäßig sehr wenig sagen will) in den vier Monaten, die ich mich nunmehr auf diesem Schiffe befand, nicht mehr als vier von unsern Matrosen und sechs Sklaven verloren hatten. Als daher jene Herren uns am nächsten Tage besuchten, fanden sie kein Bedenken, uns in die Kolonie zuzulassen.

Ich an meinem Teile hatte indes noch einen besondern Grund mehr, ihrer Erscheinung mit einigem Verlangen entgegenzusehen, und um dies gehörig zu erklären, sehe ich mich genötigt, hier etwas aus meiner frühern Lebensgeschichte nachzuholen.

Im Jahre 1764, als ich noch in Königsberg wohnte und mich im bessern Wohlstande befand, geschah es, daß ich eines Tages einen Faden Brennholz vor meiner Türe spalten ließ. Der ältliche Mann, der zu diesem Geschäft herbeigeholt worden, schien es weder mit sonderlicher Lust, noch mit großer Geschicklichkeit zu verrichten. Ich ließ mich mit ihm (wie ich wohl pflege) in ein Gespräch ein und gab ihm wohlmeinend zu verstehen, daß es mir schiene, als würde er mit dieser Hantierung in der Welt nicht viel vor sich bringen. Ob er sich auf nichts anderes und besseres verstände? — Seine Antwort war: er habe es in der Welt mit viel und mancherlei versucht, ohne dabei auf einen grünen Zweig zu kommen. Aber was einmal zum Heller ausgeprägt sei, werde nimmermehr zum Taler. — „Nun, nun!" versetzte ich scherzend, „das hindert gleichwohl nicht, daß Ihr nicht noch einmal ein großer Herr würdet und in der Kutsche führet! Aber an Eurer Mundart vernehm' ich, daß Ihr nicht von Kind auf Königbergisch Brot gegessen habt. Vielleicht sind wir gar Landsleute?" — „Könnte wohl sein; irgend ein Unglückswind hat mich einmal hierher nach Preußen verschlagen. Eigentlich bin ich ein pommersch Kind und aus Belgard." — „Ei, aus Belgard, und Euer Name?" — „Kniffel". — „Kniffel? Kniffel?" wiederholte ich nachsinnend, indem mir etwas aufs Herz schoß. — „Und habt Ihr noch Brüder am Leben?" — „Ein paar wenigstens, die aber schon vor vielen Jahren gleich mir in die weite Welt gingen ihr Glück zu suchen und von denen ich weiter nicht weiß, wohin sie gestoben oder geflogen sind."

Jetzt ließ ich mir noch die Vornamen der Verschollenen nennen, und nun war ich meiner Sache gewiß! Es waren die nämlichen Gebrüder Kniffel, die ich vormals in Surinam kennen gelernt und die sich dort zu so bedeutendem Wohlstande emporgearbeitet hatten, während dieser dritte Bruder so gut wie ein Bettler geblieben. Ohne ihm darüber einen Floh ins Ohr zu setzen, ging mir doch das Ding je länger je mehr im Kopfe herum. Ich erfuhr auf weiteres Befragen, daß er verheiratet sei und eine einzige Tochter, ein Mädchen von sechzehn oder siebzehn Jahren, habe. Bald auch stellte ich bei andern Leuten Erkundigung nach dieser Familie an, die den Vater als einen halben Narren bezeichneten, von der Mutter auch eben nicht sonderlich viel Gutes zu rühmen wußten, aber der Tochter das Zeugnis eines gutartigen lieben Geschöpfes, doch ohne Bildung und feinere Sitten beilegten.

Nun wußte ich, daß die reichen Brüder in Surinam ohne Kinder waren, und ich kannte sie als rechtliche Leute, daß ich ihnen mit Gewißheit zutrauen durfte, sie würden gerne bereit sein, etwas für ihre armen Verwandten zu tun, sobald sie mit der bedrängten Lage derselben bekannt wären. Kurz, es ließ mir keinen Frieden, bis ich wieder der gutherzige Tor geworden, der es nicht lassen konnte, sich in andrer Leute Händel zu mischen, sobald er glaubte, daß es zu irgend etwas Gutem führen könne. Ich setzte mich also hin, schrieb an jene Herren in Surinam, wie ich zufälligerweise mit ihrem Bruder bekannt geworden, und überließ es ihrem Ermessen, ob sie die dürftige Lage der Familie nicht in etwas erleichtern wollten?

Der Brief ging über Holland an seine Bestimmung ab. Da es jedoch leicht Jahr und Tag dauern konnte, bevor eine Antwort darauf zu erwarten war, so nahm ich mich denn derweile der Leutchen an, so gut ich vermochte, um sie vor drückendem Mangel zu schützen. Das Mädchen ließ ich etwas besser kleiden und den früher versäumten Unterricht nach Möglichkeit wieder einbringen, wobei es denn auch nicht an guten Ermahnungen zu einem ehrbaren, christlichen Wandel mangelte, die nicht ohne Eindruck blieben. So ging das fort, bis endlich Briefe an mich einliefen, in denen meine alten Gönner und Freunde mir herzlich dankten, daß ich ihnen behilflich gewesen, einen lang gehegten Wunsch zu befriedigen und ihnen ihren vorlängst tot geglaubten Bruder wieder zuzuweisen. Sie hatten die Veranstaltung getroffen, demselben durch ein namhaftes Königsberger Handelshaus eine jährliche Leibrente auszahlen zu lassen, von der sie glaubten, daß er seine übrigen Lebenstage damit bequem und gemächlich würde ausreichen können.

Sie baten mich auch, ihnen noch näher die Hände zu bieten. Mir sei bewußt, daß sie unbeerbt lebten, und doch möchten sie gern die Freude genießen, einen Blutsverwandten um sich zu sehen und einst ihr Vermögen in dessen Hände zu übergeben. Ich möge also dahin sehen, ob es tunlich sei, die Tochter ihres Bruders mit Einwilligung der Eltern dahin zu vermögen, die Reise zu ihnen nach Surinam zu unternehmen. Es sei ihre Absicht, sie an Kindes Statt anzunehmen, und sie würden sie mit offenen Armen und Herzen aufnehmen. Sei sie dazu nicht abgeneigt, so würde ich dahin zu sorgen haben, sie auf eine sichere und bequeme Weise nach Amsterdam an das Haus ihres dortigen Korrespondenten zu adressieren, von wo ihre weitere Reise über Meer in gleicher Art veranstaltet werden sollte. Daß diese Aufträge zugleich mit reichlichem Ersatz für meine aufgewandte Mühe und Auslagen verbunden waren, bedarf kaum noch einiger Erwähnung. Die Gebrüder hatten sich auch hierin nach ihrer gewohnten Weise ebenso großmütig als rechtlich erwiesen.

Man kann sich leicht denken, mit welcher freudigen Überraschung die Eltern die Botschaft von dem hellen Glücksstern empfingen, der ihnen so unverhofft jenseits des Meeres aufgegangen; aber man wird auch begreifen, daß die Wohlhabenheit, in welche sie sich so auf einmal versetzt sahen, ihnen mehr oder weniger die Köpfe verrückte. Leicht auch entschlossen sie sich, in die Trennung von ihrem Kinde zu willigen, sowie dieses selbst an Sinn und Neigung noch zu sehr ein Kind war, um nicht mit leichtem Mute in den Aufruf so gütiger Verwandten einzustimmen, die es zu sich entboten. Indes war doch auch in der Zwischenzeit in des Mädchens äußerm Wesen eine ihr sehr vorteilhafte Änderung vorgegangen, und es schien mir keinem Zweifel unterworfen, daß sie sich in der Zuneigung ihrer Oheime behaupten würde. Es fand sich Gelegenheit, sie der Obhut eines meiner Freunde, der ein Schiff nach Amsterdam führte, anzuvertrauen. Ich wußte, daß sie dort glücklich angekommen war und ebenso wohlbehalten die Überfahrt nach Surinam gemacht hatte. Von dort hatte ich die schriftlichen Danksagungen meiner innigst erfreuten Freunde empfangen; aber späterhin war unser brieflicher Verkehr unterbrochen worden, so daß ich seit mehreren Jahren nicht wußte, wie es um sie und ihr angenommenes Kind stehen möchte. Beides hoffte ich nunmehr von den an Bord erschienenen Gesundheitskommissarien zu vernehmen.

Leider erfuhr ich auf diesem Wege, daß die Gebrüder Kniffel beiderseits schon vor einigen Jahren mit Tode abgegangen. — „Aber was ist mit einem Frauenzimmer — einer Anverwandtin aus Deutschland geworden, die vor nicht gar zu langer Zeit in die Kolonie gekommen und als die mutmaßliche Erbin ihrer Oheime angesehen wurde?“ — „Ei, das ist sie auch wirklich geworden“, fiel die Antwort, „und nicht nur im vollen Besitz des ganzen ungeheuern Kniffelschen Vermögens, sondern auch gegenwärtig die Gemahlin des Bankdirektors Mynheer van Roose und zu Paramaribo wohnhaft.“ — Schmerz und Freude wechselten bei diesen Nachrichten in meinem Gemüte; doch war ich voller Begierde, mich der Frau van Roose auf eine gute Art vorzustellen.

Dazu fand sich Gelegenheit gleich am nächsten Tage, als wir uns im Angesichte der Stadt vor Anker gelegt hatten, indem ich meinen Negerjungen von einer Anzahl mitgebrachter blauer Papageien, wie sie hier unter die Seltenheiten gehören, den schönsten auf die Hand und einen Affen auf den Kopf nehmen, dann aber vor mir hin nach dem mir noch von alters her gar wohl bekannten Kniffelschen Hause traben ließ, wo auch gegenwärtig die reiche Erbin noch wohnen sollte. Jetzt wimmelte es in demselben von schwarzen Sklavinnen zur herrschaftlichen Aufwartung. Durch eine derselben ließ ich der Frau van Roose mein Verlangen melden, ihr aufwarten zu dürfen.

Alsbald trat sie aus ihrem Zimmer hervor, und mein erster Blick auf ihre Gestalt ließ mich sie ungezweifelt wiedererkennen, obwohl sie seither groß und stattlich ausgewachsen war. Ich darf indes wohl gestehen, daß mir, als sie so leibhaftig vor mir stand, doch etwas wunderlich ums Herz war, und daß mir's einigermaßen den Atem versetzte, als ich die Frage an sie richtete, ob es ihr nicht beliebe, etwas von meinen afrikanischen Raritäten zu kaufen? — Anstatt mir darauf zu antworten, faßte sie mich nicht weniger scharf ins Auge, als das meinige auf ihr haftete. „Mein Gott!" rief sie endlich, „Gesicht und Stimme kommen mir so bekannt vor... Es ist unmöglich, daß ich Sie nicht schon irgend einst gesehen haben sollte."

„Ei freilich wohl!" gab ich zur Antwort. — „Den alten Nettelbeck aus Königsberg werden Sie so ganz und gar nicht vergessen haben."

Nun entfuhr ihr ein lauter Freudenschrei; sie fiel mir mit beiden Armen um den Hals, die hellen Tränen stürzten ihr aus den Augen (und mir war's auch nicht weit davon), bis ihr endlich im Übermaß der Rührung in meinen Armen beinahe die Sinne schwanden. Darüber erhob sich ein Geschrei und Lärmen unter ihrer schwarzen Dienerschaft, das weit umher erscholl und endlich auch den erschrocknen Hausherrn herbeiführte. Dieser stutzte nicht wenig, seine Gattin in halber Ohnmacht am Halse und in den Armen eines unscheinbaren Fremden zu erblicken. Er sprang herzu, fragte, was es gebe, und fand sie ebensowenig imstande, ihm eine Antwort zu stammeln, als ich selbst mich vor inniger Rührung vermögend fühlte, ihn zu befriedigen. Endlich erholte sie sich in dem Maße, ihm zuzurufen: „Mein Kind, dies ist der Mann, von dem ich dir so oft erzählt habe — der erste Urheber meines Glücks — der ehrliche Nettelbeck, der sich in Königsberg meiner annahm. O Gott!"

Mehr konnte sie nicht sagen, weil eine neue Schwäche sie anwandelte. Der Gatte und ich nahmen sie unter beide Arme und führten sie in das anstoßende Zimmer zu einem Kanapee, wo denn der Aufruhr in ihrer Seele sich allmählich wieder beruhigte. Nun jagten sich tausend verwirrte Fragen — wie es mir gehe, was ich treibe, wie ich hierher nach Surinam komme? — und nicht eher war sie befriedigt, als bis ich ihr in der Kürze meine neuesten Lebensschicksale erzählt hatte. Ebenso unersättlich war sie in Erkundigungen nach dem Ergehen ihrer Eltern, von denen sie seit zwei Jahren keine Kunde erhalten habe. Ich war zwar selbst bereits seit vier Jahren von Königsberg abwesend und konnte sie hierüber nur wenig befriedigen, doch sagte ich, was ich wußte.

Jetzt dünkte mir's Zeit, wieder aufzubrechen, aber ich ward mit liebreichem Ungestüm zurückgehalten. Vergebens suchte ich mich mit meinen Verhältnissen als Obersteuermann zu entschuldigen, die keine gar zu lange Entfernung vom Schiffe zuließen. Doch auch dem wußten sie zu begegnen, indem sie nach meinem Kapitän aussandten und ihn gleichfalls freundlich zur Tafel einluden. Dieser schlug es nicht aus zu erscheinen, und seine Gegenwart diente nur dazu, unser geselliges Vergnügen noch zu erhöhen.

Unter dem lebhaftesten Hin- und Herfragen bemerkte endlich Frau van Roose, daß auf den Sklavenschiffen oftmals einige Verlegenheit um die Herbeischaffung frischer Mundvorräte zu entstehen pflege. Diese für uns zu beseitigen, würde sie Befehl stellen, daß von allen ihren drei

Plantagen täglich soviel Lebensmittel an Bord geschafft werden sollten, als wir irgend bedürfen möchten. Den Wert dafür könne der Kapitän mir nach einem billigen Maßstabe zu gut schreiben. Da dies nun auch während der vierzehntägigen Dauer unsers hiesigen Aufenthalts zur wirklichen Ausführung kam, so erwuchs mir dadurch ein kleiner Vorteil von hundertvierzig Gulden; doch noch mehr verpflichtet fühlte ich mich durch die liebevolle und freundliche Aufnahme, deren ich mich binnen dieser Zeit in dem Roosenschen Hause schier täglich zu erfreuen hatte.

Unser Hauptgeschäft bestand hier im Verkauf unserer schwarzen Ware, worüber ich mich hier doch auch mit einigen Worten zu erklären habe. Gewöhnlich erläßt der Schiffskapitän bei seiner Ankunft in der Kolonie ein Rundschreiben an die Plantagenbesitzer und Aufseher, in dem er ihnen seine mitgebrachten Artikel anempfiehlt und die Käufer zu sich an Bord einladet. Bevor jedoch diese anlangen, wird eine Auswahl von zehn bis zwanzig Köpfen als den erlesensten unter dem ganzen vorhandenen Sklavenhaufen veranstaltet; man zeichnet sie mit einem Bande um den Hals, und so oft ein Besuch sich naht, müssen sie unter das Verdeck kriechen, um unsichtbar zu bleiben. Denn die Politik des Verkäufers erfordert, daß nicht gleich vom Anfang herein das beste Kaufgut herausgesucht werde und dann der Rest, als sei er bloßer Ausschuß, in bösen Verruf komme.

Haben sich nun kauflustige Gäste auf dem Schiffe eingefunden, so werden die männlichen wie die weiblichen Sklaven angewiesen, sich in zwei abgesonderten Haufen in die Runde zu stellen. Jeder sucht sich darunter aus, was ihm gefällt, und führt es überseite; und dann erst wird darüber gehandelt, wie hoch der Kopf durch die Bank gelten soll. Gewöhnlich kommt dieser Preis für die Männer auf vierhundert bis vierhundertfünfzig Gulden zu stehen. Auch junge Bursche von acht oder zehn Jahren und drüber erreichen diesen Preis so ziemlich; ein Weibsbild wird, je nachdem ihr Ansehen besser oder geringer ausfällt, für zweihundert bis dreihundert Gulden losgeschlagen; hat sie aber noch auf Jugend, Fülle und Schönheit Anspruch zu machen, so steigt sie im Werte bis auf achthundert oder tausend Gulden und wird oft noch ausschweifender bezahlt.

Ist nun der Handel abgeschlossen, so wird der Preis entweder zur Stelle bar berichtigt, meist aber durch Wechsel ausgeglichen, oder es findet auch ein Austausch gegen Kolonieerzeugnisse an Zucker, Kaffee usw. statt, und wenn die Käufer ihre erhandelten Sklaven nicht gleich mit sich hinwegführen, so bedingen sie auch wohl ein, daß der Kapitän sie im Boot oder in der Schaluppe an die bezeichnete Plantage abliefern läßt.

Zuletzt bleibt denn nun, nachdem allmählich auch die erlesenere Ware zum Vorschein gekommen ist, wirklich nur der schlechtere Bodensatz zurück; und um sich dessen zu entäußern, muß nun zu einer neuen Maßregel geschritten werden: das ist der Weg des öffentlichen Ausgebots an den Meistbietenden. Zu dem Ende werden diese Neger an dem dazu bestimmten Tage an Land und auf einen eigenen Platz gebracht, wo ein Arzt jeden Sklaven einzeln über seine Tauglichkeit untersucht. Dieser muß sodann auf einen Tisch treten, der Arzt legt Zeugnis ab, daß er fehlerfrei sei, oder daß sich dieser oder jener Mangel an ihm finde. Nun geschehen die Gebote der Kauflustigen, und so wird nach erfolgtem Zuschlage bis zu dem letzten aufgeräumt.

Am 1. Januar 1773 stachen wir wieder in See und warfen um die Mitte April nach einer glücklichen Überfahrt vor Vlissingen, wohin unser Schiff gehörte, den Anker. Die Reeder bewilligten mir, außer dem mir gebührenden Gehalt, noch ein besonderes Geschenk von hundert Gulden und würden mich auch gerne in ihrem Dienste behalten haben, wenn ich nicht geglaubt hätte, einer anderweitig eröffneten Aussicht folgen zu müssen.

Es war nämlich gerade um diese Zeit, daß eine englische Transportflotte mit tausendfünfhundert Seesoldaten nach der Küste von Guinea abgehen sollte, um die Besatzungen in den dortigen englischen Forts abzulösen. Zugleich aber suchte man auch für diese Expedition Seeleute, besonders

Steuermänner, welcher jener Weltgegend kundig wären. Als mir ein solcher Antrag geschah, bedurfte es bei mir keines langen Zuredens, um mich zu einer solchen Fahrt zu entschließen. Ich kam nach Portsmouth, wo jenes Geschwader ausgerüstet wurde, und man setzte mich als Schiffsleutnant auf den „Jupiter", ein Seeschiff von vierundsechzig Kanonen und geführt von Kapitän Cappe, das diesem Geschwader zur Bedeckung dienen sollte. Es schien mir schon der Mühe wert, auch einmal den englischen Seedienst zu versuchen.

Schon Mitte März 1774 segelte die Flotte, außer uns in sechs Transportschiffen bestehend, von Portsmouth aus, langte in den ersten Tagen des Maimonats auf der Küste von Guinea an, schiffte nach und nach ihre eingenommenen Truppen in den englischen festen Plätzen aus, nahm die Reste der alten Garnisonen wieder an Bord und stach zuletzt etwa in der Mitte des Juni von Kap Coast quer über den Ozean nach Jamaika hinüber. Hier langten wir nach sechs oder sieben Wochen glücklich an, verweilten auf dieser Station noch einen Monat, ließen gleichwohl unsre bisherige Begleitung, die ihre Frachten so schnell nicht einnehmen konnte, dort hinter uns zurück und erreichten im November England wieder, ohne daß uns überall irgend ein denkwürdiges Ereignis aufgestoßen wäre.

Meine Lust, mich im englischen Dienst umzusehen, hatte ich mit dieser Reise vollständig und für immer gebüßt. Diese Verhältnisse und Lebensweise waren nicht für meinen nüchternen deutschen Sinn gemacht. Schwerlich auch kann man sich eine Vorstellung davon machen, wie rauh und ungefügig es auf den Schiffen dieser Nation hergeht. Da ist keine Ehre und kein Respekt; man hört nichts anders als „Goddam!" und brutale Reden ohne Zahl. Alles, vom geringsten Matrosen an, ist gegen die Offiziere im Widerspruch, wiewohl ich nicht zweifle, daß sie dennoch, wenn es irgend zum Schlagen kommt, untereinander einig und brav sind. Von der nötigen Ordnung habe ich auf diesen Schiffen nur wenig verspürt. Selbst Essen und Trinken hat keine bestimmte Zeit. Nicht selten hängt ein gekochtes Stück Fleisch von zehn bis zwanzig Pfund am Mast, wovon sich ein jeder abschneidet, wann und wieviel er will. Zu beiden Seiten daneben steht das Brotfaß und das Gefäß mit Grog (Wasser mit etwas Rum vermischt), um die offene Tafel vollständig zu machen. Dies Leben ging mir denn freilich auf die Länge zu bitter zu. Ich bat um meine Entlassung, erhielt sie und begab mich wenige Wochen nach meiner Heimkehr nach Amsterdam.

Während ich hier den Winter über, wo es nichts für mich zu tun gab, bis in den März 1775 verweilte, hatte ich genügende Muße, über meine Lebenslage reiflich nachzudenken. Ich hatte jetzt meine vollen siebenunddreißig Jahre auf dem Nacken, hatte unter tausend Gefahren und Mühseligkeiten und unter allen Himmelsstrichen meine besten Jahre und Kräfte im Dienst von Fremden verschwendet und sah immer deutlicher ein, wie wohl ich tun würde, mit meinen Erfahrungen und mit allem, was ich sonst irgend vermöchte, meinem Vaterlande und mir selbst zu dienen. Dies brachte mich denn auch zu dem Entschlusse, mein ferneres Glück und Fortkommen am liebsten in meiner Vaterstadt, an der ich noch immer mit ganzer Seele hing, zu suchen; und demzufolge begab ich mich auch sofort nach wiedereröffneter Schiffahrt als Passagier von Amsterdam nach Swinemünde, von wo ich mich sodann nach Kolberg verfügte.

Eigentlich aber kam ich doch schon für dieses Jahr zu spät, um eine Anstellung im Seewesen zu finden, wie sie mir am gemütlichsten gewesen wäre. Ich begnügte mich also, nach alter Weise wieder eine Navigationsschule zu eröffnen, um junge Leute für den Seedienst zu bilden; denn an solchen Anstalten fehlte es damals noch gar sehr in unserm Vaterlande. Auch darf ich mir wohl das Zeugnis geben, daß aus meinem Unterrichte nicht wenige Schiffskapitäne und Steuermänner hervorgegangen sind, welche sich des in ihre Geschicklichkeit und Anstelligkeit gesetzten Vertrauens überall wert erwiesen haben, und jetzt, soviel ihrer noch leben, auch schon mit Ehren graues Haar tragen. Einige von ihnen haben auch in der Folge hier in Kolberg meine Stelle ersetzt und sich als Lehrer in der Steuermannskunst verdient gemacht.

Da inzwischen die Lehrlinge in solchen Schulen den Sommer hindurch den praktischen Übungen des Erlernten obzuliegen pflegen und der zu empfangende Unterricht meist nur ihre müßigen Wintermonate ausfüllt, so gab derselbe auch mir nicht hinreichende Beschäftigung, deren mein unruhiger Geist so sehr bedurfte. Kurz, ich fühlte hier Langeweile, fühlte aber auch zugleich, daß ich an Geist und Leib noch keineswegs so flügellahm geworden, um untätig hinter dem Ofen hocken zu müssen. Auf die Gefahr also, für wetterwendisch gehalten zu werden, will ich nur gestehen, daß mich nebenher doch immer wieder nach der eignen Führung eines tüchtigen Schiffes verlangte, und daß, da sich's damit nicht nach meinem Sinne schicken und fügen wollte, meine Gedanken abermals auf Holland und die jüngst verlassene Lebensweise standen.

Einige Freunde, die es mit ansahen, wie mich der Tätigkeitstrieb verzehrte, forderten mich damals auf, daß ich mir das Verdienst um meine Vaterstadt erwerben möchte, sie den Sommer hindurch aus der Ferne, vom Stettinschen Haff her, und reichlicher, als es bisher der Fall gewesen, mit lebendigen Fischen zu versorgen. So ganz zwar wollte dieser Plan mir selbst nicht gefallen, indes ich ließ mich dazu überreden, kaufte ein Haus am Wasser, welches die zu dieser Hantierung passende Gelegenheit besaß, und war nun drauf aus, mir auch ein zu solchem Handel eingerichtetes Fahrzeug (man nennt es eine Quatze) anzuschaffen. Zu dem Ende begleitete ich meinen guten Freund, den Schiffer Blank, der eben nach Swinemünde steuerte, weil ich dort oder in der Nachbarschaft mich zu meinem neuen Gewerbe am besten zu versehen hoffte.

In Swinemünde angekommen, ging ich von hier nach Caseburg, wo ich eine Quatze, wie ich sie brauchte, für vierhundert Taler erstand; und nachdem ich zugleich eine Ladung lebendiger Fische eingenommen, machte ich mich nach dem Swinemünder Hafen und so über See nach Kolberg auf den Rückweg.

Nun machte ich mit meiner Quatze zwar noch mehrere Ausflüge, aber diese Fahrten und die ganze Hantierung waren je länger je weniger nach meinem Sinn. Überdem war der Absatz meiner Ware keineswegs so reißend, als man mir vorgespiegelt hatte, und da zudem die Fische durch das heftige Schlingern des Fahrzeugs in den Wellen häufig abstanden, so hatte ich bei jeder Reise nur Verlust und Schaden. Ich gab also meinen Kram beizeiten wieder auf, brachte meine Quatze nach Stettin und bot sie dort zum Verkaufe aus. Das gelang mir aber erst nach Jahr und Tag, und ich litt auch bei diesem Handel eine empfindliche Einbuße. So kam also auch das Jahr 1776 heran und fand mich wieder als Lehrer in der Steuermannskunst, wobei ich mich, da ich tüchtige und lernbegierige Schüler hatte, immer noch in meinem angemessensten Elemente befand. Auch im Winter 1777 trieb ich diese nützliche, wenn auch eben nicht sonderlich einträgliche Beschäftigung.

Am 28. April dieses Jahres stand ich hier in Kolberg etwa um die Mittagszeit eines abzumachenden Geschäfts wegen beim Herrn Advokaten Krohn am Fenster, als mitten in unserm Plaudern plötzlich ein ganz erschrecklicher Donnerschlag geschah, so daß jener vor Schrecken neben mir niederstürzte und wie ohne Leben und Besinnung schien. In der Tat glaubte ich auch nichts gewisser, als daß er von dem Blitzstrahl getroffen worden, bis mein Rütteln und Schütteln ihn endlich doch wieder auf die Beine brachte. „Wo hat es eingeschlagen?“ fragte er, immer noch hoch bestürzt. — „Ich hoffe nirgends“, war meine Gegenrede, „oder mindestens doch nicht gezündet, da Regen, Schnee und Hagel die Luft erfüllen und alle Dächer triefen.“

Allein im nämlichen Augenblick auch stürzte der Kaufmann Steffen, welcher schräg gegenüber wohnte, aus seinem Hause hervor, schlug die Hände überm Kopf zusammen, schrie aus Leibeskräften und richtete dabei den Blick immer nach dem Kirchturme empor, den er jenseits wahrnehmen konnte. Ich ahnte Unheil, lief also stracks hinüber, mußte aber lange auf ihn einreden, bevor ich's von ihm herauskriegte: „Mein Gott! unsre arme Stadt! — Sehen Sie denn nicht? der Turm brennt ja lichterloh!" — So war es denn auch wirklich. Die helle Flamme spritzte bei der Wetterstange gleich einem feurigen Springbrunnen empor; aus den Schallöchern sprühten die Funken umher wie Schneeflocken und flogen bereits bis in die Domstraße hinüber.

Ich, herzlich erschrocken, rannte nach der Kirche und die Turmtreppe hinan! Im Hinaufsteigen überdachte ich mir's, wie groß das Unglück werden könne und müsse, da wohl schwerlich jemand sich's unternehmen werde, bis in die höchste Spitze hinanzuklimmen, wo er in den finstern Winkeln nicht einmal so bekannt sei als ich, der ich sie in meiner Jugend so vielfältig und oft mit Lebensgefahr durchkrochen hatte. „Also nur frisch drauf und dran!" rief eine Stimme in mir — „du weißt hier ja Bescheid!"

In der Tat wußte ich auch, daß droben auf dem Glockenboden stets Wasser und Löscheimer bereit standen; aber an einer Handspritze, die hier hauptsächlich nottun würde, konnte es leichtlich fehlen. Dies erwägend machte ich auf der Stelle kehrt, drängte mich mit Mühe neben den vielen Menschen vorüber, die alle nach oben hinauf wollten, flog gleich ins erste nächste Haus und rief um eine Spritze, die aber hier und auch im zweiten Hause nicht zu finden war und meiner steigenden Ungeduld erst im dritten gereicht wurde.

Jetzt wieder (die Angst und der Eifer gaben mir Flügel!) zum Turme hinauf! In der sogenannten Kunstpfeiferstube, die dicht unter der Spitze ist, fand ich bereits mehrere Maurer und Zimmerleute mit ihren Meistern an der Spitze, die indes alle nicht recht zu wissen schienen, was hier zu tun oder zu lassen sei. „Lieben Leute", sprach ich, indem ich unter sie trat, „hier ist freilich nichts zu beginnen. Wir müssen höher hinauf nach oben. Folgt mir!“ — „Leicht gesagt, aber schwer getan!“ antwortete mir der Zimmermeister Steffen. — „Wir haben es schon versucht, aber es geht nicht. Sobald wir die Falltür über uns heben, fällt ein dichter Regen von Flammen und glühenden Kohlen hernieder und setzt auch hier die Zimmerung in Brand.“

Das war freilich eine schlimme Nachricht! „Ei, es muß schon etwas drum gewagt sein!“ rief ich endlich, „ich will hinan! Helft mir durch die Luke. Ich will sehen, was ich tun kann!“ — Sie öffneten mir die Falltüre, ich stieg hindurch, ließ mir einen Eimer voll Wasser und die Handspritze reichen und — „nun die Luke hinter mir zu, damit das Feuer keinen Zug bekommt!“ befahl ich; und indem sie das taten, sah ich zu, was oben passierte. Eine Menge Feuerkohlen prasselten nieder, so daß ich mir den Kopf mit dem Wasser aus meinem Eimer anfeuchten mußte, um nicht aus meinen Haaren ein Feuerwerk zu machen. Um zugleich die Hände frei zu bekommen, schnitt ich ein Loch vorne in den Rock, durch welches ich die Spritze steckte, den Bügel des Eimers nahm ich in den Mund und zwischen die Zähne, und so ward denn die fernere Reise angetreten!

Die Turmspitze ist inwendig mit unzähligen Holzriegeln versteift, die mir zur Leiter dienen mußten. Allein wohin ich griff, um mir emporzuhelfen, da fand ich alles voll glühender Kohlen, nur hatte ich nicht Zeit, an den Schmerz zu denken oder machte mich gegen ihn fühllos, indem ich Kopf und Hände zum öftern wieder anfeuchtete. Mit alledem hatte ich mich endlich so hoch verstiegen, daß mir in der engen Verzimmerung kein Raum mehr blieb, mich noch weiter hindurch zu winden, und hier sah ich denn den rechten Mittelpunkt des brennenden Feuers noch acht oder zehn Fuß über mir zischen und sprühen.

Jetzt klemmte ich den Wassereimer zwischen die Sparren fest, zog meine Spritze daraus voll und richtete sie getrost gegen jenen Feuerkern, wo das Löschen und Ersticken am notwendigsten schien. Nur beging ich die Unvorsichtigkeit, dabei unverrückt in die Höhe zu schauen, weil ich auch die

Wirksamkeit meines Wasserstrahls beobachten wollte; darüber aber bekam ich die ganze Bescherung von Wasser, Feuer und Kohlen so prasselnd ins Angesicht zurück, daß mir Hören und Sehen verging, bis ich, sobald ich mich wieder ein wenig besonnen hatte, das Ding geschickter anfing und bei den zwei oder drei nächsten Handhabungen meiner Spritze die Augen fein abwärts kehrte. Auch hatte ich die Freude, daß sich bei jedem Zuge das Feuer merklich verminderte.

Nun aber war auch der Eimer geleert! Neue Verlegenheit! Denn das leuchtete mir allerdings wohl ein, daß, wenn ich hinabstiege, weder ich noch sonst ein Mensch hier je wieder nach oben gelangte. Ich schrie indes aus Leibeskräften: „Wasser! Wasser her!“ bis der vorbenannte Zimmermeister die Falltür aufschob und mir zurief: „Wasser ist hier, aber wie bekommst du es nach oben hinauf?“ — „Nur bis über den Glockenstuhl schafft mir's. Da will ich mir's selber langen“, war meine Antwort; und so geschah es auch. Jene wagten sich höher und ich kletterte ihnen von Zeit zu Zeit entgegen, um die vollen Wassereimer in Empfang zu nehmen, von denen ich denn auch so fleißigen Gebrauch machte, indem ich den Brand tapfer kanonierte, daß ich endlich das Glück hatte, ihn zu überwältigen und völlig zu löschen. Wo es aber noch irgend zu glimmen schien, da kratzte ich mit meinen Händen die Kohlen herunter, soweit ich irgend reichen konnte.

Jetzt erst, da es hier nichts mehr für mich zu tun gab, gewann ich Zeit, an mich selbst zu denken. Ich spürte, wie mir mit jeder Minute übel und immer übler zu Mute ward; denn das zurückspritzende Wasser hatte mich bis auf die Haut durchnäßt, und zugleich war eine Hitze im Turme, die je länger je unausstehlicher wurde. Zwar eilte ich nun hinunter, aber indem ich gegen die Schallöcher kam, gab es einen so schneidenden Luftzug, daß mir plötzlich die Sinne vergingen. Auch weiß ich nicht, ob ich auf meinen eignen Füßen Gottes Erdboden erreicht, oder ob mich die Leute hinabgetragen haben.

Als ich mich wieder besann, lag ich auf dem Kirchhofe, und mir zur Seite standen die Chirurgen Wüsthof und Kretschmer, die mir an beiden Armen eine Ader geöffnet hatten. Um mich her stand ein dichter Haufen von Menschen, welche von Teilnahme oder Neugierde herbeigeführt sein mochten. Mit meinem wiederkehrenden Bewußtsein begann ich nun aber auch erst meine Schmerzen zu fühlen. Meine Hände waren überall verletzt, die Haare auf dem Kopfe zum Teil abgesengt, der Kopf selbst wund und voller Brandblasen, wo denn auch in der Folge nie wieder Haare gewachsen sind. Nicht minder sind mir die beiden äußersten Finger an der rechten Hand, die vom Feuer am meisten gelitten hatten, bis auf diese Stunde krumm geblieben, und so werde ich sie auch wohl mit in mein Grab nehmen müssen.

Vom Kirchhof trug man mich nach meiner Wohnung, wo eine gute und sorgfältige Pflege mir denn auch bald wieder auf die Beine half. Einige Wochen später behändigte mir der Herr Kriegskommissär Donath eine goldene Denkmünze in der Größe eines Doppelfriedrichsdor nebst einem Belobungsschreiben, die ihm beide von Berlin zugeschickt worden, um sie mir gegen meine Quittung zu überliefern.

Im folgenden Jahre 1778 erhielt ich vom Kaufmann Herrn Höpner zu Rügenwalde eine schriftliche Aufforderung, eines seiner Schiffe unter meine Führung zu nehmen. Ich schlug ein, weil sich nicht gleich ein besseres Engagement für mich finden wollte, und so machte ich denn für seine Rechnung eine Reihe glücklicher Fahrten nach Danzig, Nantes und Croisic und war von hier wiederum nach Memel bestimmt, konnte aber der späten Jahreszeit wegen diesen Hafen nicht mehr erreichen, sondern sah mich genötigt, in Pillau einzulaufen und dort zu überwintern, wo ich aus Langerweile wiederum eine Steuermannsschule eröffnete.

Aber schon im nächsten Jahre litt es mich nicht länger, ich ging wieder in See, diesmal im Auftrage eines alten biedern Stettiner Kaufmanns, des Herrn Groß, der für mich eigens einen prächtigen Eindecker vom Stapel laufen ließ. Ich sollte zunächst eine Fracht von Balken und Stabholz nach Bordeaux führen. Den kleineren Teil nahm ich auf der Stettiner Reede ein und ging dann Mitte November auf die Swinemünder Reede hinaus, um auch den Rest der Ladung zu empfangen.

Doch dies war in der schon soweit vorgerückten Jahreszeit ein äußerst mühseliges und langweiliges Geschäft, weil der Hafen selbst bereits mit Eis zugelegt war und jede Bootsladung Stabholz sich vom Weststrande her erst einen Weg durch das Eis nach dem Schiffe bahnen mußte, so daß volle vier Wochen über dieser Arbeit verliefen. Mit dem letzten Boote ging auch ich selbst an Bord, um nun unmittelbar darauf in See zu stechen, während bereits um das Schiff her alles mit schwimmendem Eise flutete und mit jedem Augenblick ein völliges Einfrieren zu befürchten stand.

Neben mir lag auf der Reede noch ein Fregattschiff, welches gleichfalls erst in diesem Sommer in Stettin für schwedische Rechnung ganz neu gebaut worden und nach Gothenburg bestimmt war. Ich sah, daß es sich eben fertig machte, seinen Anker aufzuwinden und die Reede zu verlassen. Mir selbst lag zu dem gleichen Geschäfte noch die letzte Bootsladung Stabholz auf dem Verdeck im Wege, die zuvor noch überseite gestaut werden mußte, bevor ich mich bei meiner Ankerwinde frei rühren konnte; und doch wäre ich bis zum Sunde hin gerne in der Gesellschaft des Schweden geblieben, um desto leichter, wenn es nottat, Hilfe zu leisten oder zu empfangen. Ich fuhr demnach hurtig in der Schaluppe zu jenem Schiffe hinüber und forderte den Kapitän desselben auf, noch eine kleine Stunde auf mich zu warten. Das wollte er aber nicht, er lichtete seinen Anker vollends und ging ab.

Kaum war er eine Meile westwärts von mir entfernt und ich gleichfalls unter Segel, so ging der Wind nach Nordosten um. Es gab einen starken fliegenden Sturm, der zwar mächtig förderte, aber auch die Luft mit einem dicken Schneegestöber erfüllte, so daß ich meinen vorausgeeilten Gefährten bald aus dem Gesichte verlor. Dies Wetter mit dicker Schneeluft hielt bis zum andern Morgen um neun Uhr an, wo wir dicht an das Land von Stevens kamen und, zu unserer nicht geringen Verwunderung, jenes nämliche Schiff auf dem Strande stehend erblickten, wo die Sturzwellen sich unaufhörlich drüber her brachen, die Mannschaft aber kümmerlich in den Masten hing.

Ich selbst hatte alle Not und Mühe, einem gleichen Schicksal zu entgehen und über die Landspitze von Stevens hinauszukommen. Endlich zwar gelang es, und ich erreichte die Kiögerbucht; doch sah ich mich genötigt, vor stehenden Segeln zu ankern, und, da mein Schiff dem gewaltigen Andrang auf die Länge nicht gewachsen schien, nach und nach mich vor drei Anker zu legen. So dauerte diese peinliche Lage bis zum nächsten Morgen, wo der Wind durch Osten nach Süden lief und ich meine Notflagge aufsteckte, um Hilfe vom Lande zu erhalten; denn mit meinen Leuten allein wußte ich mir länger nicht zu raten. Glücklicherweise eilten auch auf dieses Zeichen zwei Boote mit fünfzehn Mann von Dragoe herbei, mit deren Beistand ich, nachdem ich sämtliche Ankertaue hatte kappen müssen, die Reede von Kopenhagen glücklich erreichte. Während ich mich hier nun wieder instand setzte, langte auch das Volk von dem schwedischen Schiffe an, welches gänzlich verloren gegangen und dadurch zum Beweise dient, wieviel beim Seewesen oft an einer einzigen Stunde hängt.

Indes setzte ich meine Fahrt ohne weitern Unfall fort, erreichte Bordeaux am 28. Februar 1780, löschte meine Fracht und gewann auch sogleich eine neue von Wein und Zucker, die ich nach Hamburg führen sollte.

Zu meiner Herzenserleichterung muß ich hier das Geständnis ablegen, daß ich mich nirgends beklommener und widerhäriger gefühlt habe, als in den französischen Häfen, und hier zu Bordeaux insonderheit. Denn wie weit ich auch in der Welt herumgekommen, so habe ich doch keine Nation so voll List, Betrug und Ränke gefunden, als die

Franzosen. Jeder, mit dem ich zu tun bekam, hätte nichts lieber gemocht, als mich recht tüchtig übers Ohr zu hauen, und so legten sie's auch also gar nicht darauf an, das frühere ungünstige Vorurteil in mir zu zerstören, das ich schon seit meinem Rencontre mit ihrem Landsmann, dem „Admiral“ Delatre, gegen sie eingesogen hatte. Jetzt vollends sollte mir noch bei meinem Abzuge von hier ein Stückchen von ihrer Art widerfahren, das einen noch unverwüstlicheren Groll bei mir zurückgelassen hat.

In dem Augenblicke nämlich, da ich die Anker lichten wollte, ging ich, wie es die Ordnung ist, in das Lotsenkontor und bat um einen Piloten, der mich zur Garonne hinaus in See bringen sollte. Der Lotse kam an Bord, aber so betrunken, daß ich Bedenken fand, ihn anzunehmen und ihm in diesem Zustande die Leitung des Schiffes anzuvertrauen. Der Mensch wollte nicht gehen, ward grob, und ich komplimentierte ihn so etwas unsanft (jedoch ohne irgend Hand an ihn zu legen) in sein Boot und an Land zurück. Dagegen hielt ich abermals in dem Kontor, mit Angabe der Ursachen, um einen andern nüchternen Lotsen an. Auch der Trunkenbold erschien dort und machte sich trefflich unnütz, doch ward mir mein Verlangen gewährt, ich nahm den neuen Piloten mit mir und lichtete den Anker.

Wie ich nun den Strom abwärts fuhr, so bemerkte ich bald, daß ich an einem andern Fahrzeuge einen unzertrennlichen Begleiter bekommen hatte. Machte ich Segel, so tat es desgleichen; ließ ich den Anker fallen, so legte es sich mir in dem nämlichen Augenblick zur Seite. Das Ding machte uns je länger je größern Spaß, und wir kitzelten uns daran, daß der Franzose ohne uns den Weg gar nicht finden zu können schiene. So kamen wir endlich an das Fort am Ausfluß der Garonne, wo unsre Pässe visiert werden mußten. Auch da war jenes Fahrzeug flink bei der Hand; und nun wurde uns eröffnet, daß ich für die Begleitung desselben bis hierher die Summe von eintausend Livres zu entrichten habe.

Ich war bei dieser Forderung wie aus den Wolken gefallen. „Für seine Begleitung? — Eintausend Livres? — Und wozu die ganze unerbetene Begleitung?“ — Die Antwort hieß: „Zu Beschützung des Lotsen an meinem Borde gegen besorgliche Gewalttätigkeiten.“ — Natürlich weigerte ich mich der Zahlung und forderte diesen Menschen auf, mir zu bezeugen, ob ihm irgend eine Ungebühr von mir widerfahren sei? — Er wußte nur alles Liebe und Gute zu sagen. Dennoch ward ohne weiteres ein Arrest auf mein Schiff gelegt. Ich sah das, wenngleich nicht sehr ruhig, bis zum nächsten Tage mit an. Der Arrest blieb, und meine Einreden fanden kein Gehör. Wollte ich nun an meiner Reise nichts versäumen und wegen Schiff und Ladung nicht in Verantwortung kommen, so war es immer noch das Geratenste, diese ungerechte Forderung zu bezahlen und sie mir als eine echt französische Geldschneiderei zur Warnung für die Zukunft hinters Ohr zu schreiben.

Zu diesem Verdruß gesellte sich, sobald ich endlich in See gelangt war, ein anderer und noch größerer. Mein Schiffsvolk nämlich, durchaus dem Soff ergeben, wollte an der Gelegenheit nichts versäumen, den Weinfässern, die einen Teil unsrer Ladung ausmachten, aufs fleißigste zuzusprechen. Als ich dem zu wehren gedachte, rottierten sich die Kerle zusammen, schlugen mit Gewalt die Luken auf, zapften die Oxhöfte an und ließen den Wein stromweise in ihre Wassereimer und Hüte rinnen. In wenig Stunden hatte sich alles toll und voll gesoffen. Von nun an hatte es aber auch mit allem Kommando ein Ende. Die Vollzapfe waren wie wütend und ich und der Steuermann unsers Lebens unter ihnen nicht mehr sicher.

Und so ging es fortan einen Tag wie den andern. Wir beide mochten zusehen, wie wir konnten, damit das Schiff wenigstens einigermaßen seinen Kurs hielt. War es auch geradezu nicht Rebellion zu nennen, so blieb es doch ein wüstes Tollmannsleben, wobei weder gute noch böse Worte anschlugen und wir paar Vernünftige die größte Gefahr und Not vor Augen sahen, so oft Segel sollten beigesetzt oder eingenommen werden. Endlich half Gott, wiewohl unter Angst und Schrecken, daß wir bei Cuxhaven vor der Mündung der Elbe anlangten. Gerade hier aber konnte ich mich auch mit diesen Menschen unmöglich weiter wagen, da man in den Engen des Stromes immerfort zu lavieren hatte oder die Anker fallen lassen mußte. Ich beschloß also, an Land zu gehen und acht oder zehn tüchtige Menschen anzunehmen, die mir nach Hamburg hinauf helfen sollten.

Zufällig trat ich in dem Örtchen zu einem Barbier ein, um mich unter sein Schermesser zu liefern. Ich ward aber nicht bloß geschoren, sondern daneben so kunstmäßig ausgefragt, daß mir die Not und das Elend, worin ich mit meinem gar nicht mehr zu ernüchternden Schiffsvolke steckte, gar bald in lauter Klage über die Lippen trat. Vor allem erwähnte ich zweier Kerle, die sich im eigentlichen Sinne rasend gesoffen zu haben schienen und ganz wie von Sinn und Verstand gekommen wären. — „Nun, der Verstand wäre ihnen wohl leicht wieder einzutrichtern", versetzte der Barbier mit einer schlauen Miene, „wenn ihnen nur zuvor der Unverstand und die tollen Affekten hinlänglich abgezapft worden." — Er meinte nämlich (wie er sich darüber auf mein Befragen näher erklärte), ein tüchtiger Aderlaß bis zur Ohnmacht sollte diese bestialische Tollheit, wenn sie bloß im Soff ihren Grund hatte, schon zur Ordnung bringen.

Zwar nahm ich von diesem medizinischen Gutachten keine weitere Notiz; doch als ich am andern Morgen wieder an Land wollte, um die gedungenen Leute an Bord zu nehmen, fiel mir der Barbier und sein Heilmittel wieder ein. Mag es den Versuch gelten! dachte ich, und wandte mich in unbefangener Vertraulichkeit an die beiden Tollhäusler, die mir eben auf dem Verdeck in den Wurf kamen: „Hört, Kinder, ich will hier heut am Lande zur Ader lassen. Ihr beide seht mir beständig so rot und vollblütig aus, daß es euch gleichfalls wohl gut tun sollte. Kommt mit, dann machen wir das gleich in Gesellschaft ab."

Die beiden Kerle schöpften kein Arges aus dem Vorschlage, der ihnen vielmehr ganz instinktmäßig zusagen mochte. Während sie nun nach meinem Geheiß auf dem Hausflur des Barbiers verweilten, trat ich lachend in dessen Zimmer und verkündigte ihm die Gegenwart meiner hirnwütigen Patienten, an denen er nunmehr seine Kunst erproben möge. Sobald auch nur soviel Frist verlaufen war, als zur Vollendung einiger Aderlässe erforderlich scheinen mochte, kam ich wieder zum Vorschein, indem ich mich mit einem dazu passenden Gesichte an den Arm faßte, und rief: „Das war fertig; nun, Jakob, ist die Reihe an dir! Herein!" — Der Bursche kam.

Jetzt ging aber die Operation an seinem Arm im Ernste vor sich. Eine große Schüssel füllte sich mit Blut und der Jakob ward immer bleicher um die Nase. Ich gab dem Mann mit dem Schnepper einen verstohlenen Wink, daß es nun wohl Zeit sein dürfte, einzuhalten; allein er schüttelte verneinend mit dem Kopf und ließ auch die zweite Schüssel vollrinnen, bis Jakob endlich besinnungslos umsank und durch vorgehaltenen Spiritus wieder zu sich gebracht werden mußte. Das nämliche widerfuhr hiernächst auch seinem Zechkameraden, dem Peter, und beide schwankten dem Schiffe so matt und entkräftet wieder zu, daß sie geführt werden mußten und auch die folgenden vierzehn Tage hindurch auf ihren Füßen nicht stehen konnten. Zur Arbeit blieben sie mir also binnen dieser Zeit allerdings unbrauchbar, aber auch ihre Tollheit war gänzlich von ihnen gewichen, und des Barbiers Kunststück hatte sich als vollkommen probat erwiesen.

Ich brauche wohl nicht hinzuzusetzen, wie sehr ich, sobald ich Hamburg erreicht hatte, beeilt war, mir all dieses widerspenstige Gesindel vom Halse zu schaffen. Es ist wahr, ich hätte Fug gehabt, sie wegen ihrer schlechten Aufführung vor den dortigen Seegerichten anzuklagen, und so wie ich mich nach den dort geltenden Rechten erkundigte, würde Staupbesen und Brandmark ihrer gewartet haben. Das wollte ich aber nicht, weil einige darunter in und um Stettin zu Hause gehörten und Frau und Kinder hatten. Ich machte ihnen also nur die Hölle tüchtig heiß, gab ihnen eine scharfe

Ermahnung mit auf den Weg und ließ sie in Gottes Namen laufen. Sie schienen gerührt; aber wer weiß, wie lange es mag vorgehalten haben?

Hier in Hamburg fand sich eine neue Ladung für mich nach Lissabon, mit welcher ich jedoch erst am letzten August auf den Weg zu kommen vermochte. Die Reise selbst bietet mir nichts Erhebliches für die Erzählung dar. Am letzten September warfen wir im Tajo die Anker.

In Lissabon war ich an den alten Korrespondenten des Großischen Hauses, Herrn John Bulkeley, adressiert und eines Tages auf dem Wege, eine Einladung desselben zur Mittagstafel zu befolgen. Ich mußte über einen großen Marktplatz hinwegschreiten, wo ich bereits aus der Ferne ein großes Gedränge von zusammengelaufenen Menschen bemerkte. In der Meinung, daß es dort wohl eine öffentliche Hinrichtung geben möchte, trat ich einige Schritte näher, erkannte aber bald meinen Irrtum, da ich ein aufgeschlagenes großes Zelt ansichtig ward, von dessen Spitze herab zu meiner seltsamsten Verwunderung die preußische Flagge lustig im Winde wehte.

Nun mußte ich doch natürlich genauer zusehen, was es hiermit für eine Bewandtnis hatte. Ich drängte mich mit Mühe durch den dicksten Haufen, bis ich am Eingang des Zeltes stand, zu dessen beiden Seiten ein paar baumhohe preußische Grenadiere in ihren hohen blanken Spitzmützen stattlich schilderten. Fast hätte ich Lust gehabt, die braven Landsleute hier unter fremdem Himmel treuherzig zu begrüßen, als ich noch zu rechter Zeit inne ward, daß mich ein paar Wachspuppen getäuscht hatten, und daß ich hier wahrscheinlich am Eingange eines Wachsfigurenkabinettes stand, dem diese martialischen Gesichter nur zu einem Aushängeschilde dienten. Indes meine Neugier war nun einmal geweckt, und ich beschloß, hineinzutreten; denn hinter solchen Türhütern, dachte ich, müsse wohl noch mehr stecken, woran ein preußisches Herz sich erlaben könne.

Und so war es auch wirklich! So getreu und natürlich, als ob er lebte und schwebte, stand mitten inne der alte

König Friedrich, mit einem Richterschwert in der Hand, und vor ihm lag ein Mann mit Weib und Kindern auf den Knieen, die um Gerechtigkeit zu flehen schienen. Ihm zur Rechten war eine große Wage angebracht, in deren einen Schale eine Bildsäule der Gerechtigkeit thronte, und die andre, die mit Papieren und Akten angefüllt war, hoch in die Höhe wog. Zur andern Seite stand eine Gruppe preußischer Generale und Justizpersonen und im Hintergrunde in großen, leuchtenden Buchstaben die portugiesische Inschrift: „Gerechtigkeitspflege des Königs von Preußen", darunter aber der Name „Arnold". — Man sieht also, daß hier der berühmte Prozeß des Müllers Arnold gemeint war, der damals als Neuigkeit des Tages durch ganz Europa das höchste Aufsehen erregte. Wem dennoch das Ganze hätte unverständlich bleiben mögen, dem half ein bestellter Ausrufer zurecht, der die Geschichte laut und pathetisch herzuerzählen wußte.

Alles horchte und schien tief davon ergriffen; auch mir armen Narren hämmerte das Herz unterm dritten Knopfloch, daß ich mich vor freudiger patriotischer Wehmut kaum zu lassen wußte. Nein, es mußte heraus! Ich mußte mich in den innersten Kreis hervordrängen, und so gut oder übel ich die fremde Sprache zu radebrechen verstand, rief ich aus: „Mein König! Ich bin Preuße!" — War zuvor der dichte Haufe noch nicht in lebendiger Bewegung gewesen, so fielen doch jetzt diese wenige Worte wie ein elektrisches Feuer in aller Herzen. Die ganze Schar umringte mich, sank um mich her auf die Kniee und hob gleichsam anbetende Hände zu mir empor. „Gloria dem König von Preußen!" rief der eine, „Heil ihm!" der andre, „Heil für die strenge Gerechtigkeit!" und die volle Menge setzte schwärmerisch hinzu: „Leuchtendes Beispiel für alle Regenten der Erde! Heil ihm!" — Mit jedem Augenblicke vermehrte sich das Geschrei und Getümmel.

Soll ich noch erst sagen, wie tief mich dieser Auftritt erschütterte? Die Tränen drängten sich mir unaufhaltsam aus den Augen. Ich neigte mich rings herum; ich legte die Hand aufs Herz, ich dankte stammelnd und suchte einen Ausweg durch die immer gedrängter zusammenstürzende Menge. Zwar machten sie mir willig Platz, aber sie folgten mir auch mit anhaltendem Freudengeschrei: „Vivat der gerechte König!" In der Tat, nie in meinem Leben fühlte ich mich geehrter und glücklicher, ein Untertan des großen Friedrich zu sein, als in diesem Augenblicke! Mein Herz ward mir zu schwer; ich schwankte, konnte nicht weiter und mußte mich erschöpft an eine Straßenecke lehnen. Nur meine erhobenen Hände, die ich unwillkürlich wie zum Segnen nach dem Volke ausstreckte, vermochten meinen Dank auszusprechen; und es schien mir auch wirklich, als könnte ich gar nicht weniger tun, da Kopf an Kopf rund um mich her sich auf den Knieen drängte.

Endlich wankte ich wieder die Gasse hinauf, aber mit einem Schweife von Menschen hinter mir, der sich mit jedem Augenblick vergrößerte und den König von Preußen laut hochleben ließ. Im Hause meines Korrespondenten, in welches ich mich mit Mühe flüchtete, waren alle Türen und Fenster aufgerissen und mit verwunderten Zuschauern besetzt. Umsonst fragte man mich, was dies zu bedeuten habe. Mein bewegtes Gemüt fand keine Stimme und keine Worte, mich verständlich zu machen. Draußen aber stieg der freudige Tumult immer höher und höher; und um nur das Volk zu beruhigen und vom Platze zu bringen, blieb mir endlich nichts übrig, als hinaus auf den Balkon des Hauses zu treten, und mich ihm noch einmal zu zeigen. Ich dankte mit Mund und Händen, und allmählich verlief nun der Menschenstrom sich wieder.

Hierauf erzählte ich meinen Tischgenossen das wundersame Begebnis, welches ich soeben erlebt hatte, und auch die erste Veranlassung dazu, die Arnoldsche Prozeßgeschichte, so gut sie mir bekannt war. Einer von den anwesenden Kontoristen versicherte jedoch, über diesen Gegenstand noch genauere Auskunft geben zu können, ging hin und holte eine kleine portugiesische Flugschrift, die in einer treuen geschichtlichen Darstellung dem gerechtesten der Könige auch bei einem entfernten Volke ein verdientes Ehrenmal setzte. — Hieran spiegelt euch, ihr Preußen!

Einige Tage später redete ein portugiesischer Kaufmann in Begleitung eines deutschen Handlungsdieners mich auf der Börse an und bat mich höflichst, zu Mittage sein Gast zu sein; nach Verlauf der Börsenzeit werde er mir einen Wink geben, mit ihm zu gehen. Ich sagte zu und hatte den Ehrenmann im Gewühle kaum aus den Augen verloren, als mehrere Schiffskapitäne von meiner Bekanntschaft, die das mit angesehen hatten, mich mit Fragen bestürmten, ob dieser Mann mir etwa bekannter sei, als ihnen allen, die er gleichwohl, wie mich, zu Tische geladen habe. Ich mußte das schlechterdings verneinen und war gleich ihnen über seinen Einfall einigermaßen verwundert.

Das hinderte jedoch nicht, daß wir nach geendigter Börsenstunde zusammengerufen wurden. Es waren unsrer neun Schiffskapitäne im buntesten Gemisch, wie die Männer in der Pfingstepistel; Dänen, Hamburger, Lübecker, Schweden, Schwedisch-Pommern und Danziger. Auch fanden wir, als wir im Hause unsers Gastgebers anlangten, dort bereits mehrere Kaufleute versammelt und ein schmackhaftes Mahl bereitet, wobei zugleich tapfer getrunken wurde, denn unser Wirt verstand die Kunst des Nötigens aus dem Grunde, und so artete es nach aufgehobener Tafel bald in ein Bacchanal aus, wo weder Maß noch Anstand mehr beobachtet wurde. Bei mir, der ich genau das Maß kannte, welches ich nicht überschreiten durfte, um bei Verstand und Ehren zu bleiben, ging jedoch bald jedes gute wie jedes böse Wort des Gastgebers verloren. „Basta! und keinen Tropfen mehr!" war und blieb mein letzter Trumpf, der endlich auch gelten mußte. Weniger gut kamen die übrigen Herren Kollegen weg, die sich dergestalt übernahmen, daß sie zuletzt samt und sonders unter den Tisch sanken. Ich meines Teils hatte mich inzwischen mit den anwesenden Kaufleuten unterhalten, bis ich, des bestialischen Anblicks satt und müde, mich empfahl und mich an Bord meines Schiffes begab.

Gleichwohl rieb ich mir am andern Morgen etwas verdutzt die Augen aus, als ich unsern gestrigen Wirt in Begleitung jener Kaufleute, welche Teilnehmer des Gelages gewesen waren, bei mir eintreten sah. Sie schüttelten mir treuherzig die Hand und eröffneten mir lachend: das gestrige Trinkfest sei absichtlich von ihnen angestellt worden, um sich unter uns Neunen den rechten Mann auszusuchen, dem sie als dem solidesten und besonnensten eine Ladung von Wert anvertrauen könnten. Einstimmig sei die Wahl auf mich gefallen, und so fragten sie mich, ob es mir anstehe, eine volle Ladung Tee nach Amsterdam zu übernehmen?

Leicht kann man denken, daß ich nicht Nein! sagte. Es war damals leicht eine der reichsten Frachten, die auf Brettern schwamm, und die nur einer neutralen Flagge, wie die meinige war, anvertraut werden konnte, da nach und nach auch Holland in den amerikanischen Freiheitskrieg verwickelt worden war und die Engländer alles kaperten, was die Bestimmung nach einem holländischen Hafen hatte und nicht eines solchen Freipasses genoß. Ob ich aber in jener Behauptung zu viel gesagt, wird man ermessen, wenn ich hinzufüge, daß wir zu beiderseitiger Zufriedenheit um ein Frachtgeld von fünfunddreißigtausend — schreibe fünfunddreißigtausend Taler preuß., fünf Prozent Havarie und zehn Prozent Kapplakengelder (für besondere Sorgfalt) einig wurden. So wie auch mein Schiff nur ledig war, fing ich an, den Tee einzuladen.

Während dieser Zeit suchte ein holländischer Schiffskapitän, namens Klock, mich an meinem Borde auf, um mich zu ersuchen, daß ich ihn samt seinem Schiffsvolk aus, vierzehn Köpfen bestehend, als Passagiere mit mir nach Holland nehmen möchte. Da ich sein gutes und rechtliches Wesen erkannte, so gestand ich ihm nicht nur sein Gesuch von Herzen gern zu, sondern erbot mich auch, da er mir unterwegs von mannigfachem Nutzen sein konnte, ihm und seinen Leuten von nun an bis zu unsrer Ankunft in Amsterdam die freie Kost, so gut ich sie selber hätte, zu reichen. Freilich war das Menschen- und Christenpflicht; aber auch mein Patriotismus kam hier auf eine wunderliche Weise mit ins Spiel, weil ich nicht schlechter an den armen Leuten handeln wollte, als — der Kaiser von Marokko getan hatte. Dies hing nämlich folgendermaßen zusammen, wie ich es hier aus des Kapitäns jetzigem Berichte und seinen späteren Erzählungen während der Reise ins kurze zusammendränge.

Kapitän Klock, der in Amsterdam zu Hause gehörte, und dessen Schiff nach den Kanarischen Inseln bestimmt war, fand es zufolge der damaligen politischen Verhältnisse ratsamer, lieber unter der preußischen, als unter seiner vaterländischen Flagge zu fahren. Er ging also zuvor nach Emden, gewann dort um eine Kleinigkeit das Bürgerrecht und genoß von dem Augenblicke an die Rechte und den Schutz eines preußischen Untertans. So gesichert, stach er in See, hatte aber das Unglück, sein Schiff an der marokkanischen Küste durch einen Sturm zu verlieren. Nur kümmerlich rettete er sich samt seinen Gefährten ans Land, wo er freilich sein Schicksal um nichts gebessert fand, da es nur Ketten und Banden waren, was sie alle in Mogador, wohin sie zunächst geschleppt wurden, zu erwarten hatten. Ein schreckliches Loch war ihr Gefängnis, in welchem sie bei Maiskörnern und Wasser zwischen Tod und Leben, aber in noch schrecklicherer Angst über die weitere Entscheidung ihres Schicksals hinschmachteten. Denn so viel hatte man sie verständigt: man wisse nicht, was man aus ihnen und ihrer ans Land getriebenen Flagge machen solle; es sei daher die letztere an das dreißig Meilen entfernte Hoflager des Kaisers gesandt worden, und von dort erwarte man ihretwegen eine höhere Verfügung.

Nach neun Tagen endlich erschien vor ihrem Kerkerloche ein gewaltiger Trupp bewaffneter Mauren; ihre Banden lösten sich, und sie wurden jeder auf einen Esel gesetzt, um eine Reise anzutreten, deren Ziel sie nicht zu erraten vermochten, wiewohl sie ahnten, daß man sie tiefer landeinwärts zu verkaufen gedenke. Diese Furcht endigte sich aber, als sie die Hauptstadt Marokko erreichten, wo ein deutscher Jude als Dolmetscher sich zu ihnen gesellte und sie laut erhaltenem Befehl alsbald vor den Kaiser Muley Ismael führte. Hier wurden sie nach einigen gleichgültigeren Fragen aufgefordert, sich auszuweisen, ob sie Untertanen des Königs von Preußen seien — Sie standen nicht an, zu bejahen und sich auf ihre Flagge zu berufen.

„Wohl!" lautete die, durch den Dolmetscher erteilte Antwort des Fürsten, „von euerm Monarchen, seiner Weisheit und seinen Kriegen sind so viele Wunderdinge zu meinen Ohren gekommen, daß es mich mit Liebe und Bewunderung gegen ihn erfüllt hat. Die Welt hat keinen größern Mann aufzuweisen, als ihn; als Freund und Bruder habe ich ihn in mein Herz geschlossen. Ich will darum auch nicht, daß ihr, die ihr ihm angehört, in meinen Staaten als Gefangene angesehen werden sollt. Vielmehr habe ich beschlossen, euch frank und frei in euer Vaterland heimzuschicken, auch meinen Kreuzern anbefohlen, wo sie preußische Schiffe in See antreffen, ihre Flagge zu achten und sie selbst nach Möglichkeit zu beschützen."

Des andern Tages wurden sie auf kaiserlichen Befehl nach maurischer Weise, in der sie auch noch in Lissabon auftraten, neu gekleidet, und ihnen eine anständige Wohnung angewiesen. Den Kapitän aber ließ Muley Ismael fast täglich zu sich fordern, um eine Unzahl von Fragen an ihn zu richten, die sich ausschließlich auf den großen Preußenkönig bezogen; z. B. von welcher Statur er sei? wie lange er schlafe? was er esse und trinke? wie viel Soldaten — auch wie viel Frauen er halte? und dergleichen mehr. Der gute Klock gestand, er habe lügen müssen, wie er nur immer gekonnt, um der kaiserlichen Neugierde nur einigermaßen zu genügen, da ihm von all diesen Dingen herzlich wenig bewußt gewesen.

So hielt es bis in die dritte Woche an, da endlich der Kapitän, durch jene Fragen immer mehr in die Enge gebracht, um seine Entlassung anhielt, wozu er sich des Vorwandes bediente, daß er eilen müsse, seinem König Rede und Antwort zu geben, wie gnädig der Kaiser seine schiffbrüchigen Untertanen behandelt habe, und was für freundschaftliche Gesinnungen derselbe gegen ihn hege. Muley Ismael billigte diese Äußerungen, entließ sie einige Tage darauf in Frieden und sandte sie unter sicherer Begleitung und abermals auf Eseln reitend nach dem Hafen St. Croix, wo bereits dem maurischen Befehlshaber aufgegeben war, sie auf das erste abgehende europäische Fahrzeug zu verdingen und die Fracht für sie zu bezahlen, woneben sie zugleich mit Mundvorräten für einen Monat versehen wurden. So gelangten sie nach Lissabon und in meine Bekanntschaft.

Wer mich kennt, ermißt auch leicht, wie groß das Interesse sein mußte, welches ich an einem Ereignisse nahm, in das die Ehre meines geliebten Monarchen so eng verflochten war. Darum drang ich denn auch späterhin während der Reise nach Amsterdam in den Kapitän Klock, sein ganzes marokkanisches Abenteuer in einen schriftlichen Bericht zu verfassen und auf dem Stadthause zu Amsterdam über die Wahrheit des Inhalts eine eidliche Versicherung abzugeben. Dies geschah auch wirklich, und ich schickte die darüber aufgenommene gerichtliche Verhandlung an meinen Patron, Herrn Groß in Stettin, ein mit dem Ersuchen, solche an Seine Majestät unmittelbar gelangen zu lassen. Auch hatte dies den Erfolg, daß ich etwa nach vier Wochen aus des Königs Kabinett ein Danksagungsschreiben erhielt, mit Beilegung eines auf feinstem Postpapier abgedruckten Berlinischen Zeitungsblattes, worin diese ganze Begebenheit dem Publikum mitgeteilt worden.

Doch ich kehre zu meinen eignen Erlebnissen zurück und bitte den geneigten Leser, sich zu erinnern, daß ich mich mit meinem Schiffe noch in Lissabon befinde.

Hier war es einige Tage vor meinem beschlossenen Abgange, als der holländische Konsul mich von der Börse mit sich nach seiner Wohnung nahm, weil er mir etwas Hochwichtiges zu eröffnen habe. Nach geendigter Mahlzeit und unter vier Augen zeigte er mir ein kleines Päckchen, etwa in der Gestalt und Größe eines Spieles Karten, vor und setzte hinzu, es sei mit rohen Diamanten angefüllt, die in Amsterdam geschliffen werden sollten. Sein Wunsch und seine Absicht sei, mir diesen Schatz auf mein ehrlich Angesicht zur sicheren, aber aufs strengste geheimzuhaltenden Überbringung dahin anzuvertrauen. Es seien dabei nach der Regel hundertfünfzehn holl. Gulden Fracht für mich zu verdienen; ich müsse aber das Päckchen unablässig an meinem Leibe tragen und mein Schiffsvolk davon durchaus nichts ahnen lassen, so wie mir denn noch eine Menge andrer Vorsichtsregeln eingeprägt wurden.

Die Sache schien mir leicht, und der anerbotene Gewinn wohl mitzunehmen. Ich ward also des Handels einig und versprach, tags vor meiner Abreise mich einzufinden, um jenes kostbare Päckchen in Empfang zu nehmen. Demzufolge ward es mir denn auch angesichts des Konsuls in meine Uhrtasche eingenäht, mir die gute Verwahrung auf Leib und Seele eingebunden, und dann ein Konnossement über richtigen Empfang vorgelegt, das ich zu unterzeichnen hatte. Dies geschah auch mit leichtem Herzen; allein in eben dem Augenblicke, da ich über die Schwelle des Hauses meinen Rückweg nahm, ging auch meine heimliche Angst und Sorge an, die diese ganze Reise hindurch nicht von mir wich. Ich wähnte, jeder, der mich ansah, wisse um mein Geheimnis und gehe mit dem Gedanken um, mich zu berauben oder gar zu ermorden. Selbst im Schlafe griff ich, so wie oft auch unwillkürlich im Wachen, nach dem Päckchen, um mich zu überzeugen, daß es noch an seiner Stelle ruhte; und wohl kann ich sagen, daß ich nie ein Geld mit größerer Unruhe meines Herzens verdient habe.

Nachdem ich nun gegen Ende Oktober in See gegangen war, gab es eine zwar langsame, doch übrigens nicht ungünstige Fahrt, die mich am 23. November auf die Höhe des Texels führte. Hier hatten zwei englische Kreuzer ihre Station, bei deren einem ich mit meinen Schiffspapieren an Bord kommen mußte. Indessen konnte die Untersuchung derselben nicht anders als vorteilhaft für mich ausfallen, denn das Schiff war preußisch, die Ladung für portugiesische Rechnung, beide also neutral und frei. So ward mir also auch gestattet, in den Texel hinein zu segeln; zugleich aber gab mir der Kapitän des englischen Linienschiffes den Auftrag, wenn ich dort hineingekommen wäre, dem holländischen Admiral Kinsberger, der dort mit einer Kriegsflotte von elf Segeln lag, mit seinem Gruße auch seinen Wunsch zu vermelden, sich mit ihm je eher je lieber in offner See zu besprechen. In der Tat war es unbegreiflich, wie dieser sonst so wackre Seemann sich von jenen beiden Schiffen im Texel dergestalt einsperren lassen konnte!

Inzwischen war der Wind zu meinem großen Verdrusse nach Osten umgesprungen, und mir blieb nichts übrig, als mit der nächsten Flut gerade gegen denselben an in jenen Hafen hineinzulavieren. Indem ich mich nun bei diesem Manöver dem ersten holländischen Kriegsschiffe näherte, kam von demselben eine Schaluppe hinter mir drein gerudert, die mir gebieterisch zurief: „Braßt auf! Braßt auf!" — Mein holländischer Lotse, den ich an Bord genommen, hatte Lust, dem Befehl zu gehorchen; ich hingegen bedeutete ihm, daß wir in diesem Augenblicke dem Oststrande zu nahe seien, um dergleichen wagen zu können; wir wollten aber das Schiff wenden, wo dann die Schaluppe füglicher bei uns an Bord kommen würde.

Noch waren wir in der Wendung begriffen, als die Schaluppe sich auch schon an unsern Bord legte und ein Schiffsleutnant zu uns aufs Deck stieg, der mich ziemlich barsch und patzig zur Rede stellte: warum ich auf sein Kommando nicht aufgebraßt hätte? — „Mynheer", erwiderte ich, „wenn Ihr ein Seemann seid, so seht da den nahen Oststrand und fragt Euch selbst, ob ich mich mutwillig auf den Grund setzen sollte?" — Darauf war wenig mehr zu antworten; er änderte also seine Fragen nach meinem Woher und Wohin und erhielt darauf richtigen und gebührenden Bescheid; verlangte aber demungeachtet noch nähere Auskunft, wer ich sei und wie ich heiße? — „An meinem Namen", versetzte ich, „kann wenig gelegen sein, und aus meiner Flagge, die uns über den Köpfen weht, ist zu ersehen, daß ich ein Preuße bin." — Ob ich englische Kreuzer in See getroffen hätte? wollte er weiter wissen. — „Da mögt Ihr", war meine Antwort, „Eure eignen Augen brauchen. Ich bin ein neutraler Mann, und mir kommt nicht zu, Eure Feinde an Euch zu verraten."

Nun bestand er darauf, mit mir in meine Kajüte zu gehen, um mich unter vier Augen zu sprechen. — „Das kann ich jetzt nicht", versetzte ich, kurz angebunden; „mein Schiff ist im Lavieren begriffen. Ich muß auf dem Deck bleiben und es im Auge behalten. Binnen einer Stunde gehe ich zwischen Eurer Flotte vor Anker, und dann wird es noch Zeit sein, Euch in allem, was not tut, Rede zu stehen." — „Wie? Ihr wollt nicht gleich diesen Augenblick in die Kajüte kommen?" — „Jetzt sicherlich nicht." — Da ward das Bürschchen hitzig, griff nach der Plempe, die es an der Seite hängen hatte, zog blank und versetzte mir damit flach einen Streich über die Schulter.

Hui! das war ein Funke in eine offene Pulvertonne! Denn im nämlichen Augenblick auch packte meine Faust das Sprachrohr, das neben mir stand, und legte es ihm so unsanft zwischen Kopf und Schulter, daß das untere Ende desselben über Bord flog und ich das bloße Mundstück in der Hand behielt. Zugleich griff ich ihm in das Gefäß seines Degens, rang ihm denselben aus der Hand, packte ihn unsäuberlich am Kragen und schob ihn über Bord die Treppe hinab, so daß er schwerlich selbst gewußt hat, wie er in seine Schaluppe gekommen sein mag. Dann langte ich ihm seine vergessene Klinge nach; seine Leute stießen ab, und die ferneren Komplimente hatten ein Ende.

Unmittelbar darauf kam ich unter die Flotte und ließ den Anker fallen. Eine andre Schaluppe kam zu mir herangerudert; der darauf befindliche Offizier war ein vernünftiger Mann, seine Fragen hatten Hand und Fuß, und ebenso waren auch meine Antworten ausreichend und bescheiden.

Am andern Morgen ging ich, da mir der Wind noch immer entgegen stand, mit der Flut abermals unter Segel, um noch weiter in den Texel hineinzulavieren. Mein Lotse wollte, daß wir unsre Flagge wieder aufhissen sollten; ich jedoch war anderer Meinung. Hatten wir doch den ganzen gestrigen Tag zwischen der holländischen Flotte umhergekreuzt und geankert, und unsre Flagge wehen lassen, so daß ihnen unmöglich unbekannt sein konnte, wes Geistes Kinder wir wären. Eigentlich aber wollte ich meine Flagge schonen, die bei dem Wenden hin und wider arg zerpeitscht wurde.

Wir waren darüber noch im Ratschlagen begriffen, als ein blinder Schuß nach meiner Seite her abgefeuert wurde, die gewöhnliche Mahnung, Wimpel und Flagge zu zeigen. Da ich nun sah, daß es so gemeint sei, befahl ich stracks, ihnen den Willen zu tun; allein wie sehr meine Leute sich auch damit hasteten, erfolgte doch zu gleicher Zeit ein zweiter scharfer Schuß, dessen Kugel dicht vor mir ins Wasser aufschlug. Dann aber fand sich auch, ehe ich mich dessen versah, eine Schaluppe an meinem Bord ein, deren Offizier mir einen Dukaten für den ersten und zwei dergleichen für den andern Kugelschuß abforderte und hinzusetzte, daß dies auf Befehl des Admirals Kinsberger geschehe.

Ich gestehe, daß meine Antwort, in welcher ich meine schon vorerwähnten Rechtfertigungsgründe anführte, etwas unmanierlich lautete; denn ich ließ ihm sagen, er möchte sein Pulver und Blei auf seine Feinde und nicht auf eine respektable neutrale Flagge, die sich ihm genugsam kund gegeben, verschießen. Ich betrachtete seine Schüsse als eine meinem Souverän erwiesene Beleidigung, über welche ich gehörigen Orts Beschwerde zu führen wissen werde. Da ich jetzt nach Holland hinein und nicht hinaus ginge, so werde er mich, wie ich ihn, in Amsterdam zu finden wissen, ohne daß ich um Rede und Antwort verlegen sei. Hier aber gedächte ich auch nicht einen Stüber zu bezahlen.

Der Leutnant, der meinen entschlossenen Sinn sah, verlangte, daß ich ihm diese Antwort schriftlich gebe. Ich ging mit ihm in die Kajüte und tat ihm seinen Willen, fügte aber zugleich auch den Gruß hinzu, den mir der Kapitän des englischen Kreuzers an den Admiral aufgetragen hatte, wonach wir beiderseits freundlich voneinander schieden. Späterhin ist von diesem Handel auf keine Weise wieder etwas zur Sprache gekommen.

Ich selbst vergaß diesen Vorgang alsbald über der Not, die ich hatte, bei dem noch immer widrigen Ostwinde in dem engen Fahrwasser mit Lavieren in kurzen Schlägen und unter Beihilfe der jedesmaligen Flut langsam genug fortzurücken, aber auch mit jeder Ebbe die Anker fallen zu lassen. Hierbei fror es zu gleicher Zeit so heftig, und es kam mir so viel Treibeis auf den Hals, daß ich mich oftmals vor zwei oder auch wohl drei Anker legen mußte, um dem Andrang gehörig zu widerstehen. So währte es drei Tage hintereinander, ohne daß es sich zu einem Besseren anließ; und ich mochte mich allein damit trösten, daß es vor und hinter mir noch eine Menge von Schiffen gab, die ebenso angestrengt und vergeblich trachteten, trotz dem Eise noch Amsterdam zu erreichen. Selbst aber als diese nach und nach die nähern Nothäfen Medemblyck, Enkhuizen und Stavoren zu gewinnen suchten, beharrte ich bei meinem Vornehmen und hoffte, daß endlich doch Wind und Wetter sich zu meinem Vorteil ändern würden.

Als ich mich nun so, von allen andern verlassen, abmühte, dem Schicksal mein Reiseziel gleichsam abzutrotzen, traten mein Schiffsvolk und der eingenommene Lotse mich an, um mir vorzustellen, wie die Gefahr des Eises wegen sich stündlich mehre, und wie ratsam es sein würde, nach dem Beispiel unserer bisherigen Gefährten in einen andern nahen Hafen einzulaufen. Das war nun gar nicht auf mein Ohr. „Jungens", entgegnete ich ihnen, „wo denkt ihr hin? Haben wir nicht ein starkes, dichtes Schiff? Sind unsre Anker und Taue nicht haltbar? Fehlt es uns an Essen und Trinken? Und wenn die in den andern Schiffen furchtsame Memmen sind, die gleich beim ersten Frostschauer zu Loche kriechen, wollen wir uns ihnen darin gleichstellen? Ich meine, wir sehen es noch eine Weile mit an, und wenn es dann immer noch keinen bessern Anschein gewinnt, so bleibt es ja Zeit genug, uns nach einem Nothafen umzusehen." — Diese Vorstellungen wirkten, und sie versprachen auch ferner ihr Bestes zu tun.

Inzwischen trieb während der Nacht und Ebbezeit, wo wir vor Anker lagen, so ungeheuer viel Eis auf uns zu, daß wir das Schiff kaum vor drei Kabeltauen halten konnten, indem die Schollen sich immer höher über denselben emportürmten und auf den Bug eindrangen, daß das Schiff vorne auf eine bedenkliche Weise niedertauchte, und jeden Augenblick zu erwarten stand, es werde von den Eismassen überwältigt werden und untergehen. Zugleich auch waren die Stöße, die es empfing, so heftig, daß es Mühe kostete, auf dem Verdeck das Stehen zu behalten. Doch gab Gott Gnade, daß wir uns in dieser gefährlichen Lage erhielten, bis endlich die Flut eintrat und das Schiff sich wieder erholte, während das Tageslicht allmählich die Gegenstände sicherer erkennen ließ.

Nach einer solchen Erfahrung wäre es vermessen gewesen, wenn ich auf meinen früheren Vorsatz noch ferner hätte bestehen wollen. Vielmehr wurden wir schlüssig, in den nächsten besten Hafen einzulaufen. Es gelang uns auch, nachmittags glücklich vor Medemblyck anzulangen.

Erst Ende Dezember schlug das Frostwetter wieder um, so daß ich am 29. von Medemblyck abgehen konnte, den 2. Januar 1781 vor Amsterdam anlangte und den Anfang machte, meine Ladung zu löschen. Gegen den 24. Januar, den Geburtstag unsers großen Monarchen, trieb es mich mit unwiderstehlicher Gewalt, diesen Tag von allen preußischen, im Hafen ankernden Schiffen durch Aufziehung aller Flaggen und Wimpel und Abfeurung unsers Geschützes feierlich begangen zu sehen. Mein Vorschlag hierzu fand bei meinen wackern Landsleuten allgemeinen und freudigen Eingang. Aber einen härteren Strauß gab es mit dem holländischen Zeitungsschreiber in Amsterdam auszufechten, der die Ankündigung dieser Feier in seinem Zeitungsblatt entweder aus echt holländischem Phlegma oder aus unvernünftiger Abneigung gegen den König auf eine so beleidigende Weise verweigerte, daß ich mit dem Grobian schier handgemein geworden wäre, endlich aber durch Hilfe des preußischen Konsuls ihn zur Raison bringen und für seine ausgestoßenen schmählichen Lästerungen zur gebührenden Strafe ziehen ließ.

Diese widrige Stimmung, die sich damals in Holland so allgemein äußerte, empörte mein treues Preußenherz um so mehr, als die neutrale preußische Flagge in dem ausgebrochenen Kriege mit England der holländischen Nation die entschiedensten Vorteile für ihren Handel darbot, und selbst die holländischen Schiffskapitäne, welche sich derselben bedienten, durch nichts zu bewegen waren, unserm Beispiele zu folgen und ihren Wohltäter und Beschützer nach Würden zu ehren. Solch ein Urian lag mir unmittelbar zur Seite vor Anker; und daß er sich preußische Papiere zu verschaffen gewußt hatte, lag daraus klar am Tage, daß er zuzeiten unsern schwarzen Adler von seinem Hinterteile hatte wehen lassen.

Am Morgen des königlichen Geburtstages war bei diesem meinem Nachbar alles in tiefster Ruhe und weder Flagge noch Wimpel bei ihm zu verspüren. Erst spät hatte er sich den Schlaf aus den Augen gerieben; aber sobald er sich auf dem Verdeck zeigte, warf ich ihm die Frage in den Bart: ob er, gleich mir und so vielen andern rings um uns her, den König von Preußen nicht auf herkömmliche Weise wolle hoch leben lassen? „Das werde ich wohl bleiben lassen!" gab er zur Antwort, „was geht mich euer König an?" — Meine Erwiderung fiel, wie sich leicht denken läßt, deutsch und derbe aus; allein ohne etwas darauf zu geben, wandte er mir den Rücken und ließ sich an Land setzen.

„Topp!" gelobte ich mir selbst, „was der Schuft zu tun nicht Lust hat, soll dennoch von mir und in seinem Namen geschehen!" — Ich besaß zwei Gestelle Flaggen und Wimpel, wovon das seidene bereits seit Sonnenaufgang in meinem Tauwerk prangte und flatterte; das andere baumwollene nahm ich jetzt zur Hand, stieg mit ein paar Leuten an Bord des Holländers und machte Anstalten, dasselbe an seinen Masten aufzuziehen, ohne daß das Schiffsvolk, das sich an einfältigem Maulaufsperren begnügte, meiner Keckheit Einhalt zu tun versuchte. Und so weheten meine Flaggen den ganzen Tag, ohne daß jemand sich unterstanden hätte, sie herabzureißen, oder daß der Kapitän sich sehen lassen oder um den Vorgang zu kümmern schien. Mir aber diente mein gekühltes Mütchen nur zu desto freudigerer Erhöhung meines patriotischen Jubels.

Indes war nicht nur meine eingebrachte Ladung in der Mitte Februars gelöscht, sondern vier Wochen später hatte ich auch bereits wieder eine neue Fracht nach Lissabon eingenommen, die in hundert Last Weizen, zweihundert Tonnen schwedischen Teers und einigen tausend Edamer Käsen von fünf bis sechs Pfund an Gewicht bestand.

Ich ging aus dem Texel in See und hatte in den ersten drei Wochen mit widrigen und stürmischen Winden zu schaffen, die mich in der Nordsee umherwarfen. Als ich jedoch Dover passiert hatte, wurden sie mir günstiger, obwohl sie bald in den stärksten anhaltenden Sturm ausarteten. Mein Schiff lief vor demselben in fliegender Fahrt mit so unglaublicher Schnelle einher, daß ich — was vielleicht zuvor nie erhört worden — den Weg von Dover nach Lissabon binnen vier Tagen und also in jeder Stunde im Durchschnitt vierthalb Meilen zurücklegte. Ein portugiesischer Kapitän, den ich als Passagier an Bord hatte, und der wegen Unpäßlichkeit während dieser ganzen Zeit nicht aus der Kajüte hervorgekommen war, wollte seinen Augen nicht trauen, als er das Verdeck bestieg und die Ufer seines vaterländischen Tajo blühend vor sich liegen sah. Er glaubte nicht anders, als wir Ketzer seien mit dem Fürsten der Finsternis verbunden und hätten mit seiner Hilfe die Fahrt nicht durch die Wellen, sondern durch die Luft bewerkstelligt.

Ich ging ans Ausladen meiner eingenommenen Güter. Nachdem ich des Teers ledig geworden, traf nunmehr die Reihe meinen bedeutenden Käsevorrat. Hierbei aber mischte sich die Hafenpolizei von Lissabon auf eine mir unbegreifliche Weise ins Spiel, indem sich zwei portugiesische Barken, deren eine mit Militär besetzt war, mir zu beiden Seiten legten. Der Käse ward Stück für Stück aus dem Raume hervorgelangt, aber auch von den bestellten Aufsehern sorgfältig untersucht, befühlt und berochen, ob sich nicht irgendwo eine faule oder verdächtige Stelle zeigte. Jedes der Art warf man sofort in die bewaffnete Barke, und als ich erstaunt nach der Ursache eines so wunderlichen Verfahrens forschte, ward mir der Bescheid: kein Käse, der einen angekommenen oder gedrückten Fleck an sich habe, werde, als der Gesundheit höchst nachteilig, im Lande zugelassen, sondern sofort ins Wasser geworfen. Vergebens erwiderte ich, daß in aller übrigen Welt gerade der angefaulte Käse seine besonderen und häufigen Liebhaber finde: man meinte, dazu gehöre auch ein ketzerischer Magen; in Portugal hingegen müsse aus solchem Genusse alsobald die Pest entstehen.

Allmählich hatte sich die als verdächtig ausgemerzte Ware in der Kriegsbarke zu einem ansehnlichen Haufen angesammelt. Diese machte sich demnach von meinem Borde los, entfernte sich einige hundert Klafter abwärts und begann nun, den konfiszierten Käse ins Wasser zu werfen. Überall trieben die Stücke umher; aber ebensobald auch machten alle Schaluppen und Fahrzeuge in der Nähe Jagd auf eine so willkommene Beute. Die Soldaten in der Barke suchten zwar diese Kapereien zu verhindern, schrieen, schimpften und machten sogar Miene, Feuer zu geben; doch demungeachtet wurde ein großer Teil von diesem Pestkäse glücklich wieder aufgefischt und hoffentlich auch ohne weitern Nachteil für Leben und Gesundheit verzehrt.

Aber auch selbst mein eingeladener Weizen machte den Polizeioffizianten eine ähnliche Unruhe und Besorgnis. Denn ihrer Sieben an der Zahl fanden sich, als derselbe gelöscht werden sollte, an meinem Borde ein, um seine Beschaffenheit zu untersuchen.

Unglücklicherweise fanden sich nun einige zwanzig Weizensäcke, die zu äußerst an den Seiten gelegen hatten und von dem feuchten Dunst im Raume auswendig beschimmelt waren. Sofort war auch ihnen das Todesurteil gesprochen! Sie wurden aufgeschnitten und der Inhalt kurzweg über Bord geschüttet. Ich bewies ihnen durch den Augenschein, daß der Weizen in diesen Säcken nicht den mindesten Schaden gelitten; ich klopfte ihnen sogar auf ihre Schubsäcke, die sie mit diesem nämlichen für verpestet ausgeschrieenen Korne dick auszustopfen nicht verabsäumt hatten. Sie schüttelten bloß die Köpfe und entgegneten, die eingesackten Pröbchen seien nur zum Futter für ihre Hühner bestimmt, die sich ja als ein unvernünftiges Vieh den Tod nicht daran fressen würden.

Alles dies vermehrte meinen Wunsch, diesen Hafen je eher je lieber wieder zu verlassen. Auch fand ich binnen kurzem eine anderweitige Ladung, aus Zucker, Kaffee, Wein usw. bestehend, die auf Hamburg bestimmt war, und mit deren Einnehmung ich mich sofort aufs fleißigste beschäftigte. Nun aber traf mich alsobald ein Verdruß anderer Art, der mich um all meine gute Laune zu bringen drohte. Es gab nämlich eine Menge von dänischen, schwedischen und holländischen Schiffen auf der Reede, welche mich um diese vorteilhafte Fracht beneideten und sie womöglich gerne rückgängig gemacht hätten. Da sie nun allesamt mit den Barbaresken in Frieden lebten, ich aber als Preuße keine Türkenpässe aufzuweisen hatte, so sprengten sie an der Börse die lügenhafte Zeitung aus, daß zwei Algierer vor der Mündung des Tajo kreuzten und auf gute Beute lauerten.

In der Tat erreichten sie insofern ihren Zweck, daß meinen Abladern unheimlich bei der Sache wurde, da sie bei mir auf keine freie Flagge zu rechnen hatten; und einer von ihnen, der mir bereits zwei Kisten mit spanischen Talern als Frachtgut in meine Kajüte gegeben hatte, ließ sie zurückfordern und zog es vor, sich mit mir um Erlegung der halben bedungenen Fracht zu einigen. Dagegen wußte ich die übrige schon eingenommene Ladung standhaft zu behaupten, stach mit Ausgang des Juli in See, ohne einen Korsaren zu erblicken, und erreichte ohne jedes weitere Abenteuer die Elbe glücklich und wohlbehalten.

Indes schien es mir gleichwohl vom Schicksal bestimmt, daß ich immer aufs neue mit Lissabon zu schaffen haben sollte; denn gleich meine nächste Fahrt mit allerlei Stückgütern von Hamburg war wieder auf diesen Platz gerichtet. Ich ging dahin im September ab, konnte aber erst in der Mitte Novembers im Tajo den Anker werfen. Desto hurtiger ging es aber mit meiner nächsten, wiederum nach Hamburg bestimmten Rückreise, wo ich bereits nach Verlauf von vier Wochen anlangte, aber nun auch des inzwischen eingetretenen starken Frostes wegen mich entschließen mußte, zu überwintern. Ich gestehe aber gerne, daß ich, an rastlose Tätigkeit gewöhnt, mich mit dieser gezwungenen Winterruhe je länger je weniger auszusöhnen vermochte.

Im nächsten Frühling 1782 neigte sich der amerikanische Krieg immer mehr zum Ende — ein Ereignis, welches sofort auch einen sehr bemerkbaren ungünstigen Einfluß auf den bisher so lebhaft betriebenen Handel der Neutralen äußerte, wovon ich selbst unmittelbar die Folgen spürte, indem ich beinahe den ganzen Sommer auf der Elbe liegen blieb, ohne irgend eine mir passende Fracht zu finden. Diesen mir aufgedrungenen Müßiggang benutzte ich dazu, meine Papiere in Ordnung zu bringen und mich mit meinem Patron, Herrn Groß in Stettin, über sämtliche Reisen, die ich bisher für ihn getan hatte, zu berechnen. Sobald dieses Stück Arbeit fertig war, schickte ich es mit sämtlichen Belegen über Einnahme und Ausgabe an ihn ein und machte ihm bemerklich, wie ich mit seinem Schiffe, nach Abzug aller Ausrüstungs- und Unterhaltungskosten, aller Volkslöhnungen, angeschafften und verbrauchten Provisionen, Assekuranzprämien, außerordentlichen Kosten usw., reine fünfunddreißigtausend Taler für ihn verdient habe. Was jedoch den letztern Artikel der „außerordentlichen Ausgaben" betreffe, so beruhigte ich mich mit seiner eignen langen Erfahrung im Schiffswesen, daß er den Unterschied der Zeiten nicht übersehen werde, wie nach Umständen so manches kaum glaubliche Opfer habe gebracht werden müssen, um nur hurtig wieder in Gang und Verdienst zu kommen.

Diesen Rechnungen schloß ich nun zugleich eine Übersicht meiner eigenen, bei ihm gut habenden Forderungen bei, die sich auf tausendsiebenhunderteinundsiebzig Taler und einige Groschen beliefen, mit der Bitte, mir darüber einen Revers zukommen zu lassen, den ich um Lebens- und Sterbenswillen bei Joh. Daniel Klefecker in Hamburg niederzulegen gedächte. Meine Papiere aber wünschte ich, nachdem sie von ihm durchgesehen und gutgeheißen worden, von seiner Güte zurückzuempfangen.

Herr Groß schien jedoch bei diesem allen keineswegs die Eile zu haben, welche meine Ungeduld bei ihm voraussetzte. Seine gehoffte Antwort blieb mir bald gar zu lange aus; und dies erweckte in mir die Sorge, daß er wohl gar in meinen Rechnungen einigen Anstoß gefunden und deshalb erst noch mit andern konferieren möchte. Alles, was mir früher von seiner unverträglichen Gemütsart gesagt worden, stieg mir wieder zu Kopfe, und da ich noch verschiedene Posttage wieder vergeblich geharrt hatte, konnte ich mich länger nicht entbrechen, ihm schriftlich mein Befremden zu äußern, daß er mich in dieser peinigenden Ungewißheit lasse. Erregten ihm meine Rechnungen einiges Mißtrauen, und zweifle er an meiner Redlichkeit, so möge er hier in Hamburg einen andern Schiffer bestellen, damit ich in Stettin persönlich ausweisen, jeden Zweifelsknoten lösen und meine Ehre sicher stellen könne.

Kaum war dieses Dokument meines Unmuts auf den Weg gegeben, als mit nächster Post ein Schreiben von Herrn Groß einlief, das mich in der innersten Seele beschämte. Er äußerte sich darin: „Mein lieber Sohn, ich bin mit Ihnen wie mit Ihren Rechnungen und Handlungen herzlich zufrieden. Für Ihre treuen und ehrlichen Dienste übersende ich Ihnen hierneben, als Geschenk, einen Wechsel von tausend Mark Hamb. Banko, den sie sogleich ziehen mögen, damit Sie Geld für sich in Händen haben. Demnächst erhalten Sie den verlangten Revers über tausendsiebenhunderteinundsiebenzig Taler, die Sie bei mir zugute haben."

Inzwischen hatte ich diesem Ehrenmann, als bereits der Juli herangekommen war, gemeldet, daß mir's unerträglich fiele, mit seinem Schiffe hier noch länger untätig auf der Bärenhaut zu liegen und es im Hafen verfaulen zu sehen. Er möge mir demnach gestatten, Ballast einzunehmen und nach Memel zu gehen, wo ich eine Ladung fichtener Balken für eigne Rechnung einzunehmen und in Lissabon abzusetzen gedächte, wo sie meiner Erfahrung nach mit Vorteil abzusetzen sein würde. Als Rückfracht ließe sich im schlimmsten Falle wiederum eine Ladung Seesalz einnehmen und nach Riga verführen.

Herr Groß stand nicht an, diese Vorschläge zu genehmigen. Ich nahm, da ich meine Leute schon im Winter entlassen, neues Hamburger Schiffsvolk an und trat Mitte August die Reise nach Memel an. Als wir zur Elbe hinaus und gegen Helgoland kamen, ging der Wind in Westnordwest, und es ward regnerisches und stürmisches Wetter. Mein Steuermann hatte, wie ich mit Leidwesen bemerkte, etwas zu tief in die Flasche gesehen. Ich wollte dem Dinge abhelfen, ließ einen Teekessel mit Wasser und Wein aufsetzen und reichte ihm davon einige Tassen zur Ernüchterung; allein das schien ihn fast noch mehr zu benebeln. Um acht Uhr abends teilte ich die Wachen ein; demzufolge der Steuermann und das halbe Volk die erste bis Mitternacht übernehmen sollten, und wobei ich den ersteren anwies, auf keinen Fall östlicher als Nordost zu steuern, um nicht auf Land zu geraten; bei dem allermindesten Vorfall aber, der sich ereignen könnte, mich sofort zu wecken.

Zwar begab ich mich hierauf in meine Kajüte zur Ruhe; doch war mein Gemüt zu voll von Unruhe und böser Ahnung, als daß ich hätte Schlaf finden können. Ich warf mich hin und her im Bette, horchte nach jedem Geräusch, das auf dem Verdecke über mir laut ward und hörte endlich den Mann am Ruder in die Worte ausbrechen: „Nein, es geht doch toll auf diesem Schiffe her! Kein Licht beim Kompaß, kein Steuermann auf dem Deck; ich weiß selbst nicht mehr in der Finsternis, welchen Strich ich halten soll."

Es war mir bei diesen angehörten Stoßseufzern, als ob mich der Donner rührte. Ich fuhr mit gleichen Füßen aus dem Bette und sprang aufs Verdeck. „Was steuert ihr auf dem Kompaß?" fragte ich den Menschen und erhielt eine konfuse Antwort, aus welcher ich jedoch vernahm, daß ihm der Wind das Licht, das sonst regelmäßig neben dem Kompaß in einer Laterne brennt, ausgeweht habe. Daneben spürte ich deutlich, daß uns der Wind von hinten kam, anstatt daß er höchstens den Backbord hätte treffen sollen. — „Wo ist der Steuermann?" — Der lag in seiner Koje, schnarchte und wußte von seinen Sinnen nichts!

Fast hätte eine so rasende Unordnung mich auch um meine Sinne gebracht! Ich machte Lärm unter dem Volk, es mußte Licht gebracht werden, und als ich damit den Kompaß beleuchtete, ersah ich mit Todesschrecken, daß das Schiff gegen Südosten, gerade auf die Küste zu, anlag. Ohne einen Augenblick zu verlieren, griff ich zur Ruderpinne, wandte das Schiff durch Süden nach Westen, und ließ gleich darauf das Bleilot auswerfen, welches nicht mehr als vier Klafter Tiefe anzeigte. So lag es denn am Tage, daß wir nur noch ein paar Minuten länger in jenem verkehrten Kurs hätten fortsteuern dürfen, und wir wären ohne Rettung auf den Strand gegangen, wo wir vielleicht Schiff, Leib und Leben eingebüßt hätten.

Aber auch jetzt noch blieb es für die ersten Augenblicke zweifelhaft, ob all unsre Anstrengungen uns aus dieser dringenden Gefahr wieder loshelfen würden. Sobald ich jedoch endlich diese glückliche Überzeugung gewonnen hatte, schien es mir nötig, ein Beispiel zu statuieren. Ich holte den Taugenichts von Steuermann bei den Haaren aus seiner Kammer hervor, trat und stampfte ihn mit Füßen, wie er's verdient hatte, und hielt zugleich auch der übrigen Mannschaft eine Strafpredigt, woran sie sich spiegeln und meinen Ernst abnehmen mochte. Was es aber fruchten werde, mußte ich dahingestellt sein lassen.

Von jetzt ab gab es nichts als widrige Winde, die uns volle vierzehn Tage hindurch nötigten, in der Nordsee und bei Skagerrak umherzukreuzen. Was aber meinen Unmut noch höher steigerte, war der dünkelvolle und widerspenstige Sinn meines Schiffsvolks, der sich je länger je ungescheuter offenbarte. Kam es zu verdienten Verweisen und Ermahnungen, so hieß es immer: „Pah! Wir sind Hamburger und keine Preußen! Wir kennen unsre Gesetze und Rechte, und so muß man uns nicht kommen!“ — Was mich jedoch am meisten verschnupfte, war eine gegen allen Seemannsbrauch streitende Gewohnheit, die sie unter sich und gegen meinen Willen in Gang zu bringen suchten. Sie lagen nämlich bei Tag und Nacht über ihren Tee- und Kaffeekesseln, und so oft ich in die Kombüse sah, hingen oder standen acht oder zehn solcher Maschinen bei einem Feuer, woran man vielleicht einen Ochsen hätte braten können — ein Unwesen, wobei nicht nur unser Kohlenvorrat unnütz verschwendet, sondern auch dem Schiffe die beständige Gefahr eines Unglücks durch verwahrlostes Feuer bereitet wurde.

Als mir dieser Unfug endlich zu arg ward, machte ich ihnen ernstliche Vorhaltung, daß dies gegen alle gute Ordnung streite und fortan abgestellt bleiben müsse. Es solle dagegen mein eigner großer Kessel fortwährend am Feuer stehen, und was ich selbst nicht gebrauchte, möchten sie nehmen und unter sich einteilen. Allein auch das war in den Wind geredet, und mit dem Tee- und Kaffeegesöff blieb es beim alten. Fast gewann es sogar den Anschein, als ob man Lust habe, sich um meine Gebote und Anordnungen gar nicht mehr zu kümmern. Wie mir dieser bewiesene Trotz im Herzen kochte und sprudelte, wird man sich leichtlich vorstellen können.

Eines Abends, nach Endigung des Gebets, hieß ich der Mannschaft, noch etwas stille sitzen zu bleiben, weil ich ihnen etwas vorzustellen hätte, und mit ebensoviel Ernst als Güte deutete ich ihnen meinen festen Willen an, daß das Kunkeln mit den vielen Teekesseln von Stund an ein Ende haben solle. Sie hingegen pochten unter Lärm und Geschrei nach gewohnter Weise, daß sie Hamburger wären und keine Preußen und sich ihr Recht nicht nehmen lassen würden.

Ich hielt jedoch an mich und sagte mit möglichster Ruhe: „Ihr wißt nun meinen Willen, und das ist genug!“

Am nächsten Morgen um acht Uhr stieg ich meiner Gewohnheit gemäß in den Mastkorb, mich umzusehen. Indem ich dabei meine Blicke zufällig nach unten richtete, nahm ich wahr, daß mein ganzes Volk, der Bootsmann und der Koch an der Spitze, wie verabredet in einer Reihe, und jeder seinen Teekessel in der Hand, von hinten nach der vorderen Luke zuschritten, um sich im Raume mit frischem Wasser zu versehen. Dies sehen und mich am nächsten besten Tau an den Händen hinunterlassen, war das Werk eines Augenblicks. Glücklich gelangte ich so aufs Verdeck, bevor sie noch die Luke erreichten, und mit fester Stimme rief ich: „Was ist das? Was soll das?“ — indem ich zugleich dem Bootsmann wie dem Koch den Teekessel aus den Händen riß und weit hinaus über Bord ins Meer schleuderte.

Hui, das hieß in ein Wespennest gestochen! Die Kerle schlossen einen dichten Kreis um mich her und schrieen wie unsinnig: „Schlagt zu! Schlagt zu!“ — doch keiner hatte das Herz, der erste zu sein. Diese Unschlüssigkeit gab mir Zeit und Raum, mit der größten Behendigkeit mich durch sie hindurchzuwinden und mit starken Schritten nach meiner Kajüte zu eilen, wiewohl alsobald auch der helle Haufe mit einem fürchterlichen „Halt auf! Schlagt zu! Halt fest!“ mich auf dem Fuße dahin verfolgte. Doch gelang mir's, die Kajütentür hinter mir zuzuschlagen und den Riegel von innen vorzuschieben.

In der Tat war nun meine Lage bedenklich genug, und ich durfte von den erhitzten Meuterern leicht das Ärgste erwarten; denn mein Leben sowohl als die Erhaltung des Schiffes standen hier auf dem Spiele. Sinnend und in stürmischer Bewegung ging ich in der Kajüte mit großen Schritten auf und nieder, um über irgend eine durchgreifende Maßregel zu meiner Rettung mit mir einig zu werden. Ich erinnerte mich endlich, daß ich einige Reisen früher in Hamburg einen Abdruck des dort geltenden Schiffs- und Seerechts gekauft und bei mir an Bord hatte, sowie daß ich dasselbe zum öftern durchblättert und mir mehrere Punkte angestrichen hatte, über die Volk und Schiffer am leichtesten und gewöhnlichsten miteinander zu zerfallen pflegen, falls ich irgend einmal in einen ähnlichen Zwist geraten sollte.

Ungesäumt holte ich dieses Buch aus seinem Winkel hervor, schlug den gesuchten Artikel nach und fand folgendes verzeichnet:

„Einem Schiffer steht frei, seine Leute zu züchtigen, und es darf keine Gegenwehr geschehen. Sollte aber ein Schiffsmann sich unterstehen, seinen Schiffer zu schlagen oder sonst zu mißhandeln, so wartet seiner der Galgen nach Hamburger Recht. — Ebenso nach englischem und holländischem Seerecht. — Nach dänischen und schwedischen Gesetzen wird der Verbrecher mit der Hand an den Galgen genagelt, um sechs Stunden daran zu stehen, bis ihm das Messer, womit er angenagelt ist, wieder herausgezogen worden. — Nach preußischem Seerecht wird er sechs Monate in Eisen an die Karre geschmiedet."

Ich unterstrich diese Gesetzstelle, legte das Titelblatt mit den großgedruckten Worten „Hamburgisches Schiffs- und Seerecht" aufgeschlagen auf den Tisch, und meinen kurzen, aber gewichtigen Rohrstock daneben, und zog nun die Glocke, die den Kajütenjungen mit seiner Frage: „Was zu Dienst?" herbeirief. — „Der Bootsmann soll zu mir kommen." — Eine Minute später trat der Geforderte zuversichtlich in die Kajüte, die ich sofort hinter ihm ins Schloß warf.

„Kannst du deutsch lesen, Bursche?" fragte ich ihn, indem ich ihm dicht auf den Leib trat. — „Hm, ich werde ja! Was soll's damit?" lautete die Antwort. — „So tritt her und lies diesen Titel. Das sind die Gesetze, wonach deine Vaterstadt dich und deinesgleichen richtet. Und nun lies und beherzige hier auch diesen Artikel." — Er sah den Paragraphen überhin an und fuhr dann heraus: „Hoho, das ist nur Wischewäsche!" — „So, guter Kerl? Nun so will ich dir zeigen, was Wischewäsche ist", und damit griff ich nach dem spanischen Rohr und walkte ihn durch aus

Leibeskräften. Das böse Gewissen erlaubte dem Buben nicht, sich tätlich zu widersetzen, sondern er taumelte nur stöhnend aus einem Winkel in den andern, um meinen Streichen zu entgehen. So geschah es, daß mein Strafgericht in dem engen Raume der Kajüte ebensowohl die umher angebrachten Glasschränke samt den darin befindlichen Gläsern und Tassen traf, was ich aber in meinem brennenden Eifer nicht achtete.

Endlich, da ich meinen Arm erlahmen fühlte, stieß ich den Taugenichts mit den Füßen zur Kajüte hinaus, riegelte die Türe hinter mir zu, und nahm mir nun etwas Zeit zum Verschnaufen. Der Anfang zur Wiederherstellung meiner Autorität war glücklich gemacht und damit zugleich ein schwerer Stein von meinem Herzen gefallen. Die Kerle steckten in keinen reinen Schuhen und fingen an, bei meiner Entschlossenheit perplex zu werden. Ich durfte nun aber auch nicht auf halbem Wege stehen bleiben, sondern sie mußten noch gewichtiger fühlen, daß ich ihnen gewachsen war. Sobald ich mich demnach ein wenig erholt hatte, zog ich abermals die Schelle und ließ nunmehr auch den Koch vor mich fordern.

Der Schelm mochte nun wohl schon erfahren haben, was seiner wartete. Er leistete also zwar Gehorsam, beobachtete aber die kluge Vorsicht, die Türe nur gerade so weit zu öffnen, daß mir Nase und Augen sichtbar wurden. „Näher, Schurke!“ donnerte ich ihm entgegen; er hingegen suchte mich zu begütigen und bat: „O, lieber Kapitän, laßt es doch gut sein!“ — Ich wiederholte mein Gebot; da er aber gleichwohl die Tür in der Hand behielt, warf ich ihm mein Rohr an den Kopf, und er sah dabei seine Gelegenheit ab, die Türe zuzuschnappen und sich aufs Verdeck zurückzuziehen. — Auch der zweite Feind war nun aus dem Felde geschlagen; jetzt kam es noch darauf an, einen entscheidenden Hauptschlag zu vollführen und die Kerle durch plötzlichen Schreck vollends zu unterjochen.

Ich überlegte im Auf- und Abgehen, daß, je längere Zeit ich bei dem anhaltenden Gegenwinde brauchen würde, um den Sund zu erreichen und mein rebellisches Volk durch obrigkeitlichen Beistand zu Paaren zu treiben, leicht in den nächsten Augenblicken sich etwas ereignen könnte, was den gesunkenen frechen Mut desselben wieder höbe und das Übel ärger mache. Am gescheitesten also schien mir's, den nächsten norwegischen Nothafen aufzusuchen und dort Recht und Gerechtigkeit zu fordern.

Hierzu entschlossen, nahm ich meinen Schiffshauer unter den Arm, kam festen Schrittes auf das Verdeck hervor und gebot dem Mann am Ruder: „Paß auf, Junge, und steure Nordnordost!" — Das gesamte Schiffsvolk stand auf einem Haufen versammelt und steckte die Köpfe zusammen. Als ich ihnen aber zurief, nach vorne zu gehen und die Segel nach dem Winde zu ziehen, verrichteten sie diese Arbeit pünktlich und in sichtbarer Gemütsbewegung. Nur der Steuermann, der sich bei dem ganzen Vorgange wie ein Dummbart abseits gehalten, trat jetzt mit der verwunderten Frage zu mir heran: „Ei, Kapitän! wo denn nun hin?" — „Wie?" rief ich in Gift und Galle, „Ihr seid Steuermann und begreift das nicht? Nach Norwegen geht der Kurs, und dort gerade auf den Galgen los. Will ich meines Lebens und Schiffes sicher sein, so müssen binnen hier und drei Tagen ein paar Rebellen hoch in der Luft baumeln."

Das sämtliche Volk hatte diese Drohung, wie es meine Absicht war, mit angehört. Ich hörte ihr Geflüster und sah, wie sie untereinander etwas ernstlich zu bereden schienen. Noch konnte ich nicht erraten, was sie im Schilde führten. Um aber auf alles gefaßt zu sein, zog ich meinen Hauer blank, trat mitten unter sie und fragte gebieterisch: was sie wollten? — Der Bootsmann nahm für sie das Wort, dem sie nach und nach alle beifielen, und gestand mit Zerknirschung: sie hätten sich übereilt und vergangen, bäten mich um Vergebung und versprächen, sich hinfort besser gegen mich zu betragen.

„Ei wohl!" entgegnete ich ihnen, „Respekt und Gehorsam gegen mich verstehen sich wohl von selbst. Aber was ich wegen des Vergangenen über euch beschließe, darüber werde ich mich allerdings noch besinnen müssen. Jetzt an die Arbeit!" — Für mich selbst aber zog ich nunmehr in Erwägung, daß, da die Kerle dergestalt zu Kreuze gekrochen, die Fahrt nach Norwegen nur eine unnötige Zeitversplitterung sein und es bessern Vorteil versprechen werde, in See zu bleiben und meine Reise möglichst zu beschleunigen. Indem ich sie also aufs neue zusammen berief, erklärte ich ihnen, daß ihr böser Handel fürs erste mit dem Liebesmantel zugedeckt, wenngleich nicht ganz vergeben sein solle, was sich zu seiner Zeit weiter ausweisen werde.

Demnach änderte ich meinen Kurs wieder nach Osten gegen das Kattegat, bis mich in der Nacht vom 2. zum 3. September ein dermaßen schrecklicher Sturm aus Nordosten überfiel, wie ich ihn kaum jemals erlebt habe, und wie er in dieser beengten Meeresgegend verdoppelte Gefahr drohte. Am Abend vorher zählte ich in meinem Gesichtskreise auf etwa zwei Meilen umher nicht weniger als zweiundvierzig Segel, die gleich mir nach dem Sunde steuerten. Der Sturm verstärkte sich aber von Stunde zu Stunde, so daß ich endlich keinen einzigen Lappen Segel führen konnte und mit jeder Woge fürchten mußte, auf eine blinde Klippe zu stoßen, welche hier meilenweit vom Lande zu Hunderten umhergesät sind. Doch Gott erhielt uns wunderbarlich; am nächsten Morgen aber waren von jenen zweiundvierzig Schiffen nah und fern nicht mehr als vierzehn zu erblicken, und gewiß ging der größte Teil der fehlenden in dieser entsetzlichen Nacht zugrunde. Für uns Geretteten hingegen stieg alsobald wieder ein freundliches Wetter auf, das uns glücklich nach dem Sund führte.

Hier nicht länger als unumgänglich notwendig war, zu verweilen, gab es noch einen geheimen, aber meinem Herzen angelegenen Grund für mich. Ich hatte meinem Vater schon von Hamburg aus nach Kolberg geschrieben, daß ich auf dieser Reise alles daransetzen würde, mich der Reede meiner Geburtsstadt so weit zu nähern, daß ich die Freude haben könnte, ihn und die Meinigen im Vorüberfahren auf einige Stunden bei mir am Borde zu begrüßen. Ich wollte dabei an einem roten Stander kenntlich sein, den ich vom Vordertop würde wehen lassen, und ich bat ihn und alle guten Freunde, mir diesen gehofften Genuß nicht zu verderben.

In der Tat wollten mir auch Wind und Wellen so wohl, daß ich schon am 29. September mich auf der Kolberger Reede zeigen konnte. Da es gerade ein Sonntag war, so befanden sich nicht bloß meine erbetenen Gäste, sondern auch noch anderweitige zahlreiche Bekannte auf der Münde, welchen der Besuch an meinem Schiffe eine gelegene Lustpartie schien, und die mir daher, vielleicht hundert Köpfe stark, gern gesehen an meinem Borde zusprachen. Bei dem schönen Wetter ging ich gar nicht einmal vor Anker, sondern blieb mit Hin- und Herkreuzen unter Segel. Kajüte und Verdeck wimmelten von bekannten Gesichtern und fröhlichen Menschen, bis endlich abends alles wieder zu Lande fuhr; und ich darf mit Wahrheit sagen, daß ich diesen Tag für einen der vergnügtesten meines ganzen Lebens achte.

Nach traulichem Abschied erhielt ich einen guten, steifen Wind, der mich schon zu Abend des andern Tages ins Angesicht von Memel brachte. Hier aber hatte er sich allmählich in einen Sturm verwandelt, der es den Lotsen unmöglich machte, zu uns heranzukommen; und keck, wie ich war, unternahm ich mir's, auf meine eigne Gefahr auf den Hafen zuzusetzen. Das Wagstück ließ sich auch gut genug an, bis ich zwischen die beiden Haken kam, wo sich's fand, daß das Fahrwasser viel zu westlich lief, als daß ich mich mit diesem Winde gegen dasselbe wenden konnte. Zwar machte ich, da hier Not an Mann ging, den verzweifelten Versuch; allein das Schiff wollte dem Steuer nicht länger folgen und trieb augenscheinlich gerade auf den Nordhafen zu.

In diesem Augenblicke stand unser Leben und alles auf dem Spiel. Ich ergriff ein Beil, kappte flugs das Bogreep und die übrigen Leinen, woran der Anker sich hielt, der nun mit seinem ganzen vollen Gewicht in den Grund fiel. Nun hatte das Schiff für den Moment den fehlenden festen Stützpunkt gefunden; es schwang sich um den Anker, und kaum hatte es sich auf diese Weise nach Wunsch gewandt, so hieb ich mit einem kräftigen Streiche auch das Ankertau entzwei, ließ den Anker stehen und kam glücklich und ohne Schaden wieder in See, bis des andern Tages der Wind nördlicher ging und ich nun in aller Gemächlichkeit den Hafen erreichte.

Obwohl nie ein Freund tyrannischer Härte in meinem Kommando und auch hier nicht von einer besonderen Rachsucht getrieben, glaubte ich es doch sowohl mir selbst als dem gemeinen Besten schuldig, meine Schiffsmannschaft wegen ihrer angezettelten Meuterei bei dem Seegericht in Memel sofort nach meiner Ankunft anzuklagen. Die Sache ward untersucht, und der Spruch fiel dahin aus, daß dem Bootsmann als Rädelsführer hundert Stockprügel in zwei Tagen, dem Koch fünfzig und noch einem Matrosen fünfundzwanzig zugezählt werden und sie ihrer verdienten Gage verlustig gehen sollten, die den seefahrenden Armen zuerkannt wurde. Nach empfangener Strafe aber sollten sie über die nächste preußische Grenze gebracht werden.

Laut dieses Urteils wurden sie sogleich in die Militärwache abgeführt und an dem bestimmten Tage ein paar Unteroffiziere beordert, den Spruch an ihnen zu vollziehen. Ich meinesteils erachtete es für gut und wohlgetan, mein übriges Schiffsvolk mit herbeizuführen, um Zeugen der Exekution zu sein und sich daran zu spiegeln. Die drei Kerle traten ziemlich keck aus dem Wachlokale hervor und schienen den Korporalstock wenig zu fürchten, bis man sie bis aufs Hemde entkleidete und daneben der warmen Fütterung beraubte, wodurch sie sich zu schützen vermeint hatten. Hoffentlich drang nun der wohlverdiente Denkzettel durch die neunte Haut; ich aber froh, ihrer los und ledig zu sein, nahm wieder in ihre Stelle drei englische Matrosen an, welche von einem Schiffe in Libau heimlich abgegangen waren.

Gehörte jenes Strafgericht zu den Unannehmlichkeiten meines Aufenthalts in Memel, so war mir hier doch auch eine zweifache herzliche Freude durch lebhafte Rückerinnerung an meine Jugendzeit vorbehalten. Nicht nur fand ich ganz unvermutet in dem Post- und Bankdirektor W** meinen einstmaligen treuen Taubenfreund wieder, dessen ich eingangs dieser meiner Lebensgeschichte unter einem bei weitem nicht so stattlich klingenden Titel gedacht, und der mich mit voller alter Herzlichkeit aufnahm, sondern auch mit dem ehemaligen Kolberger Kaufmann Seeland traf ich hier zufällig zusammen, dessen Dörtchen mir einst nach meinem verunglückten Turmritt eine unvergeßliche Semmel zugesteckt hatte, und die ihn jetzt auf dem Wege nach der Insel Oesel begleitete, wo der gute verarmte Mann bei seinem Sohne, einem dort wohnenden Prediger, Zuflucht und Unterstützung suchte. Wie dauerte mich um meiner jugendlichen Wohltäterin willen das Schicksal dieser Familie! Aber wie machte mich's jetzt auch glücklich, daß ich meinem dankbaren Herzen seinen Willen lassen konnte!

Übrigens machte ich in Memel für meinen Patron ein noch besseres Geschäft, als ich gehofft hatte, indem ich, anstatt eine Ladung für eigene Rechnung einzunehmen, Gelegenheit fand, mit Herrn Kaufmann Wachsen (auch einem Kolberger) eine leidlich gute Fracht auf Lissabon über eine Partie Schiffsmasten, fichtene Balken und Stangeneisen abzuschließen.

Ohne ein denkwürdiges Begebnis langten wir in der Hälfte des Januar 1783 glücklich zu Lissabon wieder an.

Wie ich nun meine Ladung in diesem Hafen löschte, entstand die Verlegenheit, in dieser ungünstigen Jahreszeit (es war mitten im Winter) nicht sofort wieder eine vorteilhafte Fracht zu finden. Nach Süden, ins Mittelländische Meer, durfte ich mich aus Mangel an Türkenpässen nicht wagen; und in der Nord- und Ostsee hatte der Frost die Schiffahrt geschlossen. Ich mußte also bis in den Monat März die Hände notgedrungen in den Schoß legen, und, da mir auch dann noch keine Fracht nach meinem Sinne angeboten wurde, mich entschließen, eine Ladung Salz für eigne Rechnung zu kaufen und nach der Ostsee zu führen.

Als wir endlich zum Tajo herausgekommen waren, machten wir die unangenehme Entdeckung, daß unser Schiff viel Wasser einließ. Anfangs meinten wir, daß, da wir mit demselben so lange ledig gelegen und hohen Bord gehabt, die Fugen mancher Planken durch die Sonnenhitze voneinander getrocknet sein möchten, und daß diese Nähte unter Wasser bald wieder zuquellen würden. Allein das Leck nahm so überhand, daß wir das Schiff bald mit beiden Pumpen kaum über Wasser halten konnten. Zudem stand der Wind vom Lande, und es war also unmöglich, wieder in den Hafen zurückzusteuern.

In dieser Not lag uns alles daran, den schadhaften Fleck aufzufinden, um demselben womöglich beizukommen und ihn zu stopfen. Man weiß, wie klar und durchsichtig die Gewässer des Atlantischen Ozeans in dieser Gegend sind, und daß man darum ziemlich deutlich auch in eine größere Tiefe sehen kann. Wir hielten also fleißige Nachsuchung, ob wir nicht außerhalb Bords unter Wasser etwas zu erkennen vermöchten: und da fand ich denn endlich, daß an der Seite, ungefähr vier bis fünf Fuß tief unter der Oberfläche, die Späne von der äußern Haut abstanden.

Je unmöglicher es war, daß wir unser Schiff auf den Pumpen so über See tragen konnten, desto unerläßlicher mußte hier schleuniger Rat geschafft und ein Pflaster über die wunde Stelle befestigt werden. Ich ließ sogleich eine von den Zitronenkisten, die wir in Lissabon eingenommen hatten, zerschlagen, um den biegsamen Boden derselben zu gewinnen, schnitt nach der Größe desselben meine mit Baumwolle gesteppte Bettdecke entzwei, teerte und talgte sowohl diese, als jenen Kistenboden an beiden Seiten, heftete beide mit kleinen Nägeln aneinander, bohrte am Rande acht oder zehn Löcher umher, steckte in jedes derselben einen größeren Nagel, den ich, damit er nicht herausfiele, mit etwas Werg umwickelt hatte, und sann nun darauf, wie diese Zurichtung an ihre rechte Stelle zu bringen wäre.

Es gab kein anderes Mittel, als daß einer von meinen Leuten sich entschlösse, sich rittlings auf den vierarmigen Bootsanker befestigen und unter Wasser bis zu dem Leck hinabzulassen, das präparierte Brett auf den zerstoßenen Fleck zu passen und mit dem an die Hand gebundenen

Hammer schnell, ehe ihm der Atem entginge, festzuklopfen. Ich schlug dies der Mannschaft vor: allein keiner hatte Ohren zu dieser halsbrechenden Wasserfahrt. Ich bot dem, der es wagen würde, eine Monatsgage; niemand meldete sich, sie zu verdienen. Ich stellte ihnen aufs nachdrücklichste vor, daß, wenn sie dies kleine Wagnis so sehr scheuten, wir ja doch ohne Barmherzigkeit alle ersaufen müßten. Ich bat, ich flehte; ich schalt und drohte; aber die feigen Seelen sahen mich verdutzt an und blieben bei ihrem Kopfschütteln.

„Nun denn!" sagte ich endlich im innern Ingrimm; „so will ich selbst der Mann sein, der sein Leben für euch in die Schanze schlägt!" — Dieser Entschluß entstand auch um so weniger aus Prahlerei, da ich als junger Bursche mit meinen Spielkameraden das Schwimmen und Untertauchen fleißig geübt hatte und oftmals unter dem Wasser geblieben war, bis die Beistehenden langsam dreißig zählten. Hoffentlich hatte ich diese kleine Kunst in den drei Dutzend Jahren nicht ganz wieder verlernt; und sollte ich denn doch ertrinken, so konnte mir die Art und Weise wohl ziemlich gleich gelten.

So nahm ich also getrost meinen Platz auf dem Bootsanker, dessen Tau meine Leute oben in die Hände fassen mußten, um mich daran in die bezeichnete Tiefe hinabzulassen. Nach meiner Anweisung sollten sie von dem Augenblick an, wo ich mit dem Munde unter Wasser käme, sekundenmäßig zu zählen anfangen und mich, wenn sie bis fünfundzwanzig gekommen wären, hurtig wieder emporziehen. Ich meinesteils hastete mich, soviel ich vermochte; zwei bis drei tüchtige Schläge auf jeden Nagelkopf, und das Brett saß an der rechten Stelle fest, während der Zug des Wassers nach innen das übrige tat, die Zasern der Decke in die offenen Fugen dicht einzusaugen. Kurz, ich war fertig, aber die droben dachten noch immer an kein Hinaufziehen. Endlich nach einigen Sekunden brachten sie mich wieder an Gottes freie Luft, und so war das Abenteuer glücklich bestanden!

Wir eilten schnell an die Pumpen, die nunmehr das eingedrungene Wasser bemeisterten und sichtbar verminderten.

Der Leck hatte wirklich so abgenommen, das wir uns getrauen durften, mit einer Pumpe die See zu halten.

Indes förderten wir mit getrostem Sinn unsre Reise, bis wir in den Kanal gelangten, wo wir auf ein englisches Kriegsschiff stießen, das meine Schiffspapiere zu sehen verlangte. Ich erwiderte, daß ich zur Vorzeigung derselben nur an meinem eigenen Bord bereit wäre. So kam denn ein Offizier in der Schaluppe zu mir herüber; doch während er in der Kajüte die geforderte Untersuchung anstellte, machte sich ein englischer Matrose meiner Besatzung, an dem ich wegen seines störrischen Sinnes schon manchen ernsthaften Verdruß erlebt hatte, an seine Landsleute in der Schaluppe, die zum Teil auch auf das Verdeck gekommen waren; und in welchem Sinne er mit ihnen gesprochen, ergab sich, als ich meinen Gast aus der Kajüte zurückbegleitete: jene Engländer stellten nämlich ihrem Leutnant meinen Matrosen vor als einen solchen, der wider seinen Willen hier an meinem Borde zurückgehalten werde, und der auch selbst erkläre, daß er Lust habe, auf jenem englischen Schiffe zu dienen.

„Den Menschen nehm' ich auf der Stelle mit", wandte sich der Offizier an mich; „Ihr habt kein Recht an ihn." — „Nun", war meine Antwort, „so will ich doch sehen, wer mir in offener See auch nur meinen schlechtesten Kajütenjungen wider meinen Willen wegnehmen soll. Dazu fehlt es Ihnen an Fug und Recht." — Doch der Matrose hatte nicht für gut gefunden, das Ende unsers Wortwechsels abzuwarten, sondern war bereits samt seinen Landsleuten in die Schaluppe gesprungen. Ich bedachte mich indes keinen Augenblick, ihm dahin nachzufolgen, und war darüber her, ihn, wie sehr er sich auch sträubte, an Bord zurückzuziehen, bis auch der Leutnant herabkam und von mir verlangte, daß ich die Schaluppe verlassen sollte.

Natürlich weigerte ich mich einer solchen Zumutung, und selbst als er drohte, daß er abstoßen und nach seinem Schiffe fahren werde, versicherte ich, daß ich gesonnen sei, ohne meinen Matrosen nicht vom Flecke zu weichen. Schleppe er mich dann aber nach dem Kriegsschiffe hinüber, so bliebe mein Schiff und alles, was demselben begegnen könne, auf seine Gefahr und Verantwortung. Indes setzten sie wirklich mit der Schaluppe ab; und ich behielt kaum die Zeit, meinem Steuermanne zuzurufen, daß er sich, so lange ich nicht wieder an Bord käme, in der Nähe des Kriegsschiffes halten möchte.

Sobald wir auf diesem letzteren angekommen und der Handel dem Kapitän vorgetragen war, erklärte dieser (ganz im Geiste jenes Admirals) der Kerl sei ein Brite, und er werde ihn auf seinem Schiffe behalten. „Dann, mein Herr", entgegnete ich ihm, „mögen Sie auch mich in den Kauf hier behalten; denn ich bleibe, wo mein Matrose ist, und mein Schiff dort schwimmt oder sinkt von diesem Augenblick an auf Ihr Risiko. Tun Sie nun, was Ihnen beliebt! Tot können Sie mich nicht schlagen vor so vielen Augen, und alles übrige werde ich erwarten."

Dieser feste Sinn schien den Kapitän doch einigermaßen stutzig zu machen. Er ging mit einigen Offizieren abseits in die Kajüte — wahrscheinlich, um sich mit ihnen näher zu beraten; dann aber, als sie wieder zum Vorschein kamen, stieß der eine und andre von ihnen meinen auffässigen Matrosen in die Zähne und in die Rippen und so wieder in die Schaluppe hinein, worauf ich ungenötigt folgte und mit meinem Ausreißer wieder an mein Schiff gebracht wurde. Damit jedoch diesem sein Frevel nicht ganz ungenossen ausginge, ward ich mit meinem Steuermanne einig, ihn mit Händen und Füßen an die große Spille festzubinden und so sein Hinterteil durch jeden von unsern Leuten mittels eines Endchens Tau mit einer Anzahl wohlgemessener Hiebe heimsuchen zu lassen. Die Kur schien auch für die fortgesetzte Reise nicht ohne gute Wirkung zu bleiben.

Seitdem wir die Küsten von Dover und Calais aus dem Gesichte verloren und abwechselnde, aber meist stürmische Winde uns elf Tage lang in der Nordsee umhergeworfen hatten, ohne daß wir irgend Land erblickt hätten, wagten wir es dennoch, im guten Glauben an unsre geführte Schiffsrechnung und einige angestellte astronomische Beobachtungen, uns mit dem Senkblei in der Hand um die gefährliche Spitze von Skagerrak ins Kattegat hinein zu tasten. Es glückte, aber gerade hier überfiel uns nunmehr auch ein schrecklicher Sturm aus Norden, der so hart in unser dicht eingerefftes Fock- und Vormarssegel blies, daß bald die Fetzen davon in den Lüften umherflogen.

Nach diesem Verluste wollte sich unser Schiff nicht mehr vor dem Winde steuern lassen, sondern ward unter den Wind gedreht. Es sollte eine andre neue Focke untergeschlagen werden, allein das Schiff arbeitete und schlenkerte in der brausenden, kochenden See voll blinder Klippen so gewaltig, und der Sturm hielt mit soviel Ungestüm an, daß wir alle kaum die Augen aufschlagen konnten. Das neue Focksegel ward zwar aus der Segelkammer hervorgezogen und an die Rahe geschlagen, allein so wie diese in die Höhe ging, peitschte auch jenes mit seinen Zipfeln dermaßen um sich, daß es in den nächsten Augenblicken ebenfalls in Lappen davon geführt wurde. Ich schrie, ich bat, ich fluchte meinem Volke entgegen, das oben auf den Masten saß, die Fäuste wie brave Kerle zu rühren und das Segel unter die Rahe zu bringen. Endlich stieg ich selbst in die Höhe und überzeugte mich, daß es schlechterdings unmöglich sei, diese Absicht zu erreichen.

In diesem Augenblick ward geschrieen: „Brandung leewärts!" (d. i. vor dem Winde). Das war die Minute der Entscheidung! Denn da das Schiff dem Ruder nicht mehr folgen mochte, so ward hier alle Kunst des Steuerns zu Schanden! Wir wurden mit sichtlichen Augen in unsern Untergang hineingetrieben und standen nach wenigen Augenblicken auf einem Steinfelsen fest. Sogleich auch stürzte die stürmende See in furchtbaren Wogen über unser Schiff hinweg, daß der Schaum bis hoch an die Mastkörbe emporspritzte, indes das Schiff durch die gewaltigen Stöße am Boden durchlöchert wurde und voll Wasser lief. So war denn an ein Wiederabkommen von dieser Klippe und an Rettung des Schiffes gar nicht mehr zu denken!

Dieses Unglück traf uns am 11. Mai, abends um neun Uhr. Auf dem Verdeck konnten wir uns der überflutenden Brandung wegen nicht mehr erhalten, sondern waren sogleich sämtlich auf die Masten geflüchtet. Ich selbst und sechs Mann hingen oben am Besanmast, während die übrigen acht Mann den großen Mast erklettert hatten. Ein Wunder wäre es wohl nicht gewesen, wenn wir alle die Besinnung verloren hätten; indes blieb mir doch so viel Gegenwart des Geistes, daß ich unsre Lage richtig ins Auge fassen und den einzig möglichen Ausweg zu unsrer Errettung gewahr werden konnte. Ich stellte demnach meinen Unglücksgefährten vor, wie unser aller Heil darauf beruhe, daß wir unsre Schaluppe in unsre Gewalt bekämen. Einige von ihnen, die die Rüstigsten wären, sollten sich ein Herz fassen, herniederzusteigen und die Taue, woran dieselbe auf dem Verdeck festgebunden stehe, zerhauen, nachdem sie ein Tau oder mehrere längere Taue dran festgeknüpft haben würden, deren Enden wir übrigen oben am Maste sicher zu halten gedächten. Bräche dann gleich das Schiff und die Schaluppe würde über Bord gespült, so könnte sie uns dennoch von den Wellen nicht entführt werden. Oder möchte sie sich auch voll Wasser gefüllt, oder gar das Unterste nach oben gekehrt haben, so würden wir sie gleichwohl nahe zu uns heranziehen, ausschöpfen und zu unsrer Bergung in Stand setzen können.

Durch diese Vorstellungen gewonnen, kletterten auch sofort drei wackre Kerle hinab, lösten die Schaluppe vom Verdecke ab, und jeder von ihnen versah sie hinwiederum mit seinem dazu mitgenommenen Tau, deren entgegengesetzte Enden sie glücklich wieder zu uns in die Höhe brachten. Nun aber verzog es kaum noch eine Stunde, als eine ungewöhnlich hohe Sturzwelle über das Verdeck hinschlug, das Fahrzeug weit mit sich hinaus über Bord schleuderte, den Boden nach oben umkehrte, aber die Gegenkraft der Angst, womit wir die Taue festhielten, nicht zu überwältigen vermochte.

Um elf Uhr brach, wie wir längst gefürchtet hatten, unser Schiff in der Mitte auseinander; der Fock- und große Mast stürzten über Bord — letzterer jedoch in einer so glücklichen Richtung, daß er auf das Hinterteil zufiel und so dicht neben uns hinstreifte, daß die an demselben klebenden acht Menschen zu uns heranklettern konnten. So war denn die volle Mannschaft von vierzehn Köpfen hinten bei mir auf dem Besanmaste beisammen. Durch das Bersten des Schiffsrumpfes aber hatte sich das Hinterteil, worauf wir uns befanden, so sehr gelöst, daß es in eine starke Bewegung geriet und mit jeder Sturzwelle wechselweise bald sich seitwärts weit aufs Wasser legte, bald wieder in die Höhe hob. Man mag daraus ermessen, wie übel uns dabei oben auf dem schwanken Maste zumute geworden!

In dieser höchsten Not schien denn kein längeres Zaudern ratsam. Wir zogen die Schaluppe an ihren Tauen näher zu uns heran, kehrten sie, nicht ohne große Mühe, wieder um, holten sie mit ihrem Vorderteil soweit in die Höhe, daß ein Teil des Wassers, womit sie erfüllt war, sich daraus verlief, stiegen der Reihe nach hinein, schöpften den Rest mit unsern Hüten vollends hinaus, schnitten alle Taue, die uns noch am Schiffswrack festhielten, in Gottes Namen los und kamen glücklich aus dem Labyrinth voll brandender Klippen in offenes Wasser zu treiben, nachdem wir die vier in der Schaluppe festgebundenen Ruder zur Hand genommen und uns dadurch instand gesetzt hatten, notdürftig vor dem Winde zu steuern.

Oft zwar füllten ungestüme Schlagwellen unser Fahrzeug fast bis zum Sinken mit Wasser an, doch waren wir unermüdet und auch zahlreich genug, es augenblicklich mit unsern Hüten wieder hinauszuschaffen, zwar stets unsern Tod dicht vor Augen sehend, aber auch einmütig entschlossen, unsere letzte angestrengte Kraft zu seiner Abwehr aufzubieten. So trieben wir demnach von ein Uhr nachts bis zum Vormittag des 12. Mai, wohin Wind und Wellen wollten, bis wir endlich die Insel Anholt vor uns zu Gesicht bekamen und hier an der Ostspitze, unweit des Feuerturmes, wiewohl mit neuer dringender Lebensgefahr, gegen ein Uhr nachmittags auf den Strand setzten.

Mein erstes war, mich in den trockenen Ufersand auf die Kniee zu werfen und dem Barmherzigen droben mit heißglühender Seele für die wunderbare Erhaltung meines Lebens und meiner Gefährten, zu danken. Dann aber stiegen freilich auch im Sinnen über mein Schicksal allmählich allerlei trübe Gedanken bei mir auf, die wohl fähig waren, mein Herz mit Wehmut zu erfüllen. Mein schönes gutes Schiff war verloren! Wäre mir ein Freund gestorben, so hätte mir sein Verlust nicht näher gehen können; denn meine Anhänglichkeit und Liebe zu demselben war mit jedem Tage stärker geworden. In einem unglücklichen Sinne wird mir daher auch der Steinfelsen, genannt „der Thronsitz", merkwürdig bleiben, an dem es zerscheiterte, und der mitten im Fahrwasser des Kattegat liegt.

Doch wie manches ging zugleich in dieser unglücklichen Nacht und mit meinem Schiffe verloren! Zwar mein Reeder in Stettin war zu allen Zeiten ein zu umsichtiger Mann gewesen, um sich nicht auch gegen ein Ereignis dieser Art möglichst zu decken. Ich hatte von dem Augenblick an, da ich die Führung des Schiffes übernahm, den Auftrag von ihm erhalten, dasselbe, so oft ich aus einem Hafen abging, durch Besorgung des Hauses Joh. Dav. Klefecker in Hamburg, assekurieren zu lassen. Es war demnach auch jetzt für eine Summe von zwanzigtausend Talern oder vierzigtausend Mark Hamb. Banko versichert. Da nun dieses Schiff, mit seinem vollen Zubehör und der Ausrüstung neu nur zweiundzwanzigtausend Taler gekostet hatte, die Ladung von Seesalz aber für eigne Rechnung nur einen Wert von eintausendfünfhundert Talern betrug, so ließ sich wohl absehen, daß der Verlust des Schiffes ihm keinen wesentlichen Schaden zuführen würde.

Anders aber fiel die Sache für mich selbst, und ich durfte wohl gestehen, daß dieser Schiffbruch mein eignes eben wieder aufkeimendes Glück völlig zertrümmerte. Meinen Erwerb an festem Gehalt als Schiffer hatte ich stets bei meinem Patron stehen lassen, und dieser war mir nun allerdings unverloren; allein ein Schiffskapitän hat auf vollkommen rechtmäßige Weise noch mancherlei Gelegenheit zu allerlei Nebenverdienst: ihm kommen Kajütenfracht und Kapplaken zugute, und nicht leicht verläßt er einen Hafen, ohne zugleich auch auf irgend einen kleinen Handel zu seinem Privatvorteil spekuliert zu haben, der um so besser einschlagen kann, da er ebensowohl die Frachtgelder als die Assekuranzprämien daran erspart. Alle diese kleinen Ersparnisse hatte ich immer wieder aufs neue in Waren angelegt, und so war nach und nach mein Privatverkehr zu dem Umfange gediehen, daß ich diesmal beinahe den Wert von elftausend holländischen Gulden am Borde führte. Alles dies ging nun mit dem Schiffe unwiederbringlich zugrunde. Ich hatte mir's alle diese Jahre ganz vergeblich sauer werden lassen!

Als wir auf dem betretenen Boden etwas genauer um uns sahen, erblickten wir auf der Landspitze neben dem Feuerturme ein einzelnes Haus, auf das wir zuschritten, und in dem wir den Feuerinspektor, seine Frau und zwei zur Unterhaltung des Feuers erforderliche Knechte vorfanden. Erschöpft von so vielen Anstrengungen und niedergedrückt von Sorge und Kummer, sank ich gleich nach der ersten Begrüßung auf ein dastehendes Bett und verfiel in ein halbwaches Hinbrüten, aus welchem ich mich mehrere Stunden lang nicht zu ermuntern vermochte. Gleichwohl hörte ich es während dieses fieberhaften Zustandes wie im Traume mit an, daß die Wirtsleute sich mit meinem Volk über unsre Umstände unterhielten, daß dabei erwähnt wurde, unser Schiff habe nach Stettin zu Hause gehört, und daß darauf die Hausfrau sich für meine Landsmännin erklärte.

Ihre dadurch geweckte nähere Teilnahme gab sie mir kund, indem sie mit einer Schüssel voll gekochten und gebratenen Geflügels an mein Bette trat und mich einlud, davon zu meiner Erquickung zu genießen. „Wie?“ rief ich, mich ermunternd, „Federwild auf dieser Insel, wo überall kein Strauch, kein Grashalm, sondern nur der nackte Flugsand sich zeigt? Das ist doch wunderbar!“ — Bei weitem so sehr nicht, als ich glaube, ward mir zur Antwort. Am Abend sollte mir das Rätsel gelöst werden, wie sie imstande wären, in den Wintermonaten ganze Körbe voll davon nach Kopenhagen zu schicken.

Denn als das Feuer auf dem Leuchtturme angezündet worden, sah ich, wie von Zeit zu Zeit, von dem hellen Scheine angelockt, zahlreiche Schwärme von Vögeln aller Art herbeiflogen und von dem Feuer geblendet demselben so nahe flatterten, daß sie mehr oder weniger an Flügeln und Federn versengt zu Boden fielen und mit Händen gegriffen werden konnten. Meine Leute, von der Neuheit dieses Schauspiels gereizt, machten eifrige Jagd auf die armen Tiere, bis ich es ihnen untersagte, um das genossene Gastrecht nicht zu beleidigen. Morgens trieb mich gleichwohl die Neugierde, unsere Wirte wieder dahin zu begleiten und Zeuge des reichen Fanges zu sein, der wirklich mehrere Körbe füllte.

Nachdem wir uns hier zwei Tage lang von unsern erlittenen schweren Mühseligkeiten bei diesen freundlichen Gastgebern erholt, aber sie auch beinahe rein ausgezehrt hatten, wofür ich ihnen eine angemessene Anweisung nach Kopenhagen ausstellte, ward es freilich wohl hohe Zeit, unsern Stab weiter zu setzen.

Am 18. Mai erreichten wir Helsingör, wo ich, um die Zahlung der Assekuranz zu sichern, sofort darauf bedacht war, im Gefolge meiner geborgenen Mannschaft vor Gericht eine eidliche Erklärung über die Umstände des uns widerfahrenen Unglücks niederschreiben zu lassen. Meine Leute empfingen ihre Löhnung, die ihnen nach den Seerechten gebührte; und so ging alles, da wir aus mehrerlei Nationen bestanden, nach allen Himmelsgegenden auseinander — nackt und bloß freilich, wie wir gingen und standen; denn von dem Schiffe hatten wir keine Faser gerettet. Ich selbst mußte mich, bevor ich von Helsingör abreiste, von Haupt zu Fuß neu bekleiden, wenn ich mich vor Leuten wollte sehen lassen können.

Nun ging ich baldmöglichst als Passagier mit einem Schiffe nach Stettin, um meinem Patron der Überbringer der unangenehmen Nachricht von dem Verluste seines Schiffes zu sein und ihm über alles Rede und Antwort zu geben. Wir rechneten darauf miteinander ab; ich empfing von ihm meine rückständigen Gelder und begab mich nun nach Kolberg, um über mein weiteres Tun und Lassen zu einem festen Entschlusse zu kommen. Es wurden mir verschiedene Schiffe zur Führung angeboten; allein die nächsten Jahre nach dem amerikanischen Kriege waren für Handel und Schiffahrt überhaupt so ungünstig, daß unsereiner bei seinem Handwerk ferner weder Ehre einlegen, noch seinen Vorteil absehen konnte. So gab ich denn in Erwägung, daß die bessere Halbschied meines Lebens bereits hinter mir lag, lieber das ganze Seewesen auf und war darauf gedacht, mich in meiner lieben Vaterstadt auf eine stille, bürgerliche Nahrung mit Bierbrauen und Branntweinbrennen, wie es mein Vater seither getrieben hatte, einzurichten.

So bin ich denn also aus einem Seemanne ein Landmann und ehrsamer Kolberger Pfahlbürger geworden, und was einem Landmann begegnen kann, ist in der Regel nicht so abwechselnd und ausgezeichnet, als daß es eine ausführlichere Erzählung verdiente. Sind in der Folge meines Lebens Verhältnisse eingetreten, wo mein Name für einige Augenblicke aus der Dunkelheit hervorgetreten zu sein scheint, wozu Natur und Schicksal mich wohl eigentlich bestimmt hatten, so fühle ich doch gar wohl, wie wenig es gerade mir geziemen würde, über diese Periode und über mich selbst zu sprechen, wo das, was mir Schuldigkeit und Bürgerpflicht zu tun geboten, leicht als Prahlerei erscheinen könnte.

Findet sonst irgend jemand — sei er Freund oder Feind — Neigung und Beruf, von mir zu schreiben, so sage er, was Wahrheit ist. Mir selbst genügt das Bewußtsein, für mein Vaterland, für meinen König und für jeden Menschen getan zu haben, was die schwachen Kräfte eines einzelnen vermochten. Hätte ich weniger getan, so würde ich mir's zum Vorwurf rechnen. Meinen heimlichen Feinden und Mißgönnern muß ich es gestatten, im stillen über mich zu richten und mich zu verurteilen. Öffentlich aber werden sie schwerlich gegen mich auftreten, um meine Ehre anzutasten, die ich bis zu meinem letzten Atemzuge darin setzen werde, ein begeisterter Verehrer meines guten und mannlichen Königs und des gesamten preußischen Regentenhauses, ein getreuer Untertan, ein dankbarer Sohn meiner geliebten Vaterstadt, ein exemplarischer Bürger, der Freund meiner Freunde, und, im großen wie im kleinen, ein ehrlicher Mann zu sein.

Gott hat große Dinge an mir getan; der Name des Herrn sei gelobet!

Dritter Teil

Was ich früher, als ich am Schlusse des zweiten Bändchens meiner Lebensgeschichte die Feder niederlegte, weder gedacht noch gewollt, soll dennoch zur Wirklichkeit kommen: ich soll sie wieder aufnehmen, um dem freundlichen Leser in meiner schlichten Weise auch noch diejenigen Lebensereignisse mitzuteilen, die mir nach meinem fünfundvierzigsten Jahre zugestoßen sind. So wünschen und verlangen es so manche Ehrenmänner und Ehrenfrauen jedes Ranges und Standes, deren Stimmen mir hörbar geworden sind und denen ich für ihre mir zugewandte Liebe gern dankbar werden möchte — dankbar aber vornehmlich auch meinem gütigen Schöpfer, welcher, ganz gegen mein Hoffen, mir bis hierher Leben, Kraft und Gesundheit schenkt und mich vielleicht nur dazu noch aufsparen und gebrauchen will, da ich doch sonst der Welt wohl nur wenig mehr nützen kann. Mein sonstiges Bedenken, von den neueren Zeiten und von meinem eigenen kleinen Anteil an den Welthändeln zu reden, ist auch nicht mehr das nämliche, wie vormals; denn einmal kennt mich nun der Leser schon genug, um zu wissen, daß mir's nirgends um die Person, sondern immer nur um die Sache zu tun ist, und er wird mir also auch nicht leicht Ruhmredigkeit nachsagen, wo ich nur der Wahrheit die Ehre gebe; und dann, fürs andere, könnte es hier und da doch auch wohl zutreffen, daß in meinem einfältigen Munde etwas zu Nutz, Lehre und Warnung jetziger und künftiger Zeiten mit unterliefe. Hauptsächlich aber drängt es mich, einem Manne, obwohl er meiner zu seinem Lobe nicht bedarf, weil ihn die Welt, sein Herz und seine

Taten genugsam preisen, dem Manne, der in der Nacht der Trübsal über meiner Vaterstadt zuerst wie ein leuchtender Stern des Heils aufgegangen ist, die schuldige Anerkennung widerfahren zu lassen. Nein, ich will ihn nicht loben, aber meine getreue Erzählung soll sein Lob sein! —

Ich hatte mich auf der See und in der Fremde genugsam herumgetummelt, um mir die Hörner abzulaufen, und hielt es nunmehr für das Gescheiteste, mich an eine stille, bürgerliche Nahrung zu geben, wie es mein Vater und meine Vorväter auch getan hatten; denn der bisherige Hang zum Seeleben war eigentlich nur mit dem mütterlichen Blute auf mich gekommen, und es schien ganz gut und recht, mich wieder zur väterlichen Weise zu wenden. Da nun auch mein ererbtes Häuschen ganz zum Betrieb von Bierbrauen und Branntweinbrennen eingerichtet war und mir diese Hantierung ebensowohl zusagte als auch ein ehrliches Auskommen versprach, so bedachte ich mich nicht lange, sie gleichfalls zu ergreifen, habe auch manche liebe Jahre hindurch mein leidliches Auskommen dabei gefunden. Ich ward also Kolberger Bürger, hatte meinen besonderen Verkehr mit den Landleuten umher und rührte mich tüchtig, um nun das, was ich ergriffen hatte, auch ganz und aus einem Stücke zu sein.

Aber es mochte doch wohl sein, daß es entweder mit dem ebengedachten Hörnerablaufen noch nicht seine volle Richtigkeit hatte oder daß doch sonst noch für meine dreiviertel Schock Jahre zu viel Regsamkeit und Eifer in mir war, oder endlich lag es und liegt noch zu tief in meiner Natur, daß ich keine Unbilde — treffe sie mich oder andre — ertragen kann: genug, ich lief mit dem einen wie mit dem andern oft genug an, und ohne daß ich es wollte und wünschte, mag es auf diese Weise leicht gekommen sein, daß meine lieben Mitbürger, die es meist gemächlicher angehen ließen, mich mitunter für einen unruhigen Kopf verschrieen, dem es in Guinea unter der Linie vielleicht gar ein wenig zu warm unterm Hute geworden. Von dem allen muß ich doch einige Pröbchen beibringen, die es beweisen mögen, daß ich noch immer der alte Nettelbeck war.

Eines Tages saß ich in voller Gemütsruhe daheim vor meinem Rasierspiegel, mit dem Messer in der Hand, als der Kämmereidiener, ein aufgeblasener, wüster Mensch, zu mir eintrat und mit lallender Zunge etwas herstotterte, was ich nicht begriff und verstand, was aber wohl ein obrigkeitlicher Auftrag an mich sein sollte. Indem ich ihn verwundert und schweigend darauf ansah, aber sofort spürte, daß er sich einen derben Rausch getrunken, mocht' er sich durch diesen meinen prüfenden Blick, oder was es sonst war, beleidigt fühlen und stieß einige Grobheiten gegen mich aus, die ich in gelassener Kürze dadurch erwiderte, daß ich mein Rasiermesser beiseite legte, die Zimmertüre öffnete und meinen torkelnden Urian bat, sich beliebigst hinauszutrollen. Dem aber schwoll der Kamm noch mehr, es kam zu unnützen Redensarten, und da ich damals noch in meinem Tun und Lassen ziemlich kurz angebunden zu sein pflegte, so machte ich auch hier nicht viel Federlesens, sondern packte ihn mit derber Seemannsfaust am Kragen und schob ihn bei seinem Sträuben etwas unsäuberlich auf die Gasse hinaus. Mag auch wohl sein, daß er dabei (denn mit dem Gleichgewicht war's ohnehin unrichtig) auf die Pflastersteine zu liegen kam und sich den Mund blutig fiel, während ich, mir nichts dir nichts, an mein unterbrochenes Geschäft zurückkehrte.

Nun aber war auch sofort Feuer im Dache. Ich hatte einen ganzen wohledlen Magistrat in seinem an mich geschickten Diener beleidigt, und eine solche Ungebührlichkeit sollte und konnte nicht ungeahndet bleiben! Mochte ich vielleicht ohnedem schon nicht wohl angeschrieben stehen, so war dies nun ein neuer Frevel, bei dem die ganze obrigkeitliche Autorität mit ins Spiel zu kommen schien und einmal ein Exempel statuiert werden mußte! Gleich des andern Tages also kriegte ich eine Vorladung vom Magistrat, am nächsten Morgen dieserwegen im Rathause zu erscheinen.

Inzwischen hatte es der Zufall gefügt, daß bei einem Gange durch die Stadt meine Augen auf das Mauerwerk der Kupferschmiedsbrücke fielen, wo ich wahrnahm, daß beide Stirnmauern, auf welchen das Gebälke der Brücke ruhte, in sehr schadhaftem Stande und die eine derselben sogar zum Teil niedergeschossen sei, so daß durch das nächste etwas schwere Fuhrwerk, das hinüber passierte, leicht ein Unglück entstehen könnte. Dies hatte ich auch sofort nach Bürgerpflicht dem Stadtdirigenten, Landrat Sehlert, angezeigt, der sich von der vorhandenen Gefahr zur Stelle überzeugte und von Stund an die Brücke sperren ließ. Daneben hatte ich ihm vorgeschlagen, daß es zu Erneuerung des Gemäuers keines weiteren kostbaren Unterbaues und Gerüstes bedürfen werde, wenn man nur einen Baggerprahm von der Kolberger Münde herbeischaffte und unter die Brücke brächte. Er billigte das, und ich hatte den Prahm auch wirklich herbeigeholt und unter der Brücke befestigt. Die Maurer aber waren seitdem auf demselben mit ihrer Arbeit beschäftigt.

Indem ich nun zu der beschiedenen Zeit auf dem Wege nach dem Rathause begriffen war, um meine Straffentenz zu empfangen, sah ich schon aus der Ferne, daß das Wasser im Persantestrom durch einen hartstürmenden Nordwind hoch aufgestaut war, und als ich zur Brücke gelangte, fand ich es dort in solcher Höhe angeschwollen, daß der Prahm bis dicht unter die Balken der Brücke emporgehoben worden und jeden Augenblick zu befürchten war, er möchte die ganze Brücke abtragen und davonführen, wenn er nicht ungesäumt unter derselben hinweggebracht werden könnte. Im Weitergehen ging ich (wie ich es bei so etwas nicht lassen kann) mit meinen Gedanken zu Rate, auf welche Art hier wohl zu helfen sein möchte, wiewohl doch mein stiller Groll, je näher ich dem Rathause kam, mir je mehr und mehr zuflüsterte: „Du bist ja doch wohl ein rechter Tor, dich mit solcherlei Anschlägen zu plagen! Hast du doch von all deinem Besttun nichts als Ärger zum Lohn."

Als ich in die Ratsstube eintrat, war mein Verkläger schon vorhanden, etwas nüchterner zwar als vorgestern, aber auch nur um so fertiger mit dem Maul, zumal er bald wahrnahm, daß die Herren ihm den Rücken steiften, indem sie mir mit etwas unhöflichen Vorwürfen das, was ich getan, als eine Verachtung der Obrigkeit auslegten. Ich dagegen führte meine Sache nach der Wahrheit, es wurde hin und her gestritten, und der Herr Sekretarius hatte seine volle Arbeit mit Protokollieren... Siehe! da flog unversehens die Türe auf, und mit Schrecknis im Angesicht kam der Stadtzimmermeister Kannegießer hereingestürzt und rief: „Meine Herren, es wird ein großes Unglück geschehen — die Brücke wird zusamt dem Prahm davongehen. Ich bin nicht mehr vermögend gewesen, ihn darunter hervorzubringen, und noch steigt das Wasser mit jeder Minute. Kommen Sie selbst, Herr Landrat, und überzeugen sich, daß das Unglück nicht mehr abzuwenden ist."

Beide eilten hinaus, und mit dem Protokoll hatte es einstweilen einigen Stillstand. Da wandte sich denn der zweite Bürgermeister an mich und sagte: „Nettelbeck, Sie pflegen ja sonst wohl in manchen Dingen guten Rat zu wissen, zumal wo es in Ihr eigentliches Element einschlägt, wie hier. Sagen Sie doch — was ist dabei zu tun?"

„Ich meine, dem ist bald abgeholfen", war meine kurze Antwort. „Man bohrt ein Loch in den Prahm und läßt ihn soweit voll Wasser laufen, bis er sich hinlänglich gesenkt hat, um wieder unter der Brücke hervorzugleiten."

Kaum waren diese Worte ausgesprochen, so riß der Bürgermeister hastig das Fenster auf und schrie den Weggehenden drunten zu, augenblicklich zurückzukehren. Es geschah; und indem sie eintraten, hub er an: „Nettelbeck schlägt soeben ein gutes Mittel vor, die Brücke zu retten." — Ich aber wandte mich zu dem Zimmermeister: „Nehm' Er einen zweizölligen Böttcherbohrer und bohr' Er damit ein Loch in den Boden des Prahms, dann wird soviel Wasser hineinlaufen, daß dieser sich um einen oder ein paar Fuß senkt und Spielraum genug gewinnt, unter der Brücke durchzugleiten. Damit er aber bei seiner Last von Kalk, Lehm und Mauersteinen nicht gar auf den Grund versinke, so muß das Loch auch zu rechter Zeit wieder verstopft werden können, und dazu wird es bloß bedürfen, sich im voraus mit einem langen, hölzernen Pfropf, nach dem Maße der Öffnung, zu versehen."

Eh' ich die Worte noch gänzlich geendet, rief der Zimmermeister mit flammenden Augen: „Das geht! — Wahrhaftig, das geht! — Herr Landrat, bleiben Sie in Gottes Namen hier, nun soll dem Dinge bald geholfen sein."

Jetzt gab es um den Ratstisch her abermals eine Stille, bevor mein Protokoll wieder beginnen wollte; dann aber stand der Bürgermeister Roloff von seinem Stuhl auf, sah all die Ratsherren nach der Reihe an und sagte: „Meine Herren — den Mann sollten wir strafen? — Was meinen Sie?" — Alles still, bis auch der Landrat aufstand und sich zu meinem Widerpart wandte: „Ein andermal, guter Freund, wenn Magistratssachen an Bürger zu bestellen sind, geschehe es nüchtern, mit Vernunft und mit Bescheidenheit. Die Sache ist hiermit abgetan; und Sie, Herr Nettelbeck, gehen in Gottes Namen und mit unserm Dank nach Hause." — Und das tat ich denn auch, nachdem ich zuvor noch selbst nach dem Prahm gesehen und ferneren Rat und Anschlag gegeben.

Wiederum, und nicht lange darnach, begab sich's, daß kurz vor der Weihnachtszeit ein Glöckner in der Stadt vermißt wurde, nachdem er — vielleicht etwas angetrunken — auf die Lauenburger Vorstadt geschickt worden, um als Kirchendiener fällige Landmiete einzufordern. Zwar hatte er gegen die Abendzeit den Heimweg wieder angetreten, aber wo er zuletzt geblieben, war auf keine Weise zu ermitteln. Endlich, am Nachmittag des heiligen Abends vor Weihnachten, erscholl das Gerücht, der arme Mensch liege unweit der zweiten kleinen Brücke tot im Wallgraben, mitten im Rohr, wohinab er von dem steilen, mit Glatteis überzogenen Walle gepurzelt sein mochte.

Voll Mitleids lief ich hinzu und fand bereits die Brücke mit unzähligen Menschen aus allen Ständen besetzt, welche alle nach dem Ertrunkenen hingafften, ohne irgend eine hilfreiche Hand anzuschlagen. „Aber, lieben Leute", wandte ich mich an einige nächststehende Bürger, „warum wird der Leichnam nicht herausgeschafft? Wir wollen da nicht lange säumen — kommt und helft mir!" — Allein sie verzogen die Mäuler, murmelten etwas, das so klang, als wollten sie sich damit nicht unehrlich machen und dem Henkersknecht vorgreifen, und einer nach dem andern zog sich sachte von mir ab. Weil ich nun sah, daß auf einem andern Fleck Landrat und Bürgermeister und wer sonst noch vom Rate beisammenstanden, trat ich sie an und bat, daß sie's doch möglich machten, den toten Körper aus dem Wasser zu ziehen. — „Mein Gott!" versetzte der Landrat, „es will's ja keiner!" — „Gut, so will ich's", war meine Antwort. — „Ich allein aber schaffe nichts. Meine Herren, gebe einer von Ihnen ein gutes Beispiel und helfe mir." — Ich sah einen nach dem andern darauf an, aber meine Rede dünkte ihnen spöttisch, und sie kehrten mir den Rücken. — Nun wurde ich warm und griff einem geistlichen Herrn, den die Neugierde auch herbeigeführt hatte, an den Rockärmel: „Topp, Herr! Wenn keiner will und ein fühlbares Herz hat, so machen wir beide uns getrost ans Werk!" — „Ich? ich?" stotterte er, „mein Gott, dazu bin ich nicht imstande" — und somit riß er sich von mir los und entfernte sich eiligst. Mir aber lief endlich auch die Galle über. Ich schickte ihnen allen einen derben Seemannsfluch nach und begab mich in grollendem Unmute nach Hause.

Kaum ein paar Stunden darauf erfuhr ich durch meinen Sohn, daß endlich den beiden Bettelvögten von Magistrats wegen befohlen worden, den Ertrunkenen aus dem Graben zu holen. Weil aber die Stelle bei fortwährendem Glatteise wirklich einigermaßen gefährlich und es alte, steife Kerle waren, so fiel das Experiment so unglücklich aus, daß der eine gleichfalls kopfüber neben dem Glöckner ins Wasser stürzte und auf der Stelle ersoff. Das war im Angesicht von mehr als hundert Menschen geschehen, deren keiner einen Finger rührte, das neue Unglück zu verhüten oder wieder gut zu machen.

Nun ließ mich's noch weniger ruhen als vorher. Ich eilte dem Platze zu, mitten in das Gedränge, das jetzt noch dichter zusammengeströmt war. „Lieben Leute", rief ich, „jetzt endlich werdet ihr doch in euch gegangen sein und euch schämen, daß solch ein Skandal vor euren Augen hat geschehen können? — Kommt! helft! Laßt uns wieder gut machen, soviel noch möglich ist!" — Waren sie mir aber vorher schon, sobald sie mich erblickten, ausgewichen, so wollte mir jetzt noch weniger jemand standhalten. Da konnte ich mir denn freilich nicht anders helfen und las ihnen eine Epistel, die von den derbsten war. „Wie?" rief ich, „seid ihr Menschen, seid ihr Christen? Seid ihr wohl wert, daß Gott seine Sonne über euch aufgehen läßt? Bei Heiden und Türken und in Ländern, die nichts von Gott und Jesu Christo wissen, hilft und rettet doch einer den andern, wenn es um Leib und Leben gilt!"

Drauf griff ich einen Schönfärber an, der mir eben in den Wurf kam. — „Was meinst du? Wenn du oder ich dort lägen, wo diese Unglücklichen liegen: wolltest du oder ich erst von unehrlichen Händen herausgezogen sein?" — — „Dazu gebe sich ein andrer her, aber ich nicht!" antwortete er mir trotzig und ging seines Weges. Ich schalt, ich tobte, aber damit war nichts ausgerichtet. Ich mußte meinen Ingrimm in mich schlucken und rannte nach Hause, um nur von der ganzen Historie nichts mehr zu sehen und zu hören. Kaum aber da angelangt, kam eine Bote, der mich eiligst zum Landrat beschied, ohne daß ich wußte, was es da geben sollte. Noch voll Ärgers ließ ich ihm die (freilich nicht ganz hübsche) Antwort zurückvermelden: „Erst nur möge er sorgen, daß er die Toten aus dem Graben schaffe. Es sei morgen hoher Festtag und darum um so nötiger, daß der unchristliche Spektakel ein Ende nehme." — Eben diese Betrachtung aber mochte es wohl sein, was den Herren bange machte und was auch den Bürgermeister zur nämlichen Stunde bewog, mich zu ihm bitten zu lassen. In der Tat hatten beide, als ich nach einigem abgekühlteren Besinnen mich zu dem Gange entschloß, ein und das nämliche Ansinnen und ersuchten mich mit den freundlichsten Worten, sie aus dieser Verlegenheit zu ziehen und der Stadt die Schande zu ersparen. Nun waren sie zwar selbst Zeugen, wie wenig ich mit meinem gutwilligen Eifer ausgerichtet; indes verhieß ich ihnen doch, es von neuem zu versuchen und mein Bestes zu tun.

Indem ich nun wieder zu der Brücke kam, stöberte mein bloßer Anblick, als wäre ich der Knecht Ruprecht gewesen, alles auseinander, was da noch stand und Maulaffen feil hatte. Sie mochten sich wohl vor einer neuen Strafpredigt fürchten. An Ort und Stelle sann und sann ich nun, wie das Ding am schicklichsten anzugreifen und wie vor allen Dingen ein tüchtiger Kumpan zu finden sei, der seine Hand mit anlegte. Da kam im glücklichsten Moment, von diesem allen noch nichts wissend, mein guter alter Freund, der Brauer Martin Blank, ehemals mein Seekamerad, von einem Gange auswärts dahergeschritten. Dem erzählte ich nun mit kurzen Worten, was mich auf dem Herzen drückte, und schloß damit: „Bruderherz, du bist ein Mann von meinem Schlage, du wirst mir helfen!" — „Ja, das will ich!" war seine Antwort, indem er seinen Mantelrock abzog und auf das Brückengeländer warf. Ich ging voran, und er folgte.

Der Abhang des Walles warf steil und schlüpfrig, und unten am Rande des Grabens ließ sich nur mit Mühe fußen. Mein Gefährte mußte mich oben am Kragen halten, während ich mich niederbog, den nächsten Leichnam zu erfassen; aber der Ort war so gefährlich, daß wenig fehlte, wenn ich nicht das Gleichgewicht verlor und der Dritte unten im Graben war, wiewohl das weniger zu sagen hatte, da ich schwimmen konnte. Weil denn aber an dieser bösen Stelle nichts auszurichten war, mußte besserer Rat geschafft und vom Torschreiber eine Leine herbeigeholt werden, die wir um die toten Körper schlangen und womit wir sie nach einer zugänglichern Stelle zogen, bis sie denn endlich glücklich aufs Trockne gebracht wurden.

Darüber war es Abend geworden, und mein Freund, der nunmehr nach Hause zu eilen hatte, überließ mir die Sorge, die Toten vollends an einen schicklichen Ort zu schaffen. Mir fiel die Kalkkammer der St. Georgenkirche in der Vorstadt bei, wo sie fürerst niedergelegt werden konnten, um nach den Feiertagen christlich beerdigt zu werden. Aber ehe sie dahin gelangten, mußte ein Bauer, der noch spät mit seinem Fuhrwerk aus der Stadt kam, von der Torwache angehalten und halb in Güte, halb mit Gewalt bewogen werden, sie bis dahin aufzuladen. Selbst der Küster, den ich herauspochte, machte eine bedenkliche Miene, ihnen das Plätzchen zu gönnen, und griff erst nach den Kirchenschlüsseln, als ich mir's herausnahm, mit einem Wörtchen von Absetzung zu drohen. Zuletzt stattete ich von allem schuldigen Bericht bei der Obrigkeit ab und erhielt herzlichen Dank zum Lohn. Mehr verlangte ich auch nicht, und selbst um diesen wäre mir's kaum zu tun gewesen. Mehr aber freut mich's, daß seitdem die Zeiten auch in jenem schändlichen Vorurteil sich ganz umgewandelt haben, und daß jetzt hoffentlich so etwas in meiner lieben Vaterstadt nicht wieder vorfallen könnte.

Im Jahre 1789 brach in Kolberg ein Bürgerstreit aus, bei dem ich, wenn ich auch gewollt hätte, unmöglich ruhiger Zuschauer bleiben konnte. Aber freilich, ich wollte und konnte auch nicht, da es darauf ankam, himmelschreiende Mißbräuche aufzudecken und abzustellen, die unter dem Schein des Rechten ohne alle Scheu ausgeübt wurden. Es gab nämlich in Kolberg nach der damaligen städtischen Verfassung ein Kollegium (genannt die Fünfzehnmänner, weil es aus fünfzehn der angesehensten Bürger bestand), das ursprünglich die Gerechtsame der Bürgerschaft bei dem Magistrat zu vertreten hatte, und dessen Gutachten in städtischen Angelegenheiten gehört werden mußte.

Allmählich aber hatten diese Fünfzehnmänner angefangen, ihr Ansehen mehr zu ihrem Privatnutzen als zum allgemeinen Besten geltend zu machen, und so wie die Menschen nun einmal zum Bösen immer fester zusammenhalten als zum Guten, so war auch hier schon seit langem eine enge Verbrüderung entstanden, sich einander zu allerlei heimlichen Praktiken den Rücken zu steifen und durchzuhelfen. Da waren denn Sparkassen angegriffen, Scheinkäufe angestellt, Gemeindegut liederlich verschleudert und andere Greuel mehr begangen worden, die ein recht- und ehrliebender Mann vor Gott und seinen übervorteilten Mitbürgern nicht länger dulden konnte.

Ich schäme mich nicht zu bekennen, daß ich der erste war, der dem Fasse den Boden ausstieß, und als ein paar wackre Männer, der Zimmermeister Steffen und der Gastwirt Emmrich, auf meine Seite traten, brach ich los und machte eine lange Reihe von Ungebührnissen, Veruntreuungen und krummen Schlichen, die in der letzten Zeit verübt worden, vor Gericht anhängig. Es kam darüber zu einem langen und verwickelten Prozesse, wobei die ganze Last auf uns drei zurückfiel, die wir von gemeiner Bürgerschaft als Worthalter mit Vollmacht hierzu versehen waren. Keine Art von Ränken und Rabulistereien blieb gegen uns unversucht, so daß der Rechtsstreit dadurch beinahe vier Jahre hindurch verschleppt wurde. So wie ich mir die Sache zu Herzen nahm, hatte ich während dieser ganzen Zeit keine ruhige Stunde, und oft hätte ich gern mit Feuer und Schwert dreinfahren mögen, wenn das heillose Gezücht immer ein neues Mäntelchen für seine aufgedeckte Bosheit zu erhaschen suchte. Endlich kam aber doch die unsaubere Geschichte zu einem noch leidlichen Schlusse, demzufolge das Kollegium der Fünfzehnmänner gänzlich aufgelöst wurde, um neuerwählten Zehnmännern Platz zu machen, welche als Vertreter der Bürgerschaft die nämlichen Befugnisse haben sollten, ohne die nämliche Macht zum Bösestun von ihnen zu erben. Man bewies mir das Vertrauen, mich in die Zahl dieser zehn Bürgerrepräsentanten aufzunehmen, und ich habe dieses Ehrenamt auch mit Lust und Eifer bis zum Jahre 1809 bekleidet, wo die neue Städteordnung andre und verbesserte Einrichtungen herbeiführte. Schon einige Jahre vorher hatte mir die Kolberger Kaufmannschaft die Ehre angetan, mich zum Mitglied des Seglerhauses aufzunehmen. Es ist dies ein städtisches Kollegium, welches aus fünf Kaufleuten und drei der angesehensten Schiffer besteht und das Seegericht bildet, vor welchem alle Schiffahrtssachen in erster Instanz entschieden werden. Die schlechte Meinung, die ich hier (leider) von der Kunst und Wissenschaft der jungen Seeleute unseres Landes gewann, ließ mich auf eine bessere Vorbildung unserer Seeleute hindrängen, und es gelang mir auch zu erreichen, daß die Herren beschlossen: es solle fortan auf hiesigem Platze kein Schiffer oder Steuermann angenommen und vereidigt werden, bevor er nicht seine Tüchtigkeit durch ein wohlbestandenes Examen nachgewiesen. Und so ist es seitdem auch fortdauernd hier gehalten worden. — Um die nämliche Zeit wurde ich von der königlichen Regierung zu Stettin zum beeidigten Schiffsvermesser ernannt, und dieses Amt habe ich zum gemeinen Besten bis zum Jahre 1821 verwaltet.

Meiner häuslichen Verhältnisse kann ich mich leider nicht ohne sehr schmerzliche Empfindungen erinnern. Denn als Ehemann und Vater ist mir erst sehr spät mein besserer Glücksstern erschienen. Von den drei Kindern meiner ersten Ehe blieb nur jener eine Sohn am Leben, der mich in den letzten vier Jahren meines Seelebens als unzertrennlicher Gefährte begleitete. Allein auch dieser sollte mir zuletzt nur Tränen bereiten. Denn kaum hatte er zu Stralsund seine Lehrzeit für den Handelsstand glücklich überstanden, als eine schwere Krankheit ihn überfiel, die sein junges Leben dahinraffte. Meines Lebens Lust und Freude ging mit ihm zu Grabe. Von meiner Frau, mit der ich in den ersten Jahren unserer Ehe im glücklichsten und friedsamsten Einvernehmen gelebt, mußte ich mich leider später scheiden lassen, da sie die eheliche Treue vergaß. Es war ein saurer Schritt, aber mein guter Name verlangte die Scheidung. So stand ich nun einsam und verlassen in der Welt und wußte nicht, für wen ich mir's in derselben noch sauer werden lassen sollte. Kaum gehörte ich noch irgend einem Menschen an. Ich war nachgerade ein alter Mann geworden. Fühlte sich gleich mein Herz noch jung und mein Geist lebendig, so wollten doch die stumpf gewordenen Knochen nicht mehr gut tun. Ich gewann eine Art Überdruß am Leben; meine Geschäfte wurden mir gleichgültig und noch gleichgültiger der Gedanke an Erwerb, so daß ich mich fast einen Verschwender hätte nennen mögen. Die paar Jahre, die mir noch übrig wären, dachte ich mich wohl so hinzustümpern, und wenn nur noch der Sarg ehrlich bezahlt worden, möchte man mich immer auch hinstecken, wo meine Väter schliefen; — für den übrigen kleinen Rest würden dann schon lachende Erben sorgen. Ohnehin war mein Häuschen mein größter und beinahe einziger Reichtum, und dieses hatte ich, um doch noch etwas Gutes für meine Vaterstadt zu stiften, in meinem Testamente dem Seglerhause, dessen Ältester ich seit dem Jahre 1793 geworden war, zum Eigentum vermacht, dergestalt, daß oben die Versammlungen des Kollegiums gehalten werden, unten aber eine bedürftige Kaufmannswitwe lebenslängliche freie Wohnung finden sollte.

Auf solche Weise, indem Jahr an Jahr sich hinzog, war auch der in seiner Unseligkeit nur zu merkwürdige Zeitpunkt von 1806 herbeigekommen. Mir als feurigem Patrioten, der die alten Zeiten von unseres großen Friedrich Taten noch im Kopfe hatte, blutete gleich so vielen das Herz bei der Nachricht von dem entsetzlichen Tage von Jena und Auerstädt und seinen nächsten Folgen. Ich hätte kein Preuße und abtrünnig von König und Vaterland sein müssen, wenn mir's jetzt, wo alle Unglückswellen über sie zusammenschlugen, nicht so zu Sinne gewesen wäre, als müßte ich eben jetzt auch Gut und Blut und die letzte Kraft meines Lebens für sie aufbieten. Nicht mit Reden und Schreiben, aber mit der Tat, dachte ich, sei hier zu helfen; — jeder auf seinem Posten, ohne sich erst lange, feig und klug, vor- und rückwärts umzusehen! Alle für einen, und einer für alle — darauf war mein Sinn gestellt; und es hätte ja keine Ehre und Treue mehr unter meinen Landsleuten sein müssen, meinte ich, wenn nicht Tausende mir gleich gefühlt hätten, ohne es ebensowenig als ich in lauten, prahlenden Worten unter die Leute zu bringen.

Als nun Magdeburg und Stettin, die beiden Herzen des Staates, gefallen waren und die ungestüme französische Windsbraut sich immer näher und drohender gegen die Weichsel heranzog, da ließ sich's freilich wohl voraussehen, daß bald genug auch die Feste Kolberg an die Reihe kommen würde, die dem Feinde zwar unbedeutend erscheinen mochte, aber ihm doch zu nahe in seinem Wege lag, als daß er sie ganz hätte übersehen sollen. Das tat er auch wirklich nicht; allein er hatte sich diese letzte Zeit her bei unsern Festungen eine Eroberungsmanier angewöhnt, die kein Pulver, sondern nur glatte Worte kostet, und damit war er fürwahr auch noch früher bei der Hand, als ein Mensch es hätte erwarten sollen.

Kaum war nämlich Stettin übergegangen, so machte sich von dorther, aus einer Entfernung von sechzehn Meilen, ein französischer Offizier als Parlamentär auf den Weg und erschien (am 8. Nov.) bei uns in Kolberg, um die Festung zur Übergabe aufzufordern. Gleichzeitig ward der königliche Domänenbeamte, der auf der Altstadt unter den Kanonen des Platzes wohnte, entboten, in Stettin zu erscheinen und dem französischen Gouvernement den Huldigungseid zu leisten. Auf beiderlei Ansinnen (das mindestens für unsern Festungskommandanten als eine Ehrenrührigkeit hätte gelten können) erfolgte zwar eine abschlägige Antwort, allein es ist wohl sehr gewiß, daß der Franzose, anstatt allein zu kommen, nur einige wenige Hunderte zur Begleitung hätte haben dürfen, um in diesem Augenblicke unaufgehalten zu unsern Toren einzuziehen.

Denke sich der Leser Kolberg als ein mäßiges Städtchen von noch nicht sechstausend Seelen, an dem rechten Ufer des kleinen Flusses Persante gelegen, welcher nur an seinem Ausflusse in die Ostsee einige hundert Schritte hinauf schiffbar ist, wo er eine halbe Viertelmeile von der Stadt einen Hafen für geringere Fahrzeuge bildet. Die daran belegenen Wohnungen und Speicher heißen „die Münde", und zwischen Stadt und Münde, ebenfalls am östlichen Ufer, zieht sich eine Vorstadt, genannt „die Pfannschmieden", hin. Diese dankt ihren Ursprung wie ihren Namen der Benutzung einiger reichhaltigen Salzquellen, welche sich gegenüber nahe an der westlichen Stromseite finden, wo auch die Salzsiedereien und ein in westlicher Richtung sich weit durch das „Siederfeld" erstreckendes Gradierwerk angelegt sind.

Die Stadt selbst bildet ein stumpfes Viereck und wird an den drei Landseiten von einem Hauptwall und sechs Bastionen eingeschlossen. Nahe Außenwerke von Wichtigkeit sind hier nicht vorhanden; aber der Platz gewinnt nichtsdestoweniger eine bedeutende Stärke durch einen breiten morastigen Wiesengrund, welcher sich ununterbrochen von Süden nach Nordosten dicht umherzieht, keine Annäherung durch Laufgräben gestattet und überdem durch Schleusen tief unter Wasser gesetzt werden kann. Erst jenseits erhebt sich nach Süden die Altstadt, nach Osten der Hoheberg und der Bullenwinkel, und nach Nordost der Wolfsberg, von wo aus die Stadt beschossen werden kann. Daher würden diese eigentlich die Verwandlung in ein großes verschanztes Lager erfordern, um alsdann, mit einer hinlänglichen Truppenzahl besetzt, den Platz von dieser Seite unangreifbar zu machen. Allein nur der Wolfsberg, als der gefährlichste Punkt, war mit einer Schanze versehen; auf dem Münder Kirchhofe war eine Batterie angelegt, und den Eingang des Hafens deckte an der Ostseite ein starkes Werk, „das Münderfort". Die am Ufer der Persante gelegenen Stadtteile, die Neustadt und die Geldervorstadt, sind mit verschiedenen Befestigungen und Außenwerken umgeben, während die Moraſtschanze am Einflusse des Holzgrabens in die Persante die Verbindung mit dem Münderfort sichert. In weiterer Entfernung südwestlich kann eine Erhöhung, der Kautzenberg genannt, der Festung nachteilig werden; weshalb auch früher dort Verschanzungen angelegt, aber seither wieder verfallen waren.

Noch war die entschlossene und glückliche Gegenwehr in jedermanns Andenken, welche der tapfere Kommandant, Oberst von der Heyde, hier in drei aufeinander folgenden Belagerungen der Russen und Schweden zu Land und Meer in den Jahren 1758, 1760 und 1761 bestanden hatte, und wie er auch das dritte Mal nicht durch Waffenmacht, sondern durch Hunger zur Übergabe gezwungen worden. Diese Erfahrungen von der Wichtigkeit und Festigkeit des Platzes hatten auch den König Friedrich bewogen, denselben im Jahre 1770 durch verschiedene neue Werke verstärken zu lassen; Kenner wollten jedoch behaupten, daß diese erweiterten Anlagen ihrem Zwecke nur ungenügend entsprächen. Man hatte immer an Kolberg getadelt, daß es zu klein sei, um als Festung bedeutend zu werden und eine beträchtliche Garnison zu fassen, aber es gab kasemattierte Werke, es gab sechs- bis siebenhundert Bürgerhäuser innerhalb der Wälle, die nötigenfalls je zwanzig und dreißig Menschen fassen konnten und gefaßt haben, und so lebe ich des festen Glaubens, daß Kolberg gegen noch so große Feindesmacht mit Ehrlichkeit, mit genugsamem Proviant, mit gehöriger Einrichtung der Überschwemmung und mit Sicherheit von der Seeseite, sich zu halten vermöge.

Allein wie sah es doch im Herbst 1806 mit allem, was zu einer rechtschaffenen Verteidigung gehörte, so gar trübselig aus! Seit undenklicher Zeit war für die Unterhaltung der Festung so gut wie gar nichts getan worden. Wall und Graben waren verfallen, von Palisaden keine Spur. Nur drei Kanonen standen in der Bastion Pommern auf Lafetten und dienten allein zu Lärmschüssen, wenn Ausreißer von der Besatzung verfolgt werden sollten. Alles übrige Geschütz lag am Boden, hoch vom Grase überwachsen, und die dazu gehörigen Lafetten vermoderten in den Remisen.

Rechnet man hierzu die unzureichende Zahl der Verteidiger, sowie die unkriegerische Haltung derselben (denn die tüchtigere Mannschaft war ins Feld gezogen), die allgemeine Entmutigung, welche noch täglich durch die herbeiströmenden Flüchtlinge und tausend sich kreuzende Unglücksbotschaften allstündlich genährt wurde, und den gewissen Mangel an den nötigsten Bedürfnissen für den Fall einer Belagerung, so behaupte ich sicherlich nicht zu viel, wenn ich meine, daß ein rascher kecker Anlauf in jenen ersten Tagen mehr als hinreichend gewesen wäre, den Kommandanten in seinen eigenen Gedanken zu entschuldigen, daß er keinen ernstlichen Widerstand wagen könne.

Dieser Kommandant war damals der Oberst von Loucadou, ein alter abgestumpfter Mann, der seit dem bayrischen Erbfolgekriege, wo er ein Blockhaus gegen die Österreicher mutig verteidigt hatte, zu dem Rufe gekommen war, ein besonders tüchtiger Offizier zu sein. Späterhin hatte er nur wenig Gelegenheit gehabt, seinen Ruhm zu behaupten; und gegenwärtig war der Geist verflogen, oder er hing noch so blind an dem alten Herkommen, daß er sich in der neuen Zeit und Welt gar nicht zurechtfinden konnte. Das war nun ein großes Unglück für den Platz, der ihm anvertraut worden, und ein Jammer für alle, welche die dringende Gefahr im Anzuge erblickten und ihn aus seinem Seelenschlafe zu erwecken vergebliche Versuche machten.

Natürlich konnte solch ein Mann uns kein großes Vertrauen einflößen. Während alles, was Militär hieß, seinen trägen Schlummer mit ihm zu teilen schien, fühlte sich die ganze Bürgerschaft von der lebhaftesten Unruhe und Besorgnis ergriffen. Man beratschlagte untereinander, und weil ich einer der ältesten Bürger war, der den Siebenjährigen Krieg erlebt und in den früheren Belagerungen neben meinem Vater freiwillige Adjutantendienste beim alten braven Heyde verrichtet hatte, so wählte man mich auch jetzt, das Wort zu führen und als Repräsentant gesamter Bürgerschaft uns mit dem Kommandanten über die Maßregeln zur Verteidigung des Platzes genauer zu verständigen.

Nach dem alten Glauben, „daß Ruhe die erste Bürgerpflicht sei“ und was nicht Uniform trage, auch keinen Beruf habe, sich um militärische Angelegenheiten zu bekümmern, könnte es freilich sonderbar und anmaßend erscheinen, daß wir Bürger in die Verteidigung unserer Stadt mit dreinreden wollten; aber bei uns in Kolberg war das anders. Von ältester Zeit her waren wir die natürlichen und gesetzlich berufenen Verteidiger unserer Wälle und Mauern. Vormals schwur jeder seinen Bürgereid mit Ober- und Untergewehr, und schwur zugleich, daß diese Armatur ihm eigen angehöre, schwur, daß er die Festung verteidigen helfen wolle mit Gut und Blut. Die Bürgerschaft war in fünf Kompagnien verteilt, mit einem Bürgermajor an der Spitze; und wo es dann im Ernst gegolten, hatte der Kommandant sie nach seiner Einsicht gebraucht und wesentlichen Nutzen von ihrem Dienste gezogen. In Abwesenheit der Garnison, wenn diese in Friedenszeiten zur Revue ausrückte, besetzten sie die Tore und Posten, und von Zeit zu Zeit versammelten sie sich mit Erlaubnis des Kommandanten oder aus eigenem Antriebe in der Maikuhle, weniger freilich zu kriegerischen Übungen, als um sich in diesem lieblich gelegenen Wäldchen zu vergnügen.

Von diesen örtlichen Verhältnissen hatte indes der Oberst v. Loucadou entweder nie einige Kenntnis genommen, oder sie waren ihm, als eine vermeintliche Nachäffung des Militärs, lächerlich und zuwider. Das erfuhr ich, als ich einige Tage nachher mich ihm vorstellte und im Namen meiner Mitbürger ihm eröffnete: „daß wir mit Gott entschlossen wären, in diesen bedenklichen Zeitläuften mit dem Militär gleiche Last und Gefahr zu bestehen. Wir ständen im Begriff, uns in ein Bataillon von sieben- bis achthundert Bürgern zu organisieren, die mit vollständiger Rüstung versehen wären, und bäten um die Erlaubnis, uns vor ihm aufstellen zu dürfen, damit er die Güte hätte, Musterung über uns zu halten, demnächst aber, je nachdem es die Notwendigkeit geböte, uns zu verteilen und uns unsere Posten anzuweisen. Unser Wille sei gut, und wir würden unsere Schuldigkeit tun.“

Ein Major v. Nimptsch, der daneben stand, ließ mich kaum ausreden, sondern fuhr samt einer kräftigen Redensart mit der Frage auf mich ein: „Aber Herr, was geht das Ihn an?“ wogegen der Oberst sich begnügte, den Mund zu einem satirischen Lächeln zu verziehen und mir zu erwidern: immerhin möchten wir uns versammeln und aufstellen.

Das geschah alsobald. Wir traten mit unsern Offizieren und nach Notdurft bewaffnet auf dem Markte in guter Ordnung zusammen, und nun begab ich mich abermals zum Kommandanten, um ihm anzuzeigen, daß wir bereit ständen und seine Befehle erwarteten. Seine Miene war abermals nicht von der Art, daß sie mir gefallen hätte. „Macht dem Spiel ein Ende, ihr guten Leutchen!“ sagte er endlich, „geht in Gottes Namen nach Hause. Was soll mir's helfen, daß ich euch sehe?“ — So hatte ich meinen Bescheid und trollte mich. Als ich aber kundbar machte, was mir geantwortet worden, ging diese unverdiente Geringschätzung jedermann so tief zu Herzen, daß alles in wilder Bewegung durcheinander murrte und sich im vollen Unmut zerstreute.

Immer aber noch nicht ganz abgeschreckt, ging ich bald darauf wieder zum Obersten mit einem Antrage, von welchem ich glaubte, daß er seinem militärischen Dünkel weniger anstößig sein werde. Es sei vorauszusehen, sagte ich, daß es bei der Instandsetzung der Festung zu einer kräftigen Gegenwehr besonders auf den Wällen vieles zu tun geben dürfte, um das Geschütz aufzustellen, zu schanzen und die Palisaden herzustellen. Die Bürgerschaft sei gern erbötig, zu dergleichen, und was sonst vorkäme, mit Hand anzulegen, soviel in ihren Kräften stehe, und sei nur seines Winkes gewärtig. — „Die Bürgerschaft! und immer wieder die Bürgerschaft!“ antwortete er mir mit einer häßlichen Hohnlache, „ich will und brauche die Bürgerschaft nicht.“

Konnte es nun wohl fehlen, daß solche Äußerungen nicht nur unser Herz von dem Manne gänzlich abkehrten, sondern daß auch sogar allerlei böser Argwohn sich bei uns einfand, der durch die ganz frischen Beispiele, wie unsere Festungskommandanten zu Werke gegangen waren, nur noch immer mehr genährt wurde? Wer bürgte uns vor Verräterei, vor heimlichen Unterhandlungen, vor feindlichen Briefen und Boten? — Man kam darin überein, daß es die Not erforderte, vor solcherlei Praktiken möglichst auf unsrer Hut zu sein. Zu dem Ende wählten wir in der Stille unter uns einen Ausschuß, dessen Mitglieder sich zu Zweien bei Tag und Nacht an allen drei Stadttoren, je nach ein paar Stunden ablösten, um dort auf alles, was aus- und einpassierte, ein wachsames Auge zu werfen. Des Vorwandes zu ihrer Gegenwart gab es mancherlei, falls auch die Aufmerksamkeit des Militärs (wie doch nicht geschah) dadurch erregt worden wäre.

Inzwischen wurden nun doch von seiten der Kommandantur einige schläfrige Anstalten getroffen; wenigstens sah man auf den Wällen die Kanonen auf Klötze legen, da es sich fand, daß die Lafetten zu sehr verfault waren, um sie tragen zu können. Auch an der Palisadierung ward hier und da gearbeitet: aber es war nichts Tüchtiges und Ganzes. Als ich jedoch wahrnehmen mußte, daß es hiermit sein Bewenden hatte, und daß zur äußern Verteidigung gar keine Hand angelegt wurde, machte ich mich nach zuvor genommener Verabredung mit meinen Freunden abermals zum Obersten, um ihn aufmerksam darauf zu machen, welche guten Dienste uns in den früheren Belagerungen besonders eine Schanze auf dem Hohenberge, etwa eine Viertelmeile von der Stadt, geleistet hätte, um den Feind nicht in Schußweite herankommen zu lassen. Noch wären die Überbleibsel derselben überall erkennbar, und wenn er nichts dawider habe, seien wir bereit, diese Verschanzung eiligst und mit gesamter Hand wiederherzustellen, und erwarteten nur seine nähere Anweisung.

An das alte höhnische Gesicht, das er hierzu machte, war ich nun schon gewöhnt und ließ es mich auch nicht irren. Desto sonderbarer und merkwürdiger aber kam mir die Antwort vor, die ich endlich erhielt. „Was außerhalb der Stadt geschieht“, ließ er sich vernehmen, „kümmert mich nicht. Die Festung innerlich werde ich zu verteidigen wissen. Meinetwegen mögt ihr draußen schanzen, wie und wo ihr wollt. Das geht mich nichts an.“ — Demnach taten wir nun, was uns unverboten geblieben, und taten es mit allgemeiner Lust und Freude. Nicht nur was Bürger hieß, zog nach der Bergschanze aus, sondern auch Gesellen, Lehrjungen und Dienstmägde waren in ihrem Gefolge. Da ich einst noch das alte Werk gesehen hatte, so gab ich an, wie bei der Arbeit verfahren werden sollte, verteilte und ordnete die Schanzgräber und zog selbst mit einem Hohlkarren und der Schaufel vorauf, um ein ermunterndes Beispiel zu geben. Als mir jedoch alles immer noch viel zu langsam ging, eilte ich zurück nach der Lauenburger Vorstadt, um der Arbeiter noch mehrere, teils durch gütliches Zureden, teils durch bare Bezahlung aus meiner Tasche herbeizuführen. So gelang es uns denn, ein Werk aufzuführen, das sich schon durfte sehen lassen und dem für diesen Augenblick nur die Besatzung fehlte. Mangelte es uns aber derzeit auch an Truppen, so war doch gewisse Hoffnung vorhanden, daß die Garnison verstärkt werden würde, und daß dann allstündlich ein Bataillon hier einrücken könne. Das geschah in der Folge auch wirklich; das Werk wurde zugleich noch bedeutend verbessert und verwandelte sich so in einen Posten, der dem Feinde lange und viel zu schaffen gemacht haben würde, wenn er nachmals gehörig verteidigt worden wäre.

Eine andre Sorge, die den Verständigeren unter der Bürgerschaft gar sehr am Herzen lag, war die frühzeitige und ausreichende Anschaffung von Lebensvorräten; denn bis jetzt waren drei Viertel der Einwohner gewohnt, von einem Markttage zum andern zu zehren. Und wovon wollte die Besatzung leben? Ich hielt es also für wohlgetan und hatte auch in meinem Amte als Bürgerrepräsentant den Beruf dazu, Haus bei Haus in der Stadt umzugehen und die Bestände an Korn und Viktualien, zumal bei den Bäckern, Brauern und Branntweinbrennern, sowie auch die Vorräte der letztern an Branntwein aufzunehmen.

Ebenso begab ich mich auf die nächst umhergelegenen Dörfer; und unter dem Vorwande, als sei ich gesonnen, Korn und Schlachtvieh aufzukaufen, erfuhr ich, was jeden Orts in dieser Gattung vorhanden war. Alles dieses brachte ich in ein Verzeichnis und überzeugte mich, daß wir nur würden zugreifen dürfen, um für Mund und Magen auf eine lange Zeit hinaus genug zu haben.

Aber dieses Zugreifen konnte nicht von seiten der städtischen Behörden, sondern mußte von der Kommandantur ausgehen und auf militärischem Fuße betrieben werden. Ich nahm also meine Verzeichnisse in die Hand, ging zu Loucadou, legte ihm ein Papier nach dem andern vor und bat ihn, schleunige Anstalten zu treffen, daß diese Vorräte gegen Erteilung von Empfangscheinen in die Festung geschafft würden. Denn wenn der Feind sich über kurz oder lang näherte und diese Ortschaften besetzte, so würde ohnehin alles von ihm geraubt und sein Unterhalt dadurch erleichtert werden. Auf diese gutgemeinte Vorstellung ward ich jedoch von dem Herrn Obersten hart angelassen, und er erklärte mir kurzweg: zu dergleichen Gewaltschritten sei er nicht befugt. Jeder möge für sich selbst sorgen. Was seine Soldaten anbeträfe, so wäre Mehl zu Brot in den Magazinen vorhanden. — „Aber", wandte ich ihm ein, „der Mensch lebt nicht vom Brote allein. Ihr Mehl liegt in Fachwerksspeichern, und die Magazine stehen alle an einer Stelle zusammengehäuft und dem feindlichen Geschütze ausgesetzt. Die erste Granate, die hineinfällt, kann ihr Untergang werden. Wäre es nicht sicherer, diese Vorräte in andere und mehrere Gebäude zu verteilen?" — „Pah! pah!" war seine Antwort, „die Bürgerschaft macht sich große Sorge um meinetwillen." — Vergebens bat ich ihn nun noch, sich wenigstens meine Papiere anzusehen und sie in genauere Erwägung zu ziehen. Er aber, als hätte die Pest an denselben geklebt, raffte sie eilfertig zusammen, drückte sie mir wieder in die Hände und versicherte: er brauche all den Plunder nicht, und damit Gott befohlen!

Es mag hierbei nicht unerwähnt bleiben, daß bei all meinen Unterredungen mit diesem Manne sich auch, wie von ungefähr, seine Köchin, Haushälterin, oder was sie sonst sein mochte, einfand und ihren Senf mit darein gab. Mochte ich nun dies oder jenes vortragen und mein Bedenken so oder so äußern: — flugs war das schnippische Maul bei der Hand: „Ei, seht doch! Das wäre auch wohl nötig, daß sich noch sonst jemand darum bekümmerte! Der Herr Oberst werden das wohl besser wissen." — Diese Unverschämtheit wurmte mich oftmals ganz erschrecklich, und ich hatte Mühe, in meinem Ingrimm nicht loszubrechen. Jetzt aber lief das Faß einmal über, ich sagte dem Weibsbilde rein heraus, wie mir's ums Herz war, und zog mir dadurch den Herrn und Beschützer auf den Hals, so daß ich, um es nur auch mit dem zu keinem Äußersten kommen zu lassen, hurtig meine Papiere ergriff und mich entfernte. Sah ich doch, daß ich mit einem solchen Querkopfe nimmer etwas ausrichten würde, und daß es hinfort am geratensten sein werde, mir nichts mit ihm zu schaffen zu machen.

Freilich machte mich alles, was ich rings um mich sehen und hören mußte, stündlich nur noch unruhiger. Nirgends war ein Trieb und Ernst, zu tun, was Zeit, Not und Umstände erforderten! Um den Magistrat und seine Anstalten stand es ebenso kläglich. Es geschah entweder gar nichts, oder es geschah auf eine verkehrte Weise, und wer etwa noch guten und kräftigen Willen hatte, ward nicht gehört. Mit einem Worte: man ließ es drauf ankommen, was draus werden wollte, und es war an den Fingern abzuzählen, daß unser Untergang das Fazit von der heillosen Betörung sein würde. Mir blutete das Herz, wenn ich mir unsern Zustand betrachtete, und ich fühlte mich je länger je weniger dazu gemacht, dieses klägliche Schauspiel gelassen mit anzusehen.

In Kolberg — das sah ich wohl — war auf keine Hilfe und keinen Beistand mehr zu hoffen; geholfen aber mußte werden! Ich entschloß mich also, in Gottes Namen und der winterlichen Jahreszeit zum Trotz unsern guten, unglücklichen, so schlecht bedienten König unmittelbar selbst in Königsberg, Memel, oder wo ich ihn finden würde, aufzusuchen und ihm Kolbergs Lage und Not vorstellig zu machen. Darum ward ein Fahrzeug von mir in den erforderlichen Stand gesetzt, notdürftiger Proviant nach der Münde hinausgeschafft und nur noch ein günstiger Wind erwartet, um unverzüglich in See zu stechen.

Gerade in diesem Augenblick aber traf der Kriegsrat Wisseling in Kolberg ein, ein Mann, der Kopf und Herz auf dem rechten Flecke hatte. Wisseling war mein Freund, und es tat mir wohl, alle meine Klagen, Sorgen und Bedenken in sein redliches Herz auszuschütten. Er sah zugleich selbst und mit eignen Augen, wie es hier zuging, und fühlte sich darüber nicht weniger bekümmert. Als ich ihm aber das Geheimnis meiner geplanten Reise entdeckte, mißbilligte er das Wagstück, setzte aber sogleich auch hinzu: „Vertrauen Sie mir Ihre Papiere an, und alles, was sonst noch zu einer vollständigen Übersicht der Verhältnisse des Platzes fehlt, lassen Sie uns in einem gemeinschaftlichen Aufsatze bearbeiten. Ich übernehme es, mich selbst zu Lande zum Könige zu begeben und mein Möglichstes zu tun, damit hier bessere Anstalten getroffen werden. Tun und wirken Sie derweilen hier, was in Ihren Kräften steht. So Gott will, wird es uns gelingen, dem Könige den Platz zu retten." — Ich blieb auf sein Wort, und er reiste ab.

Täglich und stündlich strömten bei uns noch Versprengte und aus der Gefangenschaft Freigekaufte von unsern Truppen ein, die teils weiter nach Preußen zogen, teils eine Zuflucht bei uns suchten, um sich von ihren Strapazen zu erholen oder ihre Wunden bei uns auszuheilen. Unter letzteren befand sich auch der Leutnant v. Schill vom Regiment Königin-Dragoner, der, schwer am Kopfe verwundet, nicht weiter kommen konnte. Der Zufall machte uns bald miteinander bekannt. Er war ein Mann nach meinem Herzen, einfach und bescheiden, aber von echtem deutschen Schrot und Korn, und so brauchte es auch keiner langen

Zeit, daß er mir ein volles Vertrauen abgewann. Wie konnte ich ihm aber dieses schenken, ohne zugleich ihm unsere ganze verzweiflungsvolle Lage zu schildern, meine Klagen über Loucadou in sein Herz auszuschütten und daneben meine frommen Wünsche über so manches, was zur Sicherung und Erhaltung der Festung zu veranstalten noch übrig sei, gegen ihn laut werden zu lassen?

Alles, was ich ihm sagte, machte je mehr und mehr seine Aufmerksamkeit rege, und es mag wohl sein, daß es auch den Entschluß in ihm erzeugt oder befestigt hat, in Kolberg zu bleiben und sich hier nützlich zu machen. Sobald er wieder ein wenig zu Kräften gekommen war, besahen wir uns gemeinschaftlich den Platz und seine Umgebungen. Wir trafen dabei in dem Urteil zusammen, daß die Erhaltung desselben zuletzt hauptsächlich auf den Besitz des Hafens und die Behauptung der Gemeinschaft zur See mit Preußen und unsern Verbündeten ankommen werde. Nun war aber die „Maikuhle" der Schlüssel des Hafens; und dieses angenehme Lustwäldchen, welches sich hart vom Ausfluß der Persante, westlich eine Viertelmeile längs den Uferdünen der Ostsee hinstreckt, mußte darum um jeden Preis festgehalten werden. Dennoch war bis zu diesem Augenblicke zur Verschanzung dieses entscheidenden Punktes noch keine Schaufel in Bewegung gesetzt worden. Man verließ sich auf das Münderfort und die Morastschanze, die aber beide unzureichend waren, den Feind, sobald er sich in der Maikuhle festgesetzt hatte, aus diesem ihm unschätzbaren Posten zu vertreiben.

Wahr ist es, es würden tausendfünfhundert Mann dazu gehört haben, ein hier anzulegendes Außenwerk zu besetzen und vollkommen sicher zu stellen; das aber hinderte uns nicht, den Gedanken zu fassen, daß hier beizeiten wenigstens etwas — sei es auch nur gegen den ersten Anlauf — geschehen könne und müsse, und daß dann die Not und eine dadurch herbeigeführte bessere Erkenntnis wohl das übrige tun werde. Woher aber Hände nehmen, um dort auch nur einige leichte Erdaufwürfe zustande zu bringen? — Noch hatte Schill nur erst einige wenige Leute um sich gesammelt, die er zu seinen jetzt beginnenden Streifereien in die Ferne nicht entbehren konnte; Geldmittel waren noch weniger in seinen Händen und von Loucadou war vollends für diesen Zweck nichts zu erwarten. Auf sein Zureden entschloß ich mich ohne längeres Bedenken, meine paar Pfennige, die ich im Kasten hatte, daran zu strecken.

Demzufolge trieb ich auf der Geldervorstadt und in allen nächst umliegenden Dörfern Tagelöhner und Häusler, soviel ich deren habhaft werden konnte, zusammen, versprach und zahlte guten Lohn und verwandte auf diese Weise gegen vierhundert Taler aus meiner Tasche. Tag und Nacht schanzten und arbeiteten wenigstens sechzig Menschen eine geraume Zeit hindurch an diesen Befestigungen nach dem von Schill dazu entworfenen Plane. Weder der Kommandant noch sonst jemand fragte und kümmerte sich darum, was wir da schafften, und so blieb es auch meinem Freunde überlassen, diese Schanzen mit seinen Leuten in dem Maße, als sich diese aus den Freigekauften freiwillig um ihn sammelten, immer stärker zu besetzen. Allein um sie dort festzuhalten, mußte auch für Löhnung und Mundvorrat in genügender Menge gesorgt werden. Für's erste fiel diese Sorge mir anheim, solange mein Beutel dazu vorhielt oder meine Küche und mein Branntweinlager es vermochten.

Unter der Zeit war auch der Kriegsrat Wisseling aus Preußen glücklich und mit sehr ausgedehnten Vollmachten vom Könige für die Verpflegung der Festung zurückgekehrt. Sein Eifer, verbunden mit der rastlosesten Tätigkeit, brachte sofort ein neues wunderbares Leben in das ganze Verwaltungsgeschäft. Ganze Herden Schlachtvieh, lange Reihen von Getreidewagen zogen zu unsern Toren ein, und Heu und Stroh in reichem Überflusse füllte die Futtermagazine oder ward in den Scheunen der Vorstädter untergebracht. Für diese gezwungenen Lieferungen erhielt der Landmann nach dem Taxwert Lieferungsscheine, die künftig eingelöst werden sollten, und mit denen er gern zufrieden war. In der Stadt wurde geschlachtet und eingesalzen und die Böden der Bürgerhäuser mit Kornvorräten aller Art beschüttet. — So konnte Kolberg allgemach für notdürftig verproviantiert gelten, während zu hoffen stand, daß das Fehlende im nächsten Frühling bei wieder eröffneter Schiffahrt durch Zufuhr zur See zu ersetzen sein möchte.

Einen neuen Trost zum Besseren gab es, als bald darauf, vom Könige geschickt, der Hauptmann von Waldenfels, ein junger tätiger Mann, bei uns auftrat, um als Vizekommandant dem Obersten v. Loucadou zur Seite zu stehen und ihn zu unterstützen. Brav wie sein Degen, aber noch nicht von zureichender Erfahrung geleitet, begann dieser seine neue Laufbahn gleich in den ersten Tagen des Januar 1807 durch eine gewagte Unternehmung auf das neun bis zehn Meilen weit entlegene Städtchen Wollin, um sich durch Vertreibung der dortstehenden Franzosen eine freie Verbindung mit Schwedisch-Pommern zu eröffnen. Wahrscheinlich wäre der nächtliche Überfall, zu dem er einen bedeutenden Teil der Besatzung Kolbergs verbrauchte, gelungen, wenn nicht an Ort und Stelle Fehler begangen worden wären, die seinen übereilten Rückzug mit einem Verluste von mehr als hundert Mann zur Folge hatten.

Dieser erste Fehlschlag war um so nachteiliger, da er ohne Zweifel dem Vizekommandanten mehr oder weniger von seinem Selbstvertrauen raubte und ihn dadurch hinderte, das geistige Übergewicht über Loucadou zu behaupten, das ihm in seiner Stellung gebührt hätte. Denn wenn auch in unsern Verteidigungsanstalten durch ihn von seiner ersten Erscheinung an unendlich viel Gutes gewirkt wurde und er mit dem alten grämlichen Manne darüber manchen Kampf zu bestehen hatte, so mußte er doch auch ebenso oft dem Eigensinn desselben nachgeben und sich nach seinen Launen bequemen. Wir hatten also an ihm den Mann noch immer nicht, den wir brauchten.

Auch Schill, der seit dem Januar vom Könige zur Organisierung eines Freikorps förmlich bevollmächtigt worden war und von allen Seiten gewaltigen Zulauf fand, ward ein von Loucadou in Kolberg sehr ungern gesehener Gast, dem daher auch jener, wo er nur wußte und konnte, Hindernisse in den Weg legte; sei es, daß der Name, welchen der junge Mann sich so schnell erworben, sein Ansehen zu beeinträchtigen drohte, oder weil die Tätigkeit, womit dieser handelte, seinem eignen gemächlichen Schlendrian zum stillen Vorwurf gereichte. Schlimm war es immer, daß ihre beiderseitigen Befugnisse keine scharfe Abgrenzung gegeneinander hatten, während sie doch von einerlei Punkte aus und gemeinschaftlich handeln sollten. Nur ließ sich der wackre Parteigänger bei all seiner ihm natürlichen Bescheidenheit nicht so leicht unterjochen, und er fand auch noch immer Spielraum, wenn es ihm bei uns zu warm und beklommen ward, sich außerhalb der Festung zu tummeln. Zudem stand sein Ruf nun einmal fest, und selbst als sein Überfall gegen Stargard (am 16. Febr.) ihm mißlang und er bald darauf in Naugard einen empfindlichen Unfall erlitt, konnte er sich mit unverletzter Ehre näher gegen Kolberg zurückziehen.

Seine Absicht bei jenem Zuge war gewesen, das vom Marschall Mortier aus Schwedisch-Pommern entsandte Korps des Divisionsgenerals Teullie, welches zur Berennung unsers Platzes bestimmt war, auseinander zu sprengen und uns noch einige Zeit länger Luft zu verschaffen. Da der Streich nicht geglückt war, so drang nun jener französische Heerhaufe ungesäumt nach und ward nur noch durch Schills gut genommene und kräftig behauptete Stellung bei Neubrück, halbes Weges zwischen Treptow und Kolberg, acht volle Tage aufgehalten. Jetzt war also das lang erwartete Ungewitter im nahen Anzuge, und da man endlich den Ernst spürte, besann man sich auch, daß der Kautzenberg ein gelegener Posten sein würde, dem Feinde das nähere Vordringen von dieser Seite zu erschweren. Eiligst ging man daran, die vormals im Siebenjährigen Kriege hier aufgeworfenen Befestigungen zu erneuern.

Es war hierzu auch hohe Zeit gewesen; denn schon am 1 März bemächtigte sich der Feind des Passes bei

Neubrück und zeigte sich zwei Tage später im Angesichte des Kautzenberges, während zu gleicher Zeit eine andre Abteilung desselben den Weg am Strande der Ostsee einschlug und es wahrscheinlich auf die Maikuhle abgesehen hatte. Eben hierher aber hatte sich auch ein Teil des Schillschen Korps zurückgezogen, das nicht nur den Feind entschlossen zurückwies, sondern von jetzt an auch fortwährend diesen Posten besetzt hielt, dessen hohe Wichtigkeit von Tage zu Tage immer besser erkannt wurde. Schon nach wenigen Tagen aber war auch die Hauptmacht des Feindes näher gerückt, um unsern Platz auch von Osten her einzuschließen.

Jetzt konnte uns die früher hergestellte Schanze auf dem Hohenberge, die das nahe Dorf Tramm beherrschte, von Nutzen werden, weshalb sie auch unverzüglich noch weiter ausgebessert und einiges Geschütz darin aufgefahren wurde. Ich bewog die Bürgerschaft, auch zu dieser Arbeit freiwillige Hand anzulegen, sobald der Feind im Westen der Stadt wirklich erschienen war und nun auch von der entgegengesetzten Seite augenblicklich erwartet werden durfte. Am 5. März griffen wir das Werk gemeinschaftlich an, schanzten Tag und Nacht unverdrossen und hatten auch die Freude, es schon am 9., noch vor Erscheinen eines Franzosen, vollendet zu sehen.

Während wir noch mit dieser Arbeit beschäftigt waren, ließ sich Loucadou vom Hauptmann v. Waldenfels bewegen, uns dort auf dem Platze zu besuchen. Es war seit der ganzen Zeit das erste Mal, daß er sich außer den Toren der Stadt blicken ließ. Anstatt uns aber in unserm Fleiße durch irgend ein freundliches Wort aufzumuntern, machte er unser Vornehmen mit spöttischem Lachen als Kinderspiel verächtlich. Indem aber noch weiter unter den Herren von der Haltbarkeit der Festung hin und her gesprochen wurde und die Meinungen verschieden ausfielen, konnte ich mein Herzpochen nicht länger zähmen, sondern nahm das Wort und rief: „Meine Herren, Kolberg kann und muß dem Könige erhalten werden, es koste, was es wolle! Wir haben Brot und Waffen, und was uns noch fehlt, wird uns zur See zugeführt werden. Wir Bürger sind alle für einen Mann entschlossen, und wenn auch all unsere Häuser zu Schutthaufen würden, die Festung nicht übergeben zu lassen. Und hörten es je meine Ohren, daß irgend jemand — er sei Bürger oder Militär — von Übergabe spräche: bei Mannes Wort! dem rennte ich gleich auf der Stelle diesen meinen Degen durch den Leib, und sollte ich ihn in der nächsten Minute mir selbst durch die Brust bohren müssen!" — So gingen wir für diesmal, halb lachend, halb erzürnt, auseinander.

Bis zum 13. März hatte der Feind seine Umzinglung des Platzes vollendet. Unbedeutende Plänkeleien an der Ostseite leiteten einen heftigen Angriff gegen die Schanze auf dem Hohenberge ein, welche dem Feinde unbequem zu sein schien. Von beiden Seiten rückten immer mehr Truppen ins Gefecht, bis gegen Abend den Unsrigen nur übrig blieb, sich fechtend gegen die Stadt zurückzuziehen. Die drei Kanonen in der Schanze wurden mit abgeführt und gerettet, aber der Feind säumte nicht, sich in dem Werke festzusetzen. Ich selbst war bei dem ganzen Gefecht zugegen gewesen und sah, daß bei dem Rückzuge mehrere von unsern Leuten tot oder verwundet auf dem Felde liegen blieben. Es jammerte mich besonders der letztern, und so wagte ich mich, mit einem weißen Tuche in der Hand, gegen die feindlichen Vorposten, und bat, daß mir erlaubt werden möchte, diese Gebliebenen nach der Stadt abholen zu dürfen. Nach langem Hin- und Herfragen ward mir dies endlich zugestanden. Ich eilte demnach in die Vorstadt zurück, nahm drei mit Stroh belegte Wagen mit mir und fuhr mit ihnen unter dem Geleite einiger französischen Soldaten auf dem Felde umher, wo ich neun Verwundete und fünf Tote auflas und mit mir führte. Die letztern wurden sogleich auf dem nahen St. Georgen-Kirchhofe beerdigt, die erstern aber in ein Lazarett abgeliefert. Von nun an machte ich mir's zu einem lieben Geschäft, unsern Verwundeten auf diese Weise beizustehen, und habe oft selbst Wagenführer sein müssen, wenn es in ein etwas lebhaftes Feuer hineinging und die Knechte sich aus Angst verliefen.

Gleichzeitig mit der Schanze auf dem Hohenberge hatten unsre Belagerer auch die Anhöhen der Altstadt besetzt, ohne dort einigen Widerstand zu finden, und sie waren uns dadurch in eine bedenkliche Nähe gerückt. Beide Verluste machten es nun um so dringender, die Überschwemmungen überall um die Festung her zu bewirken. Schon von Anfang an hatte ich mir mit den Veranstaltungen hierzu viele Mühe gegeben und teils auf eigene Kosten, teils durch Mitwirkung der Bürgerschaft wirklich auch soviel geleistet, daß ich hoffen konnte, sobald es die Not erforderte, eine weite Fläche umher dergestalt unter Wasser zu setzen, daß an kein Durchkommen zu denken wäre. Um einen haltbaren Damm zur Stauung aufzuführen, hatte ich mehrere hundert leere Glaskisten, die ich in einem Magazine fand, mit Erde füllen und neben und aufeinander versenken lassen. Andere Dämme waren gebessert, die Schleusen und Wasserläufe in tüchtigen Stand gesetzt.

Dies ging nun nicht ohne vieles Widerstreben von seiten der Eigentümer der Wiesen und Ländereien ab, denen das Schicksal einer solchen Überschwemmung bevorstand, und die zum Teil auf denselben trotz der Belagerung noch säen und ernten zu können vermeinten. Um dieser Katzbalgereien überhoben zu sein, wandte ich mich an Waldenfels, machte ihn an Ort und Stelle mit der ganzen Einrichtung und Verbindung der Schleusen und der Aufstauung bekannt und forderte ihn auf, von seiten der Kommandantur die Überschwemmung ohne Zögern ins Werk zu setzen. So sehr er von der Nützlichkeit der Sache überzeugt war, wagte er's doch nicht, sie für seinen eigenen Kopf auszuführen, ich aber wollte ebensowenig etwas mit dem Obersten zu tun haben. Endlich aber überredete er mich doch, mit ihm zu demselben zu gehen und ihm die Sache gemeinschaftlich vorzustellen.

Als wir nun vor ihn kamen, fand sich sofort auch das vorbelobte Weibsbild ein und begann, tapfer mit drein zu reden. Nun war auch meine Geduld zu Ende, und ich bedeutete sie kurz und gut, daß es ihr nicht zukäme, hier ihre unverlangte Weisheit feil zu haben. Das Ding aber, das sich auf seinen Herrn verließ, machte mir ein schnippisch Gesicht und wäre mir wohl gern mit allen zehn Fingern ins Gesicht gefahren, wenn ich es nicht fein säuberlich beim Kragen genommen und zur Stubentüre hinausgeworfen hätte, wie recht und billig war. Darüber geriet aber wiederum der Herr Kommandant in Hitze. Er griff nach dem Degen und würde ihn ohne Zweifel gegen mich gezogen haben, wäre ihm nicht mein Begleiter in den Arm gefallen und hätte ihm zugerufen: „Beruhigen Sie sich! Nettelbeck hat recht getan.“ — Er kam zur Besinnung, aber mit dem Vorschlage zur Überschwemmung blieb es wie es war. Dagegen geschahen einige Kanonenschüsse aus der Festung — die ersten, welche gegen den Feind gelöst wurden und mit welchen also auch die Geschichte der Belagerung anheben mag.

An dem nämlichen Tage (den 14. März) hatten die Franzosen schon früh das Dörfchen Bullenwinkel im Rauche aufgehen lassen. Das veranlaßte unsern Kommandanten (schwerlich mit Recht!) auch die Lauenburger Vorstadt abzubrennen, vielleicht, damit der Feind sich darin nicht festsetzte. Niemand von den zahlreichen Bewohnern hatte sich einer solchen gewaltsamen Maßregel versehen; niemand war in diesem Augenblick darauf vorbereitet. Keine halbe Stunde Zeit ward den Unglücklichen zur Rettung ihrer Habe gestattet; viele mußten, wie sie gingen und standen, ihr Eigentum verlassen. Hundert Familien wurden in wenigen Minuten zu Bettlern und suchten nun in der ohnehin ziemlich beengten Stadt ein kümmerliches Unterkommen.

Inzwischen nistete sich der Feind in der Altstadt ein, und so sehr wir uns auch bemühten, sie durch unser Geschütz zu demolieren oder in Brand zu stecken: es war vergeblich. Dagegen setzte sich Schill in der Maikuhle immer fester, ließ Fleschen (pfeilförmige Brustwehren) anlegen, grub Wolfsgruben und machte Verhacke. Der Schutz des

Platzes von dieser Seite blieb gänzlich seiner Sorgfalt überlassen.

Bereits am 15. März, vormittags um zehn Uhr, erschien indes am Mühlentor ein französischer Parlamentär in einem mit vier Pferden bespannten Wagen. Der Kutscher fuhr vom Sattel, den Bock nahm ein Trompeter ein, und zwei Nobelgardisten, wie die Puppen gekleidet und mit Gewehr und völliger Rüstung versehen, gingen zu beiden Seiten des Wagens einher. In diesem ungewöhnlichen Aufzuge und unter einer schmetternden Tarare, rasselte das Völkchen zur Stadt herein und hielt dann plötzlich vor dem Hause des Kommandanten, der den Parlamentär in der Haustür empfing, ihm freundlich die Hand bot und ihn dann in sein Zimmer führte, das sofort hinter ihnen verschlossen wurde.

Nach und nach versammelten sich auf dem Flur des Hauses viele Offiziere der Garnison, unter welche auch ich mich mischte. Alle waren von jener Erscheinung mehr oder weniger überrascht und auf den weiteren Erfolg gespannt. Alle fragten wir uns untereinander: ob denn sonst keiner von den Offizieren bei der Unterredung in dem verriegelten Zimmer zugegen sei. Ich wandte mich an den Oberst v. Britzke, der auch unter dem Haufen stand. „Herr, Sie sind der nächste an Rang und Alter. Ihnen gebührte es am ersten, mit anzuhören, was da unterhandelt wird. Sprengen Sie die Türe!" — Er zuckte die Schultern, und niemand von den Anwesenden sprach ein Wort. Mich aber überfiel innerlich eine unbeschreibliche Angst und Sorge. Die Erinnerungen an Stettin, Küstrin und Magdeburg standen mir wie finstre Gespenster vor der Seele. Ich konnte nicht bleiben, sondern lief, den Vizekommandanten aufzusuchen, der jetzt allein noch Unheil verhüten konnte.

Vergebens irrte ich, in atemloser Hast, den wackern Mann in der ganzen Stadt und auf den Wällen zu erfragen! Bald sagte man mir, er sei auf der Münde, beim Hafen, und ich schickte Boten über Boten aus, ihn schleunigst herbeizurufen; — bald wieder hieß es, er sei bei den Verschanzungen auf dem Wolfsberge beschäftigt. Aber während ich auch dorthin Eilboten abfertigte, war die Zeit bis fast um zwei Uhr abgelaufen, und ohne ihn erwarten zu können, trieb es mich wieder nach dem Kommandantenhause, wo Unheil gebrütet wurde.

In der Zwischenzeit aber hatten Trompeter, Kutscher und Nobelgarden, die mir sämtlich nicht so aussahen, als ob sie in diese Kleider gehörten, sich nach Belieben und ohne Aufsicht in der Stadt zerstreut.

Endlich, nach langem peinlichen Harren, ward von dem Kommandanten aus dem Fenster gerufen, des Parlamentärs Wagen vorfahren zu lassen. Beide Herren traten Hand in Hand aus dem Zimmer hervor, verbeugten sich beiderseits höflichst und gingen auseinander, worauf der Parlamentär in den Wagen stieg und davon kutschierte. Erst eine halbe Stunde nachher kam der Hauptmann v. Waldenfels fast atemlos herbeigeeilt, und ich und andre erzählten ihm, was hier vorgegangen. Der Mann geriet ganz außer sich, daß so etwas in seiner Abwesenheit hatte geschehen können. Man erfuhr auch nachher, daß Loucadou und der Vizekommandant einen harten Wortwechsel gehabt und sich förmlich miteinander überworfen hatten.

Gleich am 16. März machte der Feind vormittags den ersten Versuch, ob und wie die Stadt aus der eroberten Schanze auf dem Hohenberge mit Wurfgeschütz zu erreichen sein werde. Er schickte uns also einige Granaten zu, die aber entweder schon in der Luft platzten oder unschädlich in den Stadtgraben fielen. Nichtsdestoweniger ward abends um acht Uhr ganz unvermutet Feuerlärm geschlagen, und — das Haus des Kommandanten stand in vollem Brande! Alles lief zum Löschen herbei; während jedoch manche verständige Bürger samt mir sich unwillkürlich veranlaßt fühlten, dies Ereignis mit dem gestrigen Parlamentär in eine sehr bedenkliche Verbindung zu bringen. Lag in diesem Brandlärm, wie wir fürchteten, etwas Vorbereitetes, so ließ sich auch wohl besorgen, daß der Feind diesen Zeitpunkt zu einer nächtlichen Überrumpelung benutzen könnte.

Voll von diesem beängstigenden Gedanken, entschlossen sich unsrer dreizehn an der Zahl, sofort eine Runde rings um die Stadtwälle zu machen und die Verteidigungsanstalten mit eigenen Augen nachzusehen. Überall auf den Batterien, wo Kanonen und Pulverwagen standen, riefen wir wiederholt und überlaut die Schildwachen an, aber nur selten ward uns eine Stimme zur Antwort, und auf unsrer ganzen langen Runde trafen wir auf diese Weise nicht mehr als sieben — schreibe sieben Mann unter dem Gewehr!

So etwas überstieg alle unsre Gedanken und Begriffe! Wir erachteten es für dringende Notwendigkeit, dem Kommandanten davon die schleunigste Anzeige zu machen, damit bessere Anstalt getroffen und Unglück verhütet würde. Der aber war längst aus seinem brennenden Hause geflüchtet und hatte sich in das Posthaus einquartiert. Auch dort suchten wir ihn auf und ließen ihm durch seine Ordonnanz hineinsagen: „Die Bürgerpatrouille wolle ihn sprechen, um etwas Hochwichtiges anzumelden." Wir empfingen hierauf den Bescheid: „Der Herr Oberst habe sich bereits zur Ruhe begeben und lasse sich heute nicht mehr sprechen." — Was für eine unerhörte Seelenruhe bei einem Festungskommandanten, der den Feind vor den Toren hat, und dessen Haus in vollen Flammen steht! Dieser Brand wurde übrigens gegen drei Uhr morgens gelöscht; wir Bürger setzten unsre Umgänge die ganze Nacht fort, und der Feind hielt sich ruhig. Leicht aber mag man ermessen, wie uns bei diesen Umständen zumute war, und welcher traurigen Zukunft wir entgegensahen.

Allein was war hier mit unserm stillen Grollen und Jammern oder auch mit lautem Murren und Räsonieren geholfen? Hier mußte schneller und nachdrücklicher Rat geschafft werden; und so bedachte ich mich nicht lange, sondern ging noch am nämlichen Morgen ans Werk, um aus der ganzen Fülle meines beklommenen Herzens unmittelbar an den König selbst aufs Papier hinzuwerfen, was mir in diesen letzten Tagen so wie manches Frühere unrecht und bedenklich vorgekommen. Ich weiß noch, daß dieses Schreiben mit den unterstrichenen Worten endigte: „Wenn Ew. Majestät uns nicht bald einen andern und braven Kommandanten zuschicken, sind wir unglücklich und verloren!" — Diese Vorstellung schloß ich in eine Adresse an den Kaufmann Wachsen zu Memel, der sie dann dem Könige persönlich überreichte und mir bald darauf die gnädigen Annahme des Schreibens meldete.

Am 19. März stürmte der Feind den Kautzenberg und eroberte das Dorf Sellnow; darnach ging er in das Siederfeld vor und machte sich zum Meister des Gradierwerks und der Saline. Die Schanze auf dem Strickertberg aber hielt der wackere Schill gegen den Willen des Kommandanten so lange, bis die Bewohner der Geldervorstadt, die Loucadou zu räumen befahl, um sie niederzubrennen, sich und die Trümmer ihrer Habe in Sicherheit gebracht hatten.

Freilich, Loucadou sah in Schills Benehmen nur einen sträflichen Mangel an Subordination; nach einem heftigen Wortwechsel befahl er dem braven Helden Zimmerarrest, dem der Gekränkte sich auch geduldig unterzog, da sein menschenfreundlicher Zweck ja erreicht war. Aber nicht so geduldig nahmen Soldaten und Bürger es auf, als es bekannt wurde, was für eine Ungebührnis ihrem Augapfel und Liebling (denn das war er!) widerfahren sei. Es entstand ein Gemurmel, ein Reden, ein Fragen, ein Durcheinanderlaufen, das mit jeder Minute lauter und stürmischer wurde. Eine immer gedrängtere Masse sammelte sich auf dem Markte; und es war nicht undeutlich die Rede davon, Schill mit Gewalt zu befreien und den Kommandanten für das, was er getan, persönlich verantwortlich zu machen.

Ich erfuhr alsbald, was im Werke sei; allein, war ich gleich nicht weniger entrüstet als jeder andere, so entging es mir doch nicht, von welchen unseligen und schwer zu berechnenden Folgen hier jede Gewalttätigkeit sein würde. Vielmehr kam alles darauf an, diese Volksbewegung zu stillen und ihren raschen Ausbruch zu verhindern. Ich warf mich schnell unter die Menge, bat sie, Vernunft anzunehmen und vor allen Dingen Schills eigne Meinung zu vernehmen.

Diese zu hören, sei ich jetzt auf dem Wege begriffen. Sie möchten also ruhig meine Wiederkunft erwarten. Das ward denn auch angenommen.

Als ich zu dem Gefangenen kam und ihm sagte, wie die Sachen ständen, erschrak er heftig; und mich an beiden Händen ergreifend, rief er: „Freund, ich bitte Sie um alles, stellen Sie die guten Menschen zufrieden! Aufruhr wäre das letzte und größte Unglück, das uns begegnen könnte. Sagen Sie ihnen, ich sei nicht arretiert; ich sei krank — kurz sagen Sie, was Sie wollen, wenn die Leute sich nur zur Ruhe geben.“ — Ich gelobte ihm das, weil er es wollte, und weil es das Beste war, und eilte nach dem Markte zurück. Kaum konnte ich mich durch das tosende Gedränge schlagen. Vor dem Kuhfalschen Hause trat ich auf eine Erhöhung und forderte wiederholt und mit angestrengtester Stimme, daß man mich hören solle. Nur mit Mühe erwirkte dies so viel Stille, um überall vernommen zu werden. „Kinder!“ rief ich, „ich komme von unserm Freunde. Aus seinem eignen Munde weiß ich's: er hat nicht Arrest, wie ihr glaubt, sondern hält sich wegen Unpäßlichkeit in seinem Zimmer. Euch insgesamt aber bittet er durch meinen Mund, wenn ihr ihm je Liebe bewiesen habt, daß ihr jetzt ruhig auseinandergeht. Binnen wenigen Tagen hofft er so vollkommen hergestellt zu sein, daß er selbst unter euch erscheinen und euch für eure Anhänglichkeit danken kann. Wer also ein guter Bürger und sein Freund ist, der geht nach Hause.“

Die guten Leute kamen glücklich zur Besinnung, und als die Angeseheneren sich ruhig wegbegeben hatten, fehlte es nicht, daß auch der Pöbel sich allgemach verlief. Loucadou verhielt sich bei diesem Vorgange ganz still, als hätte er kein Wasser getrübt, was ihm auch gar sehr zu raten war. Schills Arrest aber blieb, wie man wohl denken kann, ein leeres Wort, das stillschweigend zurückgenommen wurde. Denn da Schill seine Gegenwart in der Maikuhle und auf einigen andern Orten bei den Vorposten notwendig fand, tat er, was die Umstände erforderten; und Loucadou stand nicht an zu erklären: „Außerhalb der Festung möge er schalten, wie er's für gut befinde."

Am 26. und 30. März richtete der Feind aufs neue leichte Angriffe auf die inzwischen besser befestigte Maikuhle, ohne indes Erfolg zu haben.

Not lehrt beten! Endlich (am 25. März!) erlaubte Loucadou der Bürgerschaft, am innern Festungsdienste mitzuwirken, die Hauptwache zu beziehen und die nötigen Posten auf dem innern Walle, so wie an den Toren auszustellen.

Indes ließ der Feind sein großes Wurfgeschütz spielen. Am 5. April machten uns die französischen Granaten von der Altstadt her unangenehme Besuche, als ich mich mit hundert und mehr Menschen auf dem Markte befand, wo der Kommandant den Bürgern seine Befehle austeilte. Allein diese schienen mir der Sache sehr wenig angemessen zu sein. So hatte er geboten, daß alle Hausdächer hoch mit Dünger belegt werden sollten, um das Durchschlagen der Bomben zu verhüten; daß überall das Straßenpflaster aufgerissen werden sollte, um gleichfalls jene Art des Geschosses unschädlicher zu machen. Nun habe ich zum Unglücke eine Gattung von schlichtem Menschenverstand, die zu keiner Dummheit, in welcherlei Munde sie sich auch mag hören lassen, gutwillig schweigen kann. Ich war also auch hier so vorwitzig, gegen ihn meinen doppelten Zweifel zu äußern: — einmal, ob der anbefohlene Dünger auf unsern Dächern, die durchgängig eine Neigung von mehr als fünfundvierzig Grad hätten, wohl lange haften dürfte; und dann ob die Granaten auch wohl vor solcherlei bedeckten Dächern bei deren leichtem Bau sonderlichen Respekt beweisen möchten. Auf gleiche Weise brachte ich ihm in Erinnerung, daß die Stadt ehedem dreimal, und zwar heftig genug, mit Bomben geängstigt worden, ohne daß man gleichwohl nötig gefunden habe, das Pflaster zu rühren. Dies scheine hier bei unsern engen Gassen sogar schädlich und hinderlich, weil dann bei Feuersgefahr weder Spritzen noch Wasserkufen einen Weg durch die Steinhaufen und den umgewühlten Boden würden finden können. Es möchte also wohl der beste Rat zur Sache sein, dergleichen gelehrte Experimente, die vielleicht anderwärts besser paßten, hier beiseite zu setzen und uns nur tapfer unserer Haut zu wehren. — Ich glaube, ich hätte besser getan, das nicht zu sagen, denn es machte den alten Herrn verdrießlich, und ich hatte einige Lacher auf meiner Seite.

Während es noch hiervon die Rede gab, zogen einige feindliche Granaten, die von Zeit zu Zeit geworfen wurden, ihren Bogen, schlugen nicht weit von uns durch die Dächer der Häuser, platzten und richteten Schaden an. Fast zu gleicher Zeit fuhr eine Bombe kaum zwanzig oder dreißig Schritte weit von unserm zusammengetretenen Kreise nieder, zersprang, beschädigte aber niemand. Bei dem Knall sah sich der Oberst mit etwas verwirrten Blicken unter uns um und stotterte: „Meine Herren, wenn das so fortgeht, so werden wir doch noch müssen zu Kreuze kriechen!"... Mehr konnte er nicht hervorbringen.

So etwas sehen und hören, ließ mich meiner nicht länger mächtig bleiben, und ich tat einen Schritt, den ich jetzt selber nicht gut heiße, obwohl ich mir dabei der reinsten Absicht bewußt bin. Ich fuhr gegen ihn auf, und schrie: „Halt! Der erste, wer er auch sei, der das verdammte Wort wieder ausspricht ‚von zu Kreuze kriechen' und Übergabe der Festung, der stirbt des Todes von meiner Hand!" — Dabei fuhr mir der Degen, ich weiß nicht wie, aus der Scheide, und mit der Spitze gegen den Feigling gerichtet, setzte ich hinzu zu allen, die es hören wollten: „Laßt uns brav und ehrlich sein, oder wir verdienen, wie die Memmen (eigentlich brauchte ich wohl ein andres Wort) zu sterben!"

Der Landrat Dahlke, mein Nebenmann, faßte mich von hinten und zog mich von Loucadou zurück, während dieser vom Kaufmann Schröder gehindert wurde, seine Hände zu gebrauchen, die gleichfalls nach der Klinge griffen. Seine Zornwut kannte keine Grenzen mehr. „Arretieren!" schrie er mit schäumendem Munde, „gleich arretieren! In Ketten und Banden!" — Da sich indes alles um ihn zusammendrängte, der Landrat aber mich aus allen Kräften von ihm entfernte, so mußte er wohl glauben, daß man mich ins Gefängnis davon führe; und so kamen wir einander aus dem Gesichte. Ich aber, ein wenig zur Besinnung gekommen und mit mir altem Knaben selbst nicht aufs Beste zufrieden, ging nach Hause, um zu erwarten, was in der tollen Geschichte weiter erfolgen würde.

Alles dies hatte sich vormittags zugetragen. Gleich nachmittags aber berief der Kommandant den Landrat zu sich und erklärte ihm seinen Willen, über mich ein aus Militär und Zivil zusammengesetztes Kriegsrecht halten und mich des nächsten Tages auf dem Glacis der Festung erschießen zu lassen. Der Landrat, der es gut mit mir meinte, erschrak, machte Vorstellungen und gab zu bedenken, welch einen gefährlichen Eindruck eine solche Maßnahme auf die Bürgerschaft machen könnte, so daß er für den Ausgang nicht gutsagen wolle. Loucadou beharrte indes auf seinem Sinn, und jener entfernte sich unter der Versicherung, daß er nicht verlange, damit zu schaffen zu haben.

Kaum hatte nun der Landrat auf dem Heimwege in seiner Verwirrung einigen ihm begegnenden Bürgern eröffnet, was der Kommandant mit mir vorhabe, so geriet alles in die größte Bewegung. Ein Haufen sammelte sich und ward mit jeder Minute größer. Er wälzte sich zu Loucadous Wohnung, umringte ihn, und die Wortführer bestürmten ihn so lange im Guten und im Bösen, bis er endlich ihnen zurief: „Gut! gut! so mag der alte Bursche diesmal laufen. Hüte er sich nur, daß ich ihn nicht wieder fasse!" So ging alles friedlich auseinander; erst des andern Tages erfuhr ich aus des Landrats Munde, wie schlimm es auf mich und mein Leben gemünzt gewesen.

Schills Korps in der Maikuhle war derweilen in einer beklagenswerten Lage. Die armen Leute waren dort täglich und stündlich auf den Beinen, weil der Feind sie unaufhörlich neckte und in Atem erhielt. Tag und Nacht lagen sie dort unter freiem Himmel, ohne je, wie andre doch zuweilen, von ihrem Posten abgelöst zu werden und unter Dach und Fach zu kommen. An regelmäßige Löhnung war gar nicht — und an Lieferung von anderweitigen Unterhaltungsmitteln nur höchst selten zu denken. Gleichwohl zeigten sich diese Schillschen Leute, in denen der Geist ihres Anführers lebte und wirkte, vom ersten Augenblick an, da sie sich in den Platz zurückgezogen, äußerst willig und brav. Bei jedem Trommelschlage waren sie — oft nur mit einem Schuh oder Strumpf an den Beinen — die ersten auf dem Sammelplatze; und diesen tätigen Eifer kann und darf ich nicht von einigen andern Truppengattungen in gleichem Maße rühmen.

Um so brave Leute in ihrer Not zu unterstützen, so weiß Gott, daß ich an meinem Teil getan habe, was nur möglich war. Ein Tonnenkessel für Kartoffeln und andres Gemüse kam bei mir nie vom Feuer, und die bereitete Speise ward ihnen hinausgefahren. Oftmals habe ich die ganzen Fleischscharren und alle Bäckerläden auskaufen lassen; oftmals bin ich Haus bei Haus gegangen und habe gebeten, daß für meine Schillschen Kinder in der Maikuhle zugekocht werden möchte. In der Tat betrachteten sie mich auch als ihren Vater und nannten mich ihren Brot- und Trankspender, und wenn ich mich in der Nähe der Lagerposten zeigte, ward ich gewöhnlich mit kriegerischer Musik empfangen. Nicht selten zuckelte ich, wenn sie zu irgend einem Angriff ins Freie hinausrückten, auf meinem Pferdchen neben ihnen her und suchte ihnen getrosten Mut einzusprechen, oder ich stimmte, ob ich gleich nicht von sangreicher Natur bin, mit meiner Rabenkehle das Liedchen an: „Halt't euch wohl, ihr preuß'schen Brüder!" — wobei alle lustig und guter Dinge wurden. Auch wußten sie, daß, wenn es Verwundete oder sonst ein Unglück geben sollte, ihr alter Freund schon in der Nähe zu finden sein werde.

Vom 5. April an versuchten die Franzosen fast täglich und immer ernstlichere Unternehmungen gegen die Maikuhle; aber jedesmal wurden sie von Schill mit blutigen Köpfen wieder heimgeschickt, ja er fügte ihnen im Morast bei Neuwerder sogar eine empfindliche Schlappe zu und jagte sie bis Sellnow zurück; allein der auf Schills Erfolge und überlegenen Geist eifersüchtige Loucadou weigerte sich, diesen Vorteil gehörig auszunützen, und der günstige Augenblick ward versäumt und kehrte nie wieder!

Drei Tage nachher schiffte der Rittmeister v. Schill sich auf einem Fahrzeuge ein, das nach Schwedisch-Pommern abging. Das neuerlichste Mißverständnis mit dem engherzigen Kommandanten trug wohl vornehmlich die Schuld, daß jener wackere Mann in einer so schwülen Stickluft nicht länger auszudauern vermochte. Ohnehin war sein ins Große und Freie strebender Geist nicht für die engen Verhältnisse eines belagerten Platzes gemacht; aber dennoch würde er auch hier, wie bisher, seinen Platz auf eine ehrenvoll ausgezeichnete Weise ausgefüllt haben, wenn man seinem Kraftgefühl nicht von mehr als einer Seite Hemmketten angelegt hätte. Selbst aber indem er sich jetzt von uns entfernte, geschah es nur, um uns aus der Ferne durch gemeinschaftliches Handeln mit den Schweden Hilfe zu gewähren.

Die Geringschätzung gegen unsern unfähigen Kommandanten ging allmählich in wirklichen Haß und Feindseligkeit über, und das nur um so mehr, da es so manchen würdigen Offizier unter der Besatzung gab, der das Herz auf dem rechten Fleck und viel Einsicht und Überlegung hatte, aber sein Licht unter den Scheffel stellen mußte.

Desto sehnsüchtiger waren meine Blicke und meine Hoffnungen auf Memel gerichtet; denn in meiner Seele lebte ein unüberwindliches Vertrauen, daß der Klageschrei, den ich bereits vor einem Monat dahin hatte ertönen lassen, das Ohr unsers gütigen Monarchen erreicht und gerührt haben werde.

Am 26. April erschienen endlich zwei Schiffe auf der Reede, welche das zweite pommersche Reservebataillon, siebenhundert Köpfe stark, in Memel eingeschifft hatten und unserer seither auf allerlei Weise verringerten Besatzung als eine willkommne Verstärkung zuführten. Unserer war also keineswegs vergessen worden, sondern es geschah zur Hilfe für unsere Bedrängnis, was die Not des Augenblicks zuließ. Als die Truppen des nächsten Tages ans Land gesetzt wurden, erschien auch von der andern Seite her ein Schiff von Schwedisch-Pommern mit einer guten Anzahl Ranzionierter (freigekaufter Gefangener), welche der von hier dorthin abgeschickte Hauptmann v. Bülow in Stralsund gesammelt und organisiert hatte. Und wahrlich! solcher ermunternden Erscheinungen bedurften wir auch in diesem Augenblicke mehr als jemals, da eben kurz zuvor (den 25. April) die sichere Kunde bei uns eingegangen war, daß das längst erwartete schwere Belagerungsgeschütz im feindlichen Lager eingetroffen sei. Jetzt erst drohte also der Kampf um Kolbergs Besitz seinen vollen Ernst zu gewinnen.

Diesen Ernst zeigten die Franzosen ihrerseits sofort am 29. April auch dadurch, daß sie unter dem Schutz der Hohenbergschanze, halbes Weges von dort gegen die Stadt, auf dem sogenannten Sandwege eine Schanze aufwarfen und ebenso eine zweite in der Richtung vom Bullenwinkel her am Matzenteiche zu errichten begannen. Sie in dieser Nähe zu dulden, wäre hochgefährlich gewesen; allein es schien nicht, als ob unser nach beiden Punkten hin gerichtetes Geschütz die Arbeiten sonderlich hinderte. Da nun zu jeder kräftigeren Maßregel Loucadou der Mann nicht war, und ich auch meiner persönlichen Verhältnisse wegen mir weiter mit ihm nichts zu schaffen machen wollte, so eilte ich, den Vizekommandanten aufzusuchen und ihm meine neuen Besorgnisse ans Herz zu legen.

In der Stadt fand ich meinen Mann nicht, aber es wurde mir gesagt, er befinde sich wegen eines von Danzig angekommenen Schiffes am Hafen, und ich war im Begriffe, ihm dahin zu folgen, als er mir bereits auf der Brücke des Mündertores begegnete. Neben ihm ging ein Mann, den ich nicht kannte, und der mit dem Schiffe gekommen zu sein schien. Dieser Fremde, ein junger rüstiger Mann, von edler Haltung, gefiel mir auf den ersten Blick, ohne daß ich wußte und sagen konnte, warum? Da indes mein Anbringen an den Vizekommandanten eilig war, zog ich ihn bei der Hand etwas abwärts, um es ihm des fremden Mannes wegen ins Ohr zu flüstern. Waldenfels aber lächelte zu meiner Vorsicht und sagte: „Kommen Sie nur, in meinem Quartier wird ein bequemerer Ort dazu sein."

Als wir dort angekommen und unter sechs Augen waren, wandte sich der Hauptmann zu mir mit den Worten: „Freuen Sie sich, alter Freund! Dieser Herr hier — Major von Gneisenau — ist der neue Kommandant, den uns der König geschickt hat", und zu seinem Gaste: „Dies ist der alte Nettelbeck!" — Ein freudiges Erschrecken fuhr mir durch alle Glieder; mein Herz schlug mir hoch im Busen, und die Tränen stürzten mir unaufhaltsam aus den alten Augen. Zugleich zitterten mir die Kniee unterm Leibe; ich fiel vor unserm neuen Schutzgeist in hoher Rührung auf die Kniee, umklammerte ihn und rief aus: „Ich bitte Sie um Gottes willen! verlassen Sie uns nicht; wir wollen Sie auch nicht verlassen, solange wir noch einen warmen Blutstropfen in uns haben; sollten auch all unsre Häuser zu Schutthaufen werden! So denke ich nicht allein; in uns allen lebt nur ein Sinn und Gedanke: die Stadt darf und soll dem Feinde nicht übergeben werden!"

Der Kommandant hob mich freundlich auf und tröstete mich: „Nein, Kinder! Ich werde euch nicht verlassen. Gott wird uns helfen!" — Und nun wurden sofort einige Angelegenheiten besprochen, die wesentlich zur Sache gehörten, und wobei sich sofort der helle, umfassende Blick unseres neuen Befehlshabers zutage legte, so daß mein Herz in Freude und Jubel schwamm. Dann wandte er sich zu mir und sagte: „Noch kennt mich hier niemand. Sie gehen mit mir auf die Wälle, daß ich mich etwas orientiere." — Das geschah. Ich führte ihn auf dem Wall und den Bastionen herum und zeigte ihm von hier aus die feindlichen Stellungen und Schanzen. Was auf den Wällen war und vorging, sah er selbst. Zuletzt kamen wir auch an die Überschwemmungsschleuse. Ich zeigte ihm den ganzen Zusammenhang und Umfang dieser Einrichtung, und wie viel dadurch noch für die Sicherstellung des Platzes geschehen könne; denn was bis jetzt dadurch bewirkt worden, war noch nichts, was zur Sache führte, und meist heimlich von mir geschehen, weil der Einspruch der Grundeigentümer bisher nicht zu besiegen gewesen war. Jetzt aber sah ich mir freiere Hand gegeben und ward sogar förmlich beauftragt, mich dieses Geschäftes mit besonderer Sorgfalt anzunehmen.

Gleich des nächsten Tages stellte der neue Kommandant sich selbst auf der Bastion Preußen der Garnison als ihren jetzigen Anführer vor; und diese Feierlichkeit begleitete er mit einer Anrede, die so eindrucksvoll und rührend war, wie wenn ein guter Vater mit seinen lieben Kindern spräche. Alles ward auch dadurch dergestalt erschüttert, daß die alten bärtigen Krieger wie die Kinder weinten und mit schluchzender Stimme ausriefen: sie wollten mit ihm für König und Vaterland leben und sterben. Darauf machte er sie mit den Grundsätzen bekannt, nach welchen er sie befehligen werde, wessen sie sich von ihm zu versehen hätten, und was er von ihnen erwarte usw. Tausend Stimmen jauchzten ihm im freudigen Tumult entgegen.

Am 1. Mai ließ er sich hiernächst die Zivilbehörden und Bürgerrepräsentanten vorstellen, hielt auch an uns eine nachdrucksvolle Rede, worin er uns verschiedene zweckmäßige Anordnungen vorschlug und wodurch ihm aller Herzen so gewonnen wurden, daß sie begeistert und mit Handschlag erklärten, sie wollten Leben und Vermögen willig in seine Hände legen. — Und fürwahr, ein neues Leben und ein neuer Geist kam nunmehr wie vom Himmel herab in alles, was um und mit uns vorging. In welcher Weise das Zusammentreffen des alten und des neuen Kommandanten stattgefunden, davon konnte freilich im Publikum nichts Gewisses verlauten; nur ist gewiß, daß der edle Sinn des Neuangekommenen seinem Vorgänger jedes peinliche Gefühl nach Möglichkeit erspart haben wird. Zwar wohnte er die ersten paar Tage noch mit Loucadou in dem nämlichen Hause, aber ohne weitere Gemeinschaft mit ihm zu pflegen. Auch blieb Loucadou noch die ganze Zeit der Belagerung hindurch in Kolberg, doch ohne öffentlich zum Vorschein zu kommen, und die Spötter meinten, er habe diese Zeit benutzt, um nun geruhig auszuschlafen. Des Königs Gnade hatte ihn übrigens seines Dienstes mit dem Charakter als Generalmajor und mit einer hinlänglichen Pension entlassen. Er setzte sich demnächst in Köslin zur Ruhe und ist dort einige Jahre nachher verstorben.

Da der Feind fortfuhr, an der neuen Schanze am Sandweg mit angestrengtem Eifer zu arbeiten, so hatte unser neuer Kommandant gleich in der nächsten Nacht seines Hierseins einen Ausfall gegen dieselbe angeordnet, der von einem Trupp Grenadiere und Jäger, etwa hundert Mann stark, in möglichster Stille von der Lauenburger Vorstadt aus unternommen wurde. Ich schloß mich dem Zuge mit zwei in der Vorstadt aufgegriffenen Wagen an, um erforderlichenfalls unsre Toten und Verwundeten aufnehmen zu können. Die Überrumpelung erfolgte mit gefälltem Bajonett im Sturmschritt, und es lag nur daran, daß die Schanze noch nicht geschlossen war, wenn es der darin befindlichen Besatzung gelang, bis auf wenige Gefangene zu entkommen. Wir selbst hatten ebensowenig einen Verlust, erbeuteten aber vieles Arbeitszeug, welches, nachdem es dazu benutzt worden, um den Aufwurf möglichst wieder zu zerstören, auf meine Wagen geladen und in die Festung geschafft wurde.

Je enger die Stadt seither eingeschlossen worden, um so weniger blieb auch der Kavallerie des Schillschen Korps der erforderliche Spielraum, sich mit der sonst gewohnten Tätigkeit zu tummeln. Loucadou, dem überhaupt das ganze Korps ein Dorn im Auge war, hatte schon früher auf die Entfernung jener Reiterei nach Schills Abzuge gedrungen; und es war von derselben ein Versuch gemacht worden, sich nach Preußen durchzuschlagen. Da jedoch alle Möglichkeit dazu verschwand, war sie aus der Gegend von Stolpe wieder nach Kolberg zurückgekehrt und zehrte sich nun in sich selber auf. So fand es denn Gneisenau am angemessensten, den Rest dieses Korps, der etwa noch hundertdreißig Mann betrug, zu Schiffe nach Schwedisch-Pommern überführen zu lassen, wo es aufs neue in Wirksamkeit treten konnte. Die übrigen Truppen Schills blieben noch und behaupteten ihren Posten nach wie vor in der Maikuhle.

In diesen Tagen erschien eine schwedische Fregatte von sechsundvierzig Kanonen, „der Fährmann" genannt, und legte sich auf unserer Reede vor Anker. Sie war angewiesen, uns in unserer Verteidigung von der Seeseite zu unterstützen. Dies tat sie in der Folge auch wirklich, indem sie die Arbeiten des Feindes an der Ostseite in seiner rechten Flanke beunruhigte und aufhielt. Sie würde dies indes noch öfter und wirksamer vermocht haben, wenn entweder Wind und Witterung ihr zu allen Zeiten zugelassen hätten, sich dem Strande genugsam zu nähern, oder wenn ihr Feuer weiter landeinwärts getragen hätte, als es bei den kurzen Karronaden, die sie in ihrer untern Batterie führte, zu bewerkstelligen war. Überhaupt war sie zu groß und ging zu tief, um an dieser Küste von gleichem Nutzen zu sein, wie eine ungleich kleinere englische Brigg von achtzehn Kanonen, die sich ihr nach einiger Zeit zugesellte und mit ihr gemeinschaftlich manövrierte.

Anderweitige dankenswerte Hilfe kam uns am 7. Mai durch ein Schiff von Königsberg, welches uns das dritte Neumärkische Reservebataillon zur Ergänzung der Besatzungstruppen herbeiführte, so wie schon kurz zuvor vierhundertsechzig Ranzionierte, die in Vorpommern wieder bewaffnet worden, auf schwedischen Schiffen anlangten. Die Garnison wurde durch dies alles auf eine Zahl von sechstausend dienstfähigen Köpfen gebracht, und hat auch diesen Belauf nie überschritten, wogegen mit Sicherheit anzunehmen ist, daß gegen das Ende der Belagerung zwanzig- bis vierundzwanzigtausend Franzosen vor unserm Platze unter den Waffen standen. Die Desertion unter unsern Truppen war im ganzen geringe; nur im Anfange gingen besonders mehrere Polen zum Feinde über. Dagegen fanden sich wenigstens ebensoviele, wenn nicht noch mehrere Ausreißer, zumal von den deutschen Bundestruppen, bei unsern Vorposten ein.

Unser Außenwerk auf dem Wolfsberge, eine unregelmäßige Sternschanze, an welche der Hauptmann Waldenfels und der Leutnant Wolf einen so ausgezeichneten Fleiß gewendet, und deren Verstärkung unserm jetzigen Kommandanten vom ersten Augenblick an der Gegenstand einer nicht minderen Sorgfalt geworden, war noch nicht vollendet, als sie vom Feinde, der jetzt erst ihre Wichtigkeit zu begreifen schien, am 7. Mai mit Heftigkeit angegriffen wurde. Allein die Besatzung in derselben bewies keinen geringeren Mut in ihrer Verteidigung, und da auch ein sehr großer Teil der Garnison zu ihrer Unterstützung ausrückte, so blieb vor einer solchen Übermacht den Belagerern nur ein schleuniger Rückzug übrig.

Fortan beschränkten sich die Feindseligkeiten meist nur auf unbedeutende Vorpostengefechte und auf einzelne Granatenwürfe, besonders von der Altstadt her, die freilich meist ohne Wirkung blieben.

Daß indes die Untätigkeit der Belagerer nur scheinbar war und neue, wichtigere Entwürfe von ihnen vorbereitet wurden, ging genugsam aus den lebhaften Bewegungen hervor, welche von Zeit zu Zeit in ihren Stellungen bemerkt wurden.

Um diese Bewegungen noch genauer zu beobachten, verlangte der Kommandant einen Bürger, der des Terrains um die Stadt vollkommen kundig wäre und auch einige militärische Kenntnisse besäße. Er hatte die Absicht, denselben auf den großen Kirchturm zu postieren. Ich schlug hierzu den Brauer Roland vor, welcher sich auch gerne willig finden ließ und von seinen Bemerkungen nach Erfordernis Bericht abstattete, während der Schiffer Busch es übernahm, von dort aus ein gleich wachsames Auge auf den Hafen und die See zu haben und gleichfalls Meldungen zu machen. Zu dem Ende brachte ich an dem Turm eine Winde mit einem Kästchen an, worin Fragen und Antworten auf und nieder befördert wurden, und eine Schildwache unten erhielt die Maschine im Gange. Bald aber blieb dieser Posten nicht ohne Gefahr, da der Feind jene Späher gewahr geworden war und nun häufig die Turmspitze zum Zielpunkt seiner Artillerie machte.

Endlich am 17. Mai geschahen von der Schanze auf dem Hohenberge die ersten sieben Probeschüsse aus dem vom Feinde dort aufgeführten schweren Wurfgeschütz. Trotz der ansehnlichen Entfernung, aus welcher die feindlichen Granaten uns bisher unschädlich geblieben waren, verfehlten doch diese Bomben ihres Zieles nicht; denn eine derselben tötete einen Grenadier mitten in der Stadt vor der Hauptwache. Die Wirksamkeit des nunmehr zu erwartenden Bombardements stand uns also klar vor Augen; war bei dem bisherigen Beschießen nicht nur manches Haus zertrümmert, sondern auch manches Menschenleben gefährdet worden, so ließ sich nicht ohne heimliches Grausen ahnen, wie viel Schreckliches uns noch in der nächsten Zukunft bevorstehen möchte.

Allein Schlimmeres noch, als wir ahnten, stand uns von des Feindes Tätigkeit bereits in der nächsten Nacht auf den 18. Mai bevor, indem er die Schanze auf dem Wolfsberge überfiel und stürmte. Die Gegenwehr der Unsrigen, so brav sie war, blieb dennoch der Überzahl und dem wohlgeleiteten Angriff nicht gewachsen. Ein Teil fiel, ein Teil ward gefangen, und das Außenwerk ging verloren! Auf jede Weise war dieser Verlust zu bedeutend und der Nachteil, wenn ein so wichtiger Punkt in Feindes Händen bleiben solle, zu empfindlich, als daß unser Kommandant nicht schnell und mit Anstrengung jeder Kraft darauf gesonnen hätte, sich wiederum zum Meister davon zu machen. Die größere Hälfte der Besatzung ward aufgeboten, in Kolonnen geteilt und zum Angriff geführt. Einem solchen Anfall widerstanden die Franzosen ebensowenig. Die Schanze kam wieder in unsere Hände! Gewiß war der feindliche Verlust an Toten und Verwundeten nicht geringer als der unsrige, der sich auf hundertsechzig Mann belief. Besserer Sicherheit wegen ward aber fortan dieser so blutig behauptete Posten mit dreihundert Grenadieren und sechs Kanonen besetzt.

Warum die Belagerer jenen Überfall versucht hatten, offenbarte sich gleich am nächsten Tage, wo sie anfingen, einen Damm vor dem Stadtwalde aufzuwerfen, der sie, durch die Sümpfe hindurch, der Festung näher führen sollte. Sie hatten gefürchtet, daß ihnen bei dieser Arbeit das Feuer der Wolfsschanze in der Seite sehr lästig werden könnte; wie denn dies heute auch wirklich geschah. Zwar versuchten sie es, unser Geschütz durch eine Menge nach der Schanze geworfener Granaten aus der Gegend von Bullenwinkel zum Schweigen zu bringen; allein die Entfernung war schlecht berechnet, indem diese Granaten schon halbes Weges niederfielen und zerplatzten. —

Am 19. Mai geleitete jene englische Brigg, deren bereits Erwähnung geschehen, drei Schiffe ihrer Nation in unsern Hafen, deren Erscheinung wir schon längst mit heißer Sehnsucht und einer fast ungeduldigen Hoffnung erwarteten. Es war eben ein stürmisches Wetter, als ihre Segel am Horizonte sichtbar wurden. Sie kreuzten hin und wieder und taten verschiedene Signalschüsse, ebensowohl um die nötigen Lotsen zu erlangen, als um zu erfahren, ob sie mit Sicherheit in den Hafen einlaufen, oder wo sie sonst vor Anker gehen könnten. Diese Signalschüsse hörte ich in der Stadt, warf mich zu Pferde und eilte nach der Münde, um zu erfahren, was vorginge. Dort fand ich bereits Hunderte von Menschen, welche zusammengelaufen waren, sich an dem willkommnen Anblick zu ergötzen.

„Gut und schön, Kinder, daß sie endlich da sind", erwiderte ich einigen, die am lautesten jubelten. — „Allein woran liegt's, daß die Lotsen noch nicht in See sind, sie hier vor Anker zu bringen?" — Einige Schiffer, denen ich diese Frage zunächst wiederholte, zuckten die Schultern, wiesen auf die hohe See und die schäumende Brandung hinaus, und versicherten, es sei nicht möglich, daß ein Boot sich in solchem Wetter hinauswagen könnte. „Möglich oder nicht!" rief ich mit Feuer, „es muß versucht werden! Allein ich sehe auch nicht einmal, daß das Ding gar so halsbrecherisch wäre. Ich will selbst hinfahren." Zugleich drang ich in einen Kreis von Seefahrern ein, die mir zur Linken standen, ergriff die ersten Besten an den Händen und sagte: „Ich weiß, daß ihr brave Kerls seid — kommt, wir wollen zu den Engländern an Bord!"

Wirklich auch schöpften einige gleich Mut. Wir eilten nach dem Lotsenboote und stiegen ein. Indem ich mich so selbst besah, nahm ich wahr, daß ich nur mit einer kurzen Reitjacke bekleidet war, und wünschte, etwas Tüchtigeres auf den Leib zu ziehen. Neben mir stand der Superintendent Baarz, mit einem Überrocke angetan. Den bat ich, mir damit auszuhelfen. Er warf ihn mir freudig zu; ich trat ans Steuer, und wir schaukelten uns gleich darauf auf den Wellen, die es freilich etwas unfreundlich mit uns meinten. Dennoch kamen wir wohlbehalten von einem Schiffe zum andern, erteilten jede nötige Auskunft, brachten die Brigg vor dem Hafen zu Anker und das kleine Geschwader vollends hinein in Sicherheit. Als dies geschehen, ließ ich mir von ihnen allen ein Verzeichnis ihrer mitgebrachten Ladung behändigen und sprengte im Fluge nach der Stadt zurück, dem Kommandanten meinen freudigen Bericht zu erstatten.

Diese Ladungen waren ein Geschenk der englischen Regierung für die dringendsten Bedürfnisse der Festung und mochten zunächst als eine Wirkung der unermüdlichen Bestrebungen angesehen werden, womit der brave Schill auch aus der Ferne für unsere Erhaltung sorgte. Er hatte nämlich schon in früherer Zeit einen seiner Offiziere nach London abgeschickt, um die englische Nation um so mancherlei, was uns zur Verteidigung fehlte (und es fehlte uns anfänglich fast alles) anzusprechen. Diese Anforderungen an die britische Großmut blieben auch um so weniger unbeachtet, als es die Bekämpfung des gemeinschaftlichen Feindes galt. In schnellster Eile, wie es die Umstände erheischten, ward daher durch Absendung jener Schiffe für uns gesorgt, indem sie uns Kriegsbedürfnisse der mannigfaltigsten Art, Munition und Montierungen zuführten, welche letzteren zunächst für Schills Truppen bestimmt waren. Es konnte mit Recht

Hilfe in der Not heißen, und so erklärt sich auch unser Jubel bei dem Empfang dieser kostbaren Gaben.

Während nun die Belagerer, besonders in der Gegend des Wolfsbergs, mit der Errichtung von Dämmen und Schanzen fortfuhren, benutzte sogleich auch am 20. Mai die angekommene englische Brigg in Verbindung mit der schwedischen Fregatte eine günstige Witterung, um sich ihnen am Oststrande gegenüber zu legen und sie dort mit Heftigkeit zu beschießen. Ein Gleiches geschah unter ähnlichen Umständen auch am 26., und vom Turme herab ließ sich deutlich wahrnehmen, wie mörderisch ihr Geschütz gewirkt haben mußte, da eine Menge Toter und Verwundeter hinweg getragen oder gefahren wurden. Auch das Feuer unsrer Wolfsschanze ruhte nicht, jene Arbeiten in ihrer Nähe nach Möglichkeit zu hindern, wodurch sie wiederum die feindliche Artillerie auf sich zog, ohne jedoch von derselben zum Schweigen gebracht zu werden.

Je weniger ich mich indes imstande fühle, eine kunstgerechte Beschreibung der Operationen zu geben, wodurch Angriff und Verteidigung, nach dem Urteil aller Kenner, mit gleichem Aufwande an Genie, Wissenschaft, Mut und Beharrlichkeit fortgeführt wurden, desto geratener ist es wohl, die Einzelheiten, in welchen ein Tag dem andern sich hierin immer mehr oder weniger ähnlich sah, zu übergehen. Des Feindes bewunderungswürdige Tätigkeit hatte am Ende des Maimonats an der Ost- wie an der Westseite der Festung — dort bis hart an den Strand, um sich gegen die Angriffe von der Seeseite besser zu schützen, hier bis über Sellnow hinaus — in einem großen Halbmonde umher nicht weniger als fünfundzwanzig große und kleine Schanzen, Batterien und Fleschen zustande gebracht und untereinander in Verbindung gesetzt, hatte künstliche Dämme auf mehr als einem Punkte begonnen und die Laufgräben an verschiedenen Orten, zunächst aber gegen die Wolfsbergsschanze eröffnet.

Unsererseits bot man die größte Wachsamkeit auf, unseren Gegnern jeden kleinen Vorteil, um den sie rangen, aufs hartnäckigste streitig zu machen. Die Überschwemmungen wurden nach und nach in ihrem weitesten Umfange ins Werk gesetzt und dienten trefflich dazu, uns den Feind in einer ehrerbietigen Ferne zu halten und die Fortführung seiner Laufgräben, wenn er sie nicht voll Wasser haben wollte, zu zügeln. Fragte mich der Kommandant: „Wie steht's, Nettelbeck, können wir nicht noch einen halben Fuß höher stauen?" — so fehlte es nicht an einem bereitwilligen: „Ei nun, wir wollen sehen!" und ich sorgte und künstelte so lange, bis ich den Wasserstand noch um so viel höher brachte. Indem ich aber dieses Werk allmählich immer höher und höher trieb, mußte es denn freilich wohl seinen letzten Zielpunkt erreichen; und so war's mir ein betrübender Anblick, als ich eines Tages wahrnehmen mußte, daß sich an der Stauschleuse die mittlere Schütte bedenklich auf die Seite zu neigen begann. Die Gefahr war groß, und zugleich regnete es Vorwürfe von allen Seiten! — Was war zu tun, als flugs Hand an ein neues Bollwerk zu legen und die Schütte etwas weiter oberwärts aufzurichten und so den Andrang gegen die beschädigten Wasserwerke zu brechen? — Es geschah, und diese Anlage leistete wenigstens notdürftig, was sie sollte; denn freilich blieb es ein unvollkommnes Werk, da ihm der feste Grund mangelte und das Wasser unten durchsickerte.

Noch konnte zwar die fast tägliche und oft ziemlich lebhafte Beschießung der Stadt für kein eigentliches Bombardement gelten, aber doch führte sie den Ruin gar vieler Häuser herbei, und die Beispiele von brennenden Gebäuden, so wie von verunglückten oder entsetzlich verstümmelten Menschen in Häusern und auf den Gassen wurden immer häufiger. Man durfte sich nirgends mehr in den Wohnungen und im Freien für ganz sicher halten; und je mehr Gebäude durch Bomben und Granaten unwohnlich gemacht worden waren, um so höher stieg auch die Zahl der Unglücklichen, denen es an Obdach, wie an Mitteln zum Unterhalt fehlte.

Diese bedauernswerten Menschen irrten nun häufig in den Straßen umher, während die feindlichen Kugeln immerdar über ihren Köpfen wegzogen, und alte Männer und Frauen, Kinder, Verlassene und Kranke füllten die Luft mit ihrem Geschrei und Wimmern. Mich jammerte dieses Elend, und ich ging zu Gneisenau, ihn darauf aufmerksam zu machen. Mein Vorschlag zu einstweiliger Unterbringung dieses Menschenhäufleins fand auch sofort das freundlichste Gehör. Es gab nämlich eine Kasematte unter dem Walle, links vom Stockhause, in der zwar einige Gefangene aufbehalten wurden, die aber leicht im Stockhause selbst untergebracht werden konnten. Froh über die Erlaubnis, meine irrenden Schäflein in diese sichere Zuflucht einweisen zu dürfen, mußte ich nun zunächst bemüht sein, diesen Aufenthalt von einem mit nichts zu vergleichenden Schmutz zu säubern und zu einem erträglich gesunden Wohnort für Menschen wieder herzustellen. Dies geschah, indem ich die feuerfeste Kasematte mit zwei Schock Stroh anfüllen und dieses anzünden ließ, so daß Wände und Gewölbe rein ausgeglüht wurden und die dumpfe Feuchtigkeit sich verzehrte. In diese schwarze Höhle konnten nunmehr gegen zweihundert Heimlose allerart und Geschlechts einquartiert werden, und bis zum Ende der Belagerung begehrte auch kein einziger von dannen zu weichen.

Vom 5. Juni an ward es immer unverkennbarer, daß dem Wolfsberge ein regelmäßiger Angriff drohte, indem die feindlichen Laufgräben sich diesem Außenwerke allnächtlich mehr zu nähern suchten. Schon mit dem Abend dieses Tages begann diese fortgesetzte Arbeit mit einem solchen Eifer, daß unsererseits die volle Kraft aufgeboten werden mußte, dieses Vorrücken zu verhindern. Es kam daher von allen Werken und Schanzen im Bereich jenes Postens zu einer gegenseitigen Kanonade, welche die ganze Nacht durch anhielt, stärker war, als wir sie in aller Zeit bisher gehört hatten, und sowohl uns als dem Feinde viele Menschen kostete.

In der Frühe des nächsten Morgens brach auch das gefürchtete Ungewitter gegen die Wolfsschanze wirklich los. In Zeit von einer Stunde zählte man dreihunderteinundsechzig Schüsse, die gegen diesen einzigen Punkt gerichtet waren. Dann aber begannen auch alle übrigen Batterien der Reihe nach bis zur Altstadt hinauf, ein mörderisches Kanonen- und Bombenfeuer gegen die Stadt und ihre Wälle auszusprühen. Überall regnete es Kugeln und Granaten; Schaden und Unglück waren beträchtlich. Dreimal schlug das Feuer vormittags und einmal nachmittags in lichten Flammen bei uns auf, die jedoch immer bald wieder unterdrückt wurden. Bei diesem Ernst des Feindes wurden denn auch neue Maßregeln der Vorsicht nötig, und durch Trommelschlag erging der Befehl an die Hausbesitzer, vor den Türen und auf den Böden gefüllte Wasserfässer zum Löschen bereit zu halten.

Indem nun die Belagerer uns auf solche Weise im Platze selbst überflüssig zu tun gaben, erreichten sie ihre Absicht, uns, wiewohl wir unaufhörlich mit Kanonenkugeln in ihre Kolonnen schossen, eine kräftigere Unterstützung der Wolfsschanze zu wehren. Die Besatzung mußte ihrer eigenen Tapferkeit und dem Schutze der schwedischen Fregatte, welche sich dem Strande wieder näher gelegt hatte, überlassen bleiben. Bis um fünf Uhr nachmittags hielt sie sich mit rühmlicher Entschlossenheit, dann aber waren ihre Verteidigungsmittel erschöpft, und mit harter Betrübnis sahen wir sie die weiße Fahne aufstecken, nachdem bereits eine starke Bresche geschossen worden und der Ausgang eines Sturmes nicht mehr zweifelhaft war. Ein fünfzehnstündiger Waffenstillstand und demnächst eine Kapitulation für dieses Werk ward abgeschlossen, nach welcher dasselbe dem Feinde eingeräumt werden sollte, die preußische Besatzung aber zusamt ihrem Geschütze freien Abzug in die Festung erhielt.

Der Verlust dieses Postens konnte von entscheidenden Folgen für unser Schicksal werden, weshalb der Kommandant für notwendig hielt, von diesem Ereignis den schleunigsten Bericht an den König zu erstatten. Der Schiffer Stechow lag eben auf der Reede zum Absegeln nach Memel fertig; und ich erhielt den Auftrag, seine Abfahrt so lange zu verzögern, bis die neuen Depeschen für ihn fertig geworden.

Nachdem ich ausgerichtet, was mir befohlen worden, und mich eben auf dem Rückwege zur Stadt befand, erhob sich mir zur Seite plötzlich ein furchtbares Kanonen- und Bombenfeuer von unsern Wällen herab, das sämtlich gegen die kaum verlassene Wolfsschanze gerichtet war, und wenige Minuten später ward es auch aus den feindlichen Werken jener Gegend mit einem Ungestüm erwidert, daß mir Hören und Sehen verging und ich mich wacker zu sputen hatte, um nicht in die Schußlinie zu geraten. Der Erdboden unter mir bebte, und die Schüsse fielen mit einer Schnelle, daß sie kaum mehr zu zählen waren.

Was konnte dies zu bedeuten haben? War doch bis zum nächsten Morgen ein Waffenstillstand in Kraft! — Doch eben diesen hatte der Feind, wie ich nun erst vom Kommandanten erfuhr, gebrochen, indem er augenblicklich die Ausbesserung der eroberten Schanze vertragswidrig begonnen und darum in diesem Vornehmen durch unser Geschütz hatte gestört werden müssen, was indes auch acht unserer Mitbürger, die sich zuversichtlich hervorgewagt hatten, das Leben kostete. Mich selbst erwartete daheim ein unlieblicher Anblick. Eine Bombe war in der Nähe meines Hauses niedergefahren und beim Zerspringen derselben nicht nur meine Haustüre in Trümmern gegangen, sondern auch dicht dahinter auf dem Flur eine Bauersfrau getötet worden.

Indes fuhren die Belagerer fort, sich in der Wolfsschanze immer fester zu setzen, ja sie gänzlich umzuwandeln und Schießscharten nach unsrer Seite hin zu eröffnen, während sie sich auch anderer Orten in ihren Schanzarbeiten nicht minder fleißig erwiesen. Sie unterstützten diese Operationen durch ein anhaltendes Feuer auf unsere Wälle, die denn auch nicht säumig waren, diese Grüße nach Kräften zu erwidern.

Was wir an Kanonen und Mörsern besaßen, war freilich reiner Ausschuß, und zudem das Eisen derselben von einer so spröden Gußmasse, daß gewöhnlich nach neun oder zehn schnellen Schüssen das Springen des Stücks befürchtet werden mußte. Wirklich traf nur zu viele derselben dieses Schicksal, das zugleich einer größern Menge von Artilleristen auf den Wällen das Leben kostete, als durch feindliche Kugeln hingerafft wurden. Ohnehin bestand die Zahl derselben von Anfang an nur aus einer Kompagnie, deren Dienst allmählich so schwer und anstrengend wurde, daß die armen Leute sich zuletzt kaum mehr auf ihren geschwollenen Füßen zu erhalten vermochten.

So mag man sich unsere freudige Überraschung vorstellen, als am 14. Juni die Meldung einging, daß ein englisches Schiff sich der Reede nähere, welches uns eine Anzahl neuen Geschützes samt dazu gehöriger Munition zuführe. Doch ebenso schnell auch ward uns diese Freude wieder getrübt durch den Zusatz: das Schiff sei in dem stürmischen Wetter unter den Wind geraten und habe die Reede nicht mehr gewinnen können, sondern sich ostwärts wenden müssen, wobei es unweit Henkenhagen der Küste sich zu sehr genähert und nun in Gefahr stehe, entweder zu stranden und so den Franzosen in die Hände zu fallen oder doch von ihnen auf Böten geentert zu werden.

Ich flog mehr als ich ging, um nach der Münde zu kommen und Rat zu schaffen, daß das Schiff gerettet würde. Als ich ankam, war es die alte Geschichte! Viel Mundaufsperrens, viel Fragens, viel Beratens: und dennoch kein Entschluß! Die Lotsen schoben's auf die stürmische See und wollten's nicht wagen, sich näher nach dem Schiffe umzusehen; allein es mochte ihnen, wie ich leicht spürte, wohl noch mehr vor den Franzosen, als vor dem empörten Elemente grauen. Nun schalt ich, und das nicht wenig! Als aber nichts bei den Memmen anschlug, fiel mir kein besseres Mittel ein, sie zu beschämen, als mich auf der Stelle an vier ihrer Weiber zu wenden, die nach hiesigem Brauche des Ruderns beim Prahmen (d. h. Beladen und Entlasten der Schiffe auf der Reede) wohl erfahren und handfest sind. „Trine und ihr andern“, rief ich, „wollt ihr mit?“ — „Flugs und gern, Herr, wenn Er geht!“ — Dann packte ich noch einen Lotsen am Arm, dem ich noch die meiste Courage zutraute, zog ihn, gern oder ungern, ins Boot, und heidi! ging es auf Henkenhagen zu.

Freilich ließ es das böse Wetter, nachdem ich glücklich an Bord des Schiffes gekommen war, noch eine Zeitlang unentschieden, ob ich es gegen den Wind würde in den Hafen bringen können oder mich begnügen müssen, es nur weiter in See und den Franzosen aus den Krallen zu entführen. Endlich gelang mir das erstere dennoch, und das neue Geschütz ward nun im Triumphe nach der Festung abgeführt. Es waren fünfundvierzig Kanonen und Haubitzen, zwar eisern, aber vom schönsten Gusse, meist kurze Karronaden, sechs-, acht- und zwölfpfündig. Der dazu gehörigen Kugeln und Granaten war nicht minder eine ansehnliche Menge. Nur eines hätte uns leicht unsere ganze Freude daran verderben können! Kanonen hatten unsere Verbündeten uns zwar geschickt, aber nicht die dazu gehörigen Lafetten, für welche es vielleicht an hinreichendem Raum in dem Fahrzeuge fehlte, oder die sonst in der Eile vergessen worden. Man weiß, wie schlecht wir selbst damit versehen waren, oder was wir etwa noch vorrätig hatten, paßte nicht zu dem Kaliber. Doch unsre Artilleristen machten aus der Not eine Tugend und wußten sich zu helfen. Wo die Schildzapfen für unsere Gestelle zu dünne waren, fütterten sie die Pfannen so lange mit Lumpen und altem Hutfilz aus, bis die Rohre ein festes Lager fanden und mit einiger Sicherheit gerichtet werden konnten. Unsere Gegner aber blieben nach den Wirkungen dieses Geschützes weit davon entfernt, zu ahnen, wie kümmerlich es um dasselbe stände.

Noch hielt der Sturm tosend und unter dem heftigsten Regen an; die Nacht auf den 15. Juni ward finsterer, als sie in dieser Jahreszeit bei uns zu sein pflegt, und alles dies begünstigte ein Unternehmen, an welches, wie gewagt es auch scheinen mochte, sich dennoch große Hoffnungen knüpften. Es galt einen Ausfall, der uns die Wolfsschanze zurückgeben sollte. Das Grenadierbataillon v. Waldenfels, welches sie sich hatte müssen nehmen lassen, wollte sie auch wieder gewinnen, und der über alles brave Befehlshaber desselben, zu diesem nächtlichen Sturme vom Kommandanten ausersehen, setzte sich mit hohem Enthusiasmus an die Spitze seiner Leute. Um ihm von ferne nachzueifern, konnte ich wohl nicht weniger tun, als nach gewohnter Weise dem Bataillon mit ein paar Wagen zu folgen und mir die Sorge für die zu erwartenden zahlreichen Verwundeten angelegen sein zu lassen.

In tiefster Stille zogen wir aus, und uns den feindlichen Posten nähernd, hatten wir das Glück, fast den Graben desselben unbemerkt zu erreichen. Jetzt aber ward plötzlich Lärm, das Feuern begann von beiden Seiten; überall kam es zum Handgemenge, und überall floß Blut. Unsere Leute stürmten wie begeistert, ihnen voran flog ihr edler Führer und war im raschen Anlauf der erste auf der Höhe der feindlichen Brustwehr. Indem er sich umkehrt, indem er seine Grenadiere aufmuntert, ihm zu folgen, trifft ihn eine Flintenkugel in die Schulter, die ihn entseelt zu Boden streckt. Allein des Führers Fall, anstatt die Seinen zu entmutigen, steigert ihre Tapferkeit zur Erbitterung; sie dringen unwiderstehlich nach, und die Schanze ist erobert. Ein Oberst, mehrere andere Offiziere und zwischen zwei- bis dreihundert Franzosen werden zu Gefangenen gemacht.

Ein noch empfindlicherer Verlust aber traf das Belagerungsheer, dem bei diesem Kampfe sein Anführer, der Divisionsgeneral Teullie, getötet wurde. Uns aber reichte dies nicht hin, die Einbuße unseres ebenso wohldenkenden als heldenmütigen Vizekommandanten zu verschmerzen, der stets mit seinem edlen Vorgesetzten ein Herz und eine Seele war.

Erobert war die Schanze allerdings, hätte sie nur auch länger als wenige Augenblicke behauptet werden können! Eine neue feindliche Kolonne, entschlossen ihres Heerführers Tod zu rächen und des verlornen Postens um jeden Preis wieder Herr zu werden, rückte unverzüglich heran. Das Gefecht begann wiederum und ward, bei der überlegenen Zahl der Angreifenden, bald so ungleich, daß keine andere Wahl übrig blieb, als uns fechtend in die Stadt zurückzuziehen. —

Vorhin und jetzt hatten wir an Offizieren und Gemeinen mehr als zwanzig Tote und Verwundete gehabt, und nur mit harter Mühe war mir's gelungen, die letzteren aufzunehmen. Am Morgen zeigte ich mich, mit einem weißen Tuche an meinen Stock befestigt, als Parlamentär den feindlichen Vorposten nächst jener Schanze und bat um die Vergünstigung, unsere noch umherliegenden Toten auffammeln zu dürfen. Das bedurfte, wie gewöhnlich, endloser Formalitäten, doch erreichte ich zuletzt meinen Wunsch, und so brachte ich unsere tapfern Gefallenen nach der Stadt und zu Grabe.

Ich übergehe hier wiederum eine Menge kleinerer Vorfälle, Angriffe, geglückter und mißlungener Ausfälle, welche keinen bedeutenden Einfluß auf die Verbesserung oder Verschlimmerung unseres Zustandes äußerten. Selbst die glücklicheren Unternehmungen, durch die einzelne feindliche Posten überwältigt, Kanonen vernagelt und andere Vorteile gewonnen wurden, mußten doch immer wegen der nachdringenden Übermacht des Gegners schnell wieder aufgegeben werden. Überhaupt zog sich der erbitterte Kampf jetzt mehr auf der Ostseite zusammen; aber auch nach Sellnow hin zeigte sich das Schillsche Korps unermüdet, den Feind von der Maikuhle aus zu beunruhigen und seine Arbeiten zu stören.

Wie unendlich viel uns jedoch am Besitz der Wolfsschanze gelegen sein müsse, das stand nicht nur unserm einsichtsvollen Kommandanten und allen Verständigen klar vor Augen, sondern auch der große Haufe fühlte es instinktartig, und es war selbst unter den gemeinen Soldaten von nichts als der Notwendigkeit die Rede, dieselbe um jeden Preis zurückzugewinnen. Am 19. Juni erklärte das brave Bataillon v. Waldenfels, unaufgefordert und aus eigenem Antriebe, sich bereit zu einem solchen Unternehmen. Es habe sich den Posten nehmen lassen, und seine Ehre gebiete ihm, diese Scharte blutig wieder auszuwetzen. Eine gleiche Forderung ließ das Füsilierbataillon v. Mölle an den Befehlshaber ergehen, weil der Zufall es gewollt, daß dasselbe bisher im

Festungsdienst noch nie zu einer wichtigeren Gelegenheit ins Feuer geführt worden. Wer hätte der tapfern Doppelschar nicht freudigen Beifall zugewinkt? — Der Ausfall ward beschlossen und noch gegen den Abend des nämlichen Tages ins Werk gerichtet, weil man gerade in dieser Zeit den Feind am wenigsten vorbereitet zu finden hoffte.

Dieser Ausfall sollte wiederum von der schwedischen Fregatte unterstützt werden, und da sich's bei früheren Gelegenheiten gezeigt hatte, daß dieselbe, aus Unkenntnis der Reede die richtige Stellung zu einem kräftigen Feuer nicht finden können, so entschloß ich mich gerne, an Bord des Schiffes zu gehen und ihm für diesmal als Pilot zu dienen. Ich führte die Fregatte, soweit es irgend die Tiefe erlaubte, der feindlichen Schanze nahe. Ihr Geschütz begann zu donnern, und nicht weniger als hundertsiebenundfünfzig Schüsse wurden in einer Stunde gegen die Wolfsschanze gerichtet, während auf der andern Seite die Artillerie der Festung gegen den Punkt ein gleich lebhaftes Feuer unterhielt. Unter dem Schutze beider rückten unsere Bataillone entschlossen zum Sturme an, aber immer noch herrschte in der Schanze eine Totenstille. Erst als jene fast unter die Palisaden vorgedrungen waren, wurden sie mit einem Kartätschenfeuer empfangen, dessen Wirkungen gräßlich waren. Dennoch verloren die Angreifenden den Mut ebensowenig, als die Angegriffenen die Besonnenheit zur nachdrücklichsten Gegenwehr. Man kam auf der Brustwehr selbst zum lebhaften Handgemenge, und Wunder der Tapferkeit geschahen von beiden Seiten. Allein den Feind in seinem vorteilhaften Posten zu überwältigen, ward trotz der beispiellosesten Anstrengungen mit jedem Augenblicke des verlängerten Gefechts unmöglicher befunden. Mehr als vierhundert unserer Leute lagen auf dem Platze, und von den Grenadieren, deren Zahl bereits durch frühere Verluste ansehnlich geschmolzen war, stand nur noch ein geringes Häuflein übrig. Mit bitterm Schmerze mußte man sich entschließen, den Rückzug anzutreten, und das edelste Blut war fruchtlos vergossen!

Am andern Tage gab es ein vielfältiges Parlamentieren um die Vergünstigung, unsere Toten abzuholen und zu begraben; allein man mute mir nicht zu, eine Beschreibung von diesem über alles erbarmenswürdigen Anblick zu geben. Denke sich vielmehr ein jeder selbst, wie es auf einem Platze von kaum zweihundert Schritten aussehen mußte, wo vier- bis fünfhundert Leichname neben- und aufeinander und zum Teil aufs gräßlichste verstümmelt und zerrissen umher lagen, so daß selbst der Freund oft des Freundes blutige und zerschmetterte Gestalt nicht mehr zu erkennen vermochte und auch die rohesten Seelen sich von den hier und da noch zuckenden Gliedmaßen mit Entsetzen abwandten. Es war fürwahr eine traurige Pflicht, die wir als Totengräber der Unsrigen erfüllten!

So blieb denn leider der Wolfsberg fortan für uns verloren; denn jeder neue Versuch würde die Zahl unserer Streiter in einem Maße vermindert haben, daß wir uns selbst zur notdürftigsten Abwehr unfähig gemacht hätten, und jeder neue Versuch, selbst wenn wir keine Opfer hätten sparen wollen, bot von Tage zu Tage auch immer mindere Hoffnung des Gelingens dar, da das Werk unter den geschäftigen Händen der Belagerer trotz unserer Artillerie und ihrer zerstörenden Wirkungen täglich eine verstärkte Festigkeit erhielt. Sie nannten es jetzt das Fort Loison, zu Ehren des französischen Divisionsgenerals, der als Oberbefehlshaber in Teullies Stelle getreten war, und ihre Kerntruppen rückten dort zur Besatzung ein.

Von hier ab bis zum 30. Juni nahm unser Geschick und unsere Bedrängnis eine immer ernstlichere Wendung. Frische Truppenabteilungen verstärkten das Belagerungsheer und errichteten neue Lager vor unsern Augen. In eben dem Maße auch wurden die Schanzen rings umher an Mannschaften lebendiger; neue Werke stiegen empor, die Laufgräben näherten sich und schnürten uns auf einen immer engeren Raum zusammen. Die Beschießung des Platzes, täglich und mit Eifer fortgesetzt, zeigte sich auch täglich zerstörender in ihren Wirkungen. Besonders diente die große Marienkirche, bei ihrer Lage mitten in der Stadt und als der hervorragendste Gegenstand allen feindlichen Geschützen gleichsam zum Zielpunkte und litt außerordentlich. Loucadou hatte diese, wie andere Kirchen, zu Stroh- und Heumagazinen ausgezeichnet, bis sein Nachfolger, von einem bessern Geiste beseelt, das Gebäude sofort der öffentlichen Gottesverehrung zurückgab und jene gefährlichen Brennstoffe am Glacis vor dem Mündertore in abgesonderte Haufen aufschichten ließ. Nunmehr aber war eine dringendere Notwendigkeit eingetreten, diesen weiten und luftigen Raum der täglich wachsenden Zahl der Kranken und Verwundeten von der Garnison einzuräumen. Da nun die Kirche vollgestopft von solchen Unglücklichen lag, so mag man sich das Elend vorstellen, welches hier herrschte, indem die Kugeln durch alle Teile des Gebäudes hindurchfuhren. Ein Flügel desselben bewahrte an hundert französische Kriegsgefangene auf, allein ihre Landsleute nahmen hierauf, unserer Hoffnung entgegen, keine Rücksicht und beharrten auf ihrem Zerstörungswerke.

In der Nacht vom 27. auf den 28. Juni stand ich auf dem Walle an der Brustwehr der Bastion Preußen und in einer Unterredung mit dem Kommandanten begriffen, als eine feindliche Bombe kaum fünfzehn oder zwanzig Schritt von uns niederfuhr, in der Erde wühlte und brummte. Hastig ergriff ich meinen Nachbar bei der Hand, zog ihn etwas seitabwärts und rief: „Fort! fort! Hier ist nicht gut sein!" — Gneisenau aber, kaltblütig stehen bleibend, erwiderte: „Nicht doch, die tut uns nichts!" In dem nämlichen Augenblick auch platzte die Bombe, ohne uns weiteren Schaden zuzufügen, als daß sie uns über und über mit der aufgewühlten Erde bedeckte. Gesicht und Augen waren voll, und wir hatten genug damit zu tun, uns beide einander den Sand und Mulm vom Leibe zu klopfen.

Des folgenden Tages gelang es mir abermals, mit Hilfe des Lotsen Faßholz ein englisches Schiff, das uns neue Vorräte von Kanonen, Bombenkesseln, Bomben usw. zuführte, aus dem Bereich des feindlichen Geschützes am Strande, unter welch es es geraten war, sicher in den Hafen zu führen.

Am nächsten Tage war es, daß unser Kommandant mich mit einer Sendung in das feindliche Hauptquartier nach Tramm beauftragte. Er gab mir dazu sein Pferd und zugleich ein offenes Schreiben an den General Loison, in dem nur mit wenig Worten bemerkt war, daß mir für mein Anbringen voller Glauben beizumessen sein werde. Als ich damit bei den französischen Vorposten anlangte, wurden mir die Augen verbunden und das Pferd von zwei Begleitern am Zügel geführt, während zwei andere, mit Gewehr versehen, mir zur Seite gingen. So kam ich endlich in Tramm an, und hier ward mir auch das Tuch wieder von den Augen genommen.

Gleich darauf ward ich zum General Loison geführt und brachte meinen Auftrag zur Sprache, der darin bestand, daß das feindliche Geschütz fernerhin nicht mehr auf denjenigen Teil der großen Kirche gerichtet werden möchte, wo die Verwundeten und gefangenen Franzosen untergebracht worden. Das Verlangen fand nicht nur eine willige Aufnahme, sondern ein Offizier begleitete mich auch auf eine Anhöhe, damit ich ihm von dort den Flügel des Gebäudes noch näher bezeichnete, wo seine Landsleute lägen. Möchten sie immer, setzte ich hinzu, den Wällen nach Belieben zusetzen, nur sollten sie das Gotteshaus schonen und ihren eignen Leuten nicht hart fallen.

Nachdem noch einige Höflichkeiten gegenseitig gewechselt worden, begab ich mich, wie ich gekommen war, nach der Stadt zurück. Wovon ich im Hauptquartier hatte Zeuge sein dürfen, das deutete auf Vorbereitungen, welche an dem Ernst der Belagerung keinen Zweifel ließen. Weniger glücklich war ich indes, irgend ein Wort zu erhaschen, welches uns über die Lage der Dinge in Preußen einigen näheren Aufschluß hätte geben können, weil uns doch von den dortigen neuesten Ereignissen schon seit längerer Zeit alle Nachrichten fehlten. Daß der Friede zu Tilsit in dem Augenblicke schon wirklich abgeschlossen worden, ahnten wir damals nicht auf das Entfernteste. Allein unsere Belagerer waren nur zu wohl davon unterrichtet und boten darum von jetzt an auch um so mehr alle ihre Kräfte auf, sich Kolbergs zu bemächtigen, bevor die Friedensnachricht uns erreichte und ihnen die Waffen aus den Händen schlüge.

Diesen Plan verfolgten sie auch um so eifriger, da sich ihr Korps am 30. Juni noch um viertausend frische Truppen verstärkt hatte. Augenblicklich dehnten sie nun ihre Postenlinie über Sellnow hin bis an die Dorfschaften Alt- und Neuwerder, Alt- und Neubork und Kolberger Deep aus, setzten sich hier überall fest und legten hier und da bis hart am Strande mehrere Schanzen an, ohne daß die Bewegungen des Schillschen Korps von der Maikuhle aus und drei Kanonenböte, welche aus dem Hafen liefen und sich ihnen in die linke Flanke legten, sie daran zu hindern vermochten. Es ist wahr, die Leute taten brav, wie immer; aber Schill selbst war leider nicht zugegen, und so fehlte dem Ganzen die eigentliche Seele!

Alles, was von Anbeginn der Belagerung bis jetzt vom Feinde unternommen worden, mochte indes nur als ein leichtes Vorspiel von demjenigen gelten, wozu die dritte Morgenstunde des 1. Juli die Losung gab. Denn mit derselben eröffnete er aus all seinen zahlreichen Batterien ein Feuer gegen die Stadt, so ununterbrochen, so von allen Seiten kreuzend und so mörderisch und zerstörend, wie wir es noch nimmer erlebt hatten. Die Erde dröhnte davon unter unsern Füßen, und man kann ohne Übertreibung sagen, daß es rings um uns war, als ob die Welt vergehen sollte. Offensichtlich legten unsere Gegner es darauf an, uns durch ihr Bombardement in dem engen Raume zwischen unseren Wällen zu ängstigen, daß wir, nirgends mehr unseres Bleibens wissend, die weiße Fahne zur Ergebung aufstecken müßten.

Ich befand mich in dieser entsetzlichen Nacht neben unserm Kommandanten auf der Bastion Preußen, als dem höchsten Punkte, den unsre Wälle zum Umherschauen darboten. Von hier aus konnten wir beinahe alle feindlichen

Schanzen übersehen, und ebenso lag die Stadt vor uns. Es ist nicht auszusprechen, wie höllenmäßig das Aufblitzen und Donnern des Geschützes Schlag auf Schlag und Zuck auf Zuck um uns her wütete, während auch das Feuer unserer Festung in seiner Antwort nichts schuldig blieb. In der Luft schwärmte es lichterloh von Granaten und Bomben; wir sahen sie hier und da und überall ihren lichten Bogen nach der Stadt hinein wälzen, hörten das Krachen ihres Zerspringens, sowie das Einstürzen der Giebel und Häuser, vernahmen den wüsten Lärm, der drinnen wogte und toste, und waren Zeuge, wie bald hier bald dort, wo es gezündet hatte, eine Feuerflamme emporloderte. Von dem allen war die Nacht so hell, als ob tausend Fackeln brannten, und das gräßliche Schauspiel schien nicht ein Menschenwerk zu sein, sondern es schienen alle Elemente gegeneinander in Aufruhr geraten zu sein, um sich zu zerstören.

Was aber drinnen in der Stadt unter dem armen wehrlosen Haufen vorging, ist vollends so jammervoll, daß meine Feder es nicht zu beschreiben vermag. Da gab es bald nirgends ein Plätzchen mehr, wo die zagende Menge vor dem drohenden Verderben sich hätte bergen mögen. Überall zerschmetterte Gewölbe, einstürzende Böden, krachende Wände und aufwirbelnde Säulen von Dampf und Feuer. Überall die Gassen wimmelnd von ratlos umherirrenden Flüchtlingen, die ihr Eigentum preisgegeben hatten und die unter dem Gezisch der feindlich umherkreisenden Feuerbälle sich verfolgt sahen von Tod und Verstümmelung. Geschrei von Wehklagenden; Geschrei von Säuglingen und Kindern; Geschrei von Verirrten, die ihre Angehörigen in dem Gedränge und der allgemeinen Verwirrung verloren hatten; Geschrei der Menschen, die mit dem Löschen der Flammen beschäftigt waren; Lärm der Trommeln, Geklirr der Waffen, Rasseln der Fuhrwerke: — nein, es ist nicht möglich, das furchtbare Bild in seiner ganzen Lebendigkeit auch nur von fern zu schildern.

Indem ich selbst mich in diesem allgemeinen Tumult veranlaßt fand, einmal nach meinem eigenen Hause zu sehen, erwartete mich dort ein Anblick, der auch nicht dazu geeignet war, mich sonderlich zu erfreuen. Eine Bombe war, durch den Giebel einschlagend, durch zwei Böden bis in den Keller hinabgefahren und hatte, indem sie dort platzte, sieben Oxhoft voll Branntwein zersprengt, deren Inhalt nun gänzlich für mich verloren ging. Außerdem waren überall im Hause die größten Verwüstungen angerichtet, der ganze Eingangsflur aufgerissen und weder eine einzige Fensterscheibe, noch ein Ziegel auf dem Dache heil geblieben. All meine Leute hatten, wie leicht begreiflich, das Weite gesucht, und so stand es nicht bloß bei mir, sondern auch links und rechts und in vielen Nachbarhäusern.

Wie gerne aber hätte man jede eigne Not verschmerzt und vergessen gegen die tief niederschlagende Nachricht, daß um vier Uhr Morgens die Maikuhle an den Feind verloren gegangen! Mitten unter dem heftigsten Bombardement, durch das unsere Aufmerksamkeit von dieser Seite hatte abgezogen werden sollen, war auf diesen Posten von der äußersten westlichen Spitze sowie von der Seeseite her ein rascher Überfall geschehen. Die Erstürmung der Maikuhle war das Werk weniger Augenblicke gewesen.

Mit dem Verlust der Maikuhle war unserer Verteidigung so gut wie der rechte Arm abgehauen, denn nun war auch das Münderfort zur Beschützung des Hafens nicht mehr hinreichend, und dies offenbarte sich auf der Stelle, als das englische Schiff, das ich kaum zwei Tage zuvor mit Mühe hineingeführt und das seine Ladung an Munition usw. kaum erst zur Hälfte gelöscht hatte, beim Vordringen der Franzosen die Ankertaue kappte, um wieder die offene See zu gewinnen. Es gelang ihm nur mit harter Not und unter einem dichten feindlichen Kugelregen, wodurch ihm zwei Mann auf dem Deck erschossen wurden. Und so waren wir denn vom Meere und aller von dort her zu erwartenden Hilfe abgeschnitten, fortan einzig unsern eigenen Kräften und Hilfsquellen überlassen, die sich von Stunde zu Stunde immer mehr erschöpften!

Mit wenig verminderter Stärke hielt den ganzen Tag des 1. Juli das Bombardement an und häufte Verwüstung auf Verwüstung. Dennoch waren unsere Löschanstalten wirksam genug, um immer noch des hier und da aufgehenden Feuers Meister zu bleiben. Erst am späten Abend zündete es wieder im Gouvernementsbauhofe, und da hier alles voll von brennbaren Materialien lag, mußte man es geschehen lassen, daß das Gebäude bis auf den Grund niederbrannte. Glücklicher war man jedoch bei Rettung eines königlichen Kornmagazins, wo das Feuer noch erstickt wurde, obwohl auf dem Dachboden, wo die Bombe aufschlug, eine große Menge von Bastmatten aufgeschichtet lag; die Entschlossenheit und Tätigkeit der Magazinbeamten wußte diesen gefährlichen Brennstoff schnell hinwegzuräumen.

So von Schrecken umgeben und auf noch Schrecklicheres gefaßt, sahen wir der nächsten Nacht entgegen. Das feindliche Geschütz vereinigte sich zu neuen, noch höheren Anstrengungen, und alle jammervollen Szenen der vorigen Nacht erneuerten sich in noch gräßlicherem Umfange. Aber mitten in der ringsum drohenden Gefahr erzeugte sich allmählich bei vielen eine Gleichgültigkeit, die nichts mehr zu Herzen nahm. War auch nicht der Mut, so war doch die Natur erschöpft; Anstrengung, Schlaflosigkeit, immerwährende Anspannung des Gemüts und Sorge für Weib und Kind und Eigentum fielen auf die meisten mit einem solchen Gewichte, daß sie selbst in den Trümmern ihrer Wohnungen sich ein noch irgend erhaltenes Plätzchen ersahen, um den bis in den Tod ermatteten Gliedern einige Ruhe zu gönnen.

Da geschah es, daß eine Bombe, verderblicher als alle übrigen, in denjenigen Teil des Rathauses niederfuhr, wo sich die Ratswage befand, und ein hell aufflackerndes Feuer war die unmittelbare Folge ihres Zerspringens. Als naher Nachbar sprang ich auf, um, was ohnehin mein Beruf war, schnelle Anstalten zur Brandlöschung zu betreiben; denn an der Erhaltung des ansehnlichen Gebäudes, in welchem unsre Stadtarchive und so viele anderen Sachen von Wert aufbewahrt lagen, mußte uns allen vorzüglich gelegen sein. Aber rundum in meiner Nachbarschaft regte sich keine menschliche Seele zum Löschen und Retten. Ich rannte hierhin und dorthin zu den nächsten Bekannten, braven und wackern Männern, um sie zur Hilfe aufzurufen, aber schlaftrunken und ohne Gefühl für die drohende Gefahr, war mein Bitten und Ermuntern ebenso umsonst, wie mein Toben und Schelten. Sie schlummerten fort und ließen es brennen.

In steigender Angst lief ich auf die Brandstätte zurück. Was mir begegnete, packte ich an, um Hand anzulegen; aber kaum einer oder der andre schien auf mein flehentliches Ermahnen zu achten. Ein vierschrötiger Kerl, den ich nicht kannte, und dem ich auf diese Weise einen gefüllten Löscheimer aufdrang, nahm ihn und schlug ihn mir samt seinem nicht gar saubern Inhalt geradezu um die Ohren, so daß ich fast die Besinnung verlor und, zusammen mit dem übrigen Schmutz und Ruß, womit ich bedeckt war, wohl eine sehr jämmerliche Figur machen mochte.

Alles dies achtete ich jedoch weniger als das Unglück, das dem Rathause bevorstand, und da ich wohl einsah, daß unter den gegenwärtigen Umständen eine wirksame Hilfe allein vom Militär ausgehen könne, so hastete ich mich, das nächste Wachhaus auf dem Walle zu erreichen und den dort kommandierenden Offizier um schleunigen Beistand zu bitten. Wild stürme ich in das dunkle Wachzimmer hinein. Ich sehe auf der hölzernen Pritsche sich eine Gestalt regen, die ich zwar nicht erkenne, aber sie für den Mann haltend, den ich suche, von ihrem Lager aufschreie, indem ich rufe: „Bester Mann, zu Hilfe! Das Rathaus steht in Flammen!"

Aber weniger meinen Schrei, als mich selbst und mein Jammerbild beachtend, erhebt sich der Offizier mir gegenüber, schlägt die Hände zusammen und spricht: „Ach, du armer Nettelbeck!" — Jetzt erst, an der Stimme, erkenne ich ihn — es ist Gneisenau! Er hört, er erfährt, er gibt mir einen Adjutanten samt einem Tambour mit; die Lärmtrommel wird gerührt; Soldaten erscheinen, Patrouillen durchziehen die Straßen, kräftigere Löschanstalten kommen in Bewegung, die zwar den Brand nicht mehr zu unterdrücken vermögen, aber ihm doch sobald ein Ziel setzen, daß wenigstens doch zwei Seiten des ein großes Viereck bildenden Gebäudes erhalten werden, während der schon ergriffene Teil desselben noch bis zum Abend des folgenden Tages in sich selbst niederbrennt und fortglimmt.

So besonnen, wo es handeln galt, so allgegenwärtig, wo eine Gefahr nahte, und so beharrlich, wo nur die unabgespannte Kraft zum Ziele führen konnte, wie der Kommandant in dieser furchtbaren Nacht sich zeigte, hatte er immer und überall seit dem ersten Augenblick seines Auftretens sich erwiesen. Seit Wochen schon war er so wenig in ein Bett als aus den Kleidern gekommen. Nur einzelne Stunden, die er ungern der Tätigkeit auf den Wällen unter dem heftigsten Kugelregen abbrach, ruhte er auf einer ähnlichen Pritsche wie jene, deren ich eben erwähnte, und in einem armseligen Gemach über dem Lauenburger Tore, aber jeden Augenblick bereit, mich oder andre anzuhören, wenn wir ihm etwas von Wichtigkeit zu melden hatten. Vater und Freund des Soldaten wie des Bürgers, hielt er beider Herzen durch den milden Ernst seines Wesens, wie durch teilnehmende Freundlichkeit gefesselt. Jeder seiner Anordnungen folgte das unbedingteste Zutrauen. Es schien unmöglich, daß sich sein geprüfter Wille und Befehl nicht stracks auch in den allgemeinen Willen verwandelte. Selbst die Unfälle, die uns trafen, konnten diesen treuen Glauben an seine hohe Trefflichkeit um nichts vermindern; denn nur zu klar erkannten wir darin die herben Früchte nicht seines, sondern eines früheren Versäumnisses.

Der Morgen des 2. Juli brach an, und das feindliche Bombardement, so wenig es die Nacht geruht hatte, schien mit dem Morgen wieder neue Kräfte zu gewinnen. Not und Elend, Jammergeschrei und Auftritte der blutigsten Art, einstürzende Gebäude und prasselnde Flammen: das war fast das einzige, was bei jedem Schritte den entsetzten Sinnen sich darstellte. Mut und besonnene Fassung waren mehr als jemals vonnöten; aber nur wenigen war es gegeben, sie in diesem entscheidenden Zeitpunkt zu behaupten; noch wenigere vielleicht erhielten die Hoffnung eines glücklichen Ausgangs in sich lebendig, aber alle ohne Ausnahme gaben das Beispiel einer willigen Ergebung in das unvermeidliche Schicksal. Sie hatten es in Gneisenaus Hand gelegt, mit ihm standen, mit ihm fielen sie! Vertrauensvoll ließen sie ihn walten!

Höher aber und höher stiegen Gefahr und Not von Stunde zu Stunde. Um neun Uhr morgens, während noch das Rathaus loderte, geriet, durch eine andre Bombe entzündet, auch das Gebäude des Stadthofs in Flammen, und der Brand pflanzte sich fort auf drei angrenzende Häuser. Die schwachen Versuche zum Löschen blieben aber bald dem Feuer nicht mehr gewachsen. Man sah sich genötigt, brennen zu lassen, was brennen wollte. Des Feindes Mut und Anstrengung aber wuchs in eben dem Maße, als die Werkzeuge seiner Zerstörung sich in ihrer furchtbaren Wirksamkeit offenbarten.

Gneisenaus scharfes Auge aber, das mitten in diesem gräßlichen Tumulte jede Bewegung seines Gegners hütete, ließ es nicht unbeachtet, daß dieser bereits Vorbereitungen traf, sich von der Wolfsschanze aus auch über das Münderfort herzustürzen und so auch die östliche Seite des Hafens zu überwältigen. Gegenanstalten wurden auf der Stelle getroffen, den bedrohten Punkt aufs kräftigste zu unterstützen, Befehle flogen, alles war in der lebendigsten Anspannung, und ein neuer Kampf von blutigster Entscheidung sollte losbrechen. Es war drei Uhr nachmittags ... Da, plötzlich, schwieg das feindliche Geschütz auf allen Batterien. Auf das Krachen eines Donners, wie am Tage des Weltgerichts, folgte eine lange, öde Stille. Jeder Atem bei uns stockte; niemand begriff diesen schnellen Wechsel, dieses schauerliche Erstarren so gewaltiger losgelassener Kräfte.

Da nahte ein feindlicher Parlamentär, und neben ihm ein Mann, den man in der Ferne als eine Militärperson — dann aber, so wie die Umrisse der Gestalt sich immer deutlicher ausbildeten, unter Zweifel und Verwunderung sogar als einen preußischen Offizier erkannte. Schärfere Augen versicherten sogar, sie unterschieden die Züge ihres Freundes, des Leutnants von Holleben vom 3. Neumärkischen Reservebataillon, der erst vor einigen Wochen mit einer Abteilung Kriegsgefangener über See nach Memel abgegangen war. Das schien unmöglich, und doch war dem also! Das erste Wort, als er sich fast atemlos in den Kreis seiner Bekannten stürzte, war der Ausruf: „Friede! Kolberg ist gerettet!"

O des Freudenboten! O der willkommnen Botschaft! der zur rechten, rechten Zeit gekommenen! Eilend, wie es seine wichtige Zeitung erheischte, aber schon in weiter Ferne noch mehr beflügelt durch den dumpfen Donner des Geschützes, der ihm unsern noch ausharrenden Mut verkündigte, war er vor wenigen Augenblicken erst in Tramm angelangt, schwerlich gern gesehen, aber auch schwerlich wohl mit noch neuer oder unerwarteter Botschaft. Indes — er war da; und die Feindseligkeiten mußten eingestellt werden! — Zwar meine ich nicht, daß Kolbergs Fall an seiner verspäteten Erscheinung gehangen haben würde; denn noch mußte der Platz sich wenigstens sechs Wochen halten können, bevor alle und jede Mittel zum Widerstande erschöpft waren, oder bevor der Hunger uns die letzten Waffen aus der Hand schlug; aber Dank sei seiner Eile wegen des gesparten Menschenlebens und des früher geschwundenen Elends, das mit unserer beharrlichen Pflichterfüllung unumgänglich verknüpft gewesen wäre!

Sogleich ward die fröhliche Kunde den Bürgern durch die ganze Stadt unter Trommelschlag bekannt gemacht samt der hinzugefügten Ermahnung, nunmehr mit verdoppelter Tätigkeit zur Löschung der immer noch brennenden Gebäude zu eilen. Es geschah, und die Flammen wurden nach wenig Stunden durch vereinte Anstrengung glücklich bezwungen.

Aber welche Feder reichte wohl hin, den trunknen Jubel zu schildern, der in so überraschendem Wechsel alle Gemüter ergriff und aus sich selber hinwegrückte! Man muß wahrlich selbst in der Lage gewesen sein, sich und die Seinigen samt Leben und Wohlfahrt gänzlich aufgegeben zu haben, um dieses neue, kaum glaubhafte Gefühl von Ruhe und Sicherheit nachzuempfinden, wobei sich, auf Augenblicke wenigstens, alles verschmerzt und vergißt, was man Drangvolles gelitten hat. Es ist wie ein böser Traum, den man endlich abgeschüttelt hat, und aus dem man nun zu vollem, freudigem Bewußtsein zurückkehrt.

Allein nächst dem erfreuenden Gedanken an sich selbst heftete sich wohl bei jedem von uns allen der zweite, dessen wir fähig waren, unwillkürlich auf unsern edeln Gneisenau, dem wir es nächst Gott schuldig waren, wenn wir uns dieser Stunde und eines so ehrenvollen Triumphes erfreuten. Dieses Gefühl, auch wo es stumm in der Brust sich nur in einem dankbaren Blick auf ihn hin offenbarte, hat ihm auch sicherlich als der schönste Lohn seiner Anstrengung genügt. Sein König lohnte ihm auf der Stelle, indem er ihm durch den Friedensboten selbst seine Ernennung zum Oberstleutnant übersandte, bis sich ihm in schneller, aber verdienter Stufenfolge der hohe Standpunkt öffnete, von welchem der Gefeierte zum Heil des geretteten Vaterlandes erfolgreich zu wirken vor vielen berufen war. —

Die Belagerung war geendigt; eine völlige Waffenruhe trat in unseren Umgebungen ein, und schier alle Bilder des Krieges verschwanden.

Wenige Tage nach Einstellung der Feindseligkeiten trieb es auch mich hinaus auf die Lauenburger Vorstadt, wo mein liebes Gärtchen gelegen war, um den Greuel der Verwüstung, den es hier gab, mit Muße und in stiller Wehmut zu betrachten. Fast erkannte ich die Stelle meines Eigentums, auf der ich so manchen süßen Schweiß vergossen hatte, nicht wieder. Alles war aufgewühlt und verheert (denn gerade auf diesem Fleck hatten wir eine Batterie von fünf Kanonen errichtet), oder es war dem frei und üppig wuchernden Unkraut preisgegeben! Meine schönen edlen Obststämme — sie starrten mich an mit ihren abgehauenen Stümpfen... Doch, da gab es nichts zu klagen, denn ich selbst hatte ja, als es not tat, die Axt an sie gelegt! Aber es war mir doch wunderlich und weh ums Herz, und ich mußte dem verödeten Plätzchen den Rücken wenden, um nicht noch weicher zu werden.

Da blickte ich nun zufällig in der nächsten Nachbarschaft umher und sah bald, daß ich es nicht allein war, der Trost und Ermutigung brauchte. Auf der ganzen weiten Brandstätte umher schlichen die unglücklichen Bewohner, zum Teil mit ihren Säuglingen auf den Armen, zwischen den Schutthaufen ihres vernichteten Eigentums, scharrten hier und da etwas aus der Asche hervor, das der Glut widerstanden, aber nun doch keinen Nutzen mehr für sie hatte, jammerten und weinten schmerzliche Tränen, daß sie nun nirgend eine bleibende Stätte fänden. Das schnitt mir je länger, je tiefer durchs Herz; mir selber gingen nunmehr die Augen vor Mitleid über, und ich verfiel in ein tiefes Nachdenken, wie doch diesen Unglücklichen, wenn auch nur vor der Hand, zu helfen sein möchte? Indem ich aber über einige verkohlte Balken und andere halb verbrannte Trümmer, die mir im Wege lagen, dahinstolperte, fiel mir's plötzlich bei, daß sich eben davon wohl einige Nothütten würden errichten lassen, um den armen Leuten, zumal jetzt in den Sommermonaten, einstweilen ein leidliches Obdach zu verschaffen.

Voll von diesem Gedanken, machte ich mich sogleich auf den Weg zu unserm Kommandanten, um ihm die Not der Heimlosen samt meinem Einfall vorzutragen und die Erlaubnis von ihm zu erbitten, daß sie sich auf den verwüsteten Stellen notdürftig ansiedeln könnten. Ich langte an und stieß unten im Hause auf ein großes Gewühl von Menschen; denn der Kommandant hatte an diesem nämlichen Tage den General Loison samt seinem ganzen Generalstabe zu sich eingeladen, und eben saß die Gesellschaft zur Tafel.

Ich bedachte mich im Vertrauen auf meine gute Sache nicht lange, fein säuberlich anzuklopfen und unmittelbar darauf einzutreten in den Gesellschaftssaal. Meine Augen suchten den Kommandanten: er saß, dem General Loison zur Seite, an der Tafel. Kaum ward er meiner ansichtig, so stand er auf und trat mir einige Schritte entgegen. Mit leiser Stimme trug ich ihm kurz vor, was zur Sache gehörte und was sichtbar seine volle Aufmerksamkeit beschäftigte. „Die armen Leute!“ rief er dann, — „ja, Nettelbeck! Laß sie in Gottes Namen bauen!“ — Zugleich füllte er mir ein Glas Wein ein; ich dankte und eilte davon.

Mit Jauchzen ward ich draußen angehört und empfangen, als ich ihnen in Gneisenaus Namen verkündigte, daß ihnen gestattet sein solle, sich auf ihren Brandstätten in leichten Baracken wieder anzusiedeln. Wirklich auch verliefen nicht drei oder vier Tage, so stand dort eine neue Anlage fertig.

Mich selbst freilich hatte die Belagerung nahezu zum armen Manne gemacht. Mein kleines bares Vermögen war gänzlich draufgegangen, teils an Arbeiter, die ich aus meiner Tasche bezahlte, teils durch Spenden an unser braves Militär, das jede Art der Erquickung, die wir Bürger ihm zu bereiten vermochten, so wohl verdient hatte. Mir aber war es das süßeste Geschäft, wenn ich den wackern Leuten bei ihrem harten Dienste dann und wann einen warmen Mundbissen oder was es sonst gab, selbst auf die Wälle, vor die Tore, in die Blockhäuser hinbringen und ihnen Trost und guten Mut einsprechen konnte.

Es ist wahr, meine guten Freunde haben mir deshalb oftmals Vorstellungen gemacht, daß mich mein guter Wille zu weit führe und zum Verschwender mache; aber nie verließ mich der frohe Mut, ihnen zu antworten: „Ich bin ein alter Mann ohne Kind oder Kegel: wem sollt' ich es sparen? Aber wär' ich auch der Jüngste unter euch; wie leicht kann man in diesen Zeiten den Tod haben! Mir liegen König und Vaterstadt allein am Herzen, und überlebe ich diese Zeit: — nun, so werden ja sie mich auch nicht darben lassen.“

Was war mir übrig geblieben? Mein Haus hatte durch das Bombardement in allen seinen Teilen bedeutend gelitten; meine Scheune vor dem Tore war niedergebrannt, mein Gartenhäuschen abgebrochen worden, mein Garten verwüstet. Von den Vorräten meines Gewerbes war nichts mehr übrig, um es neu wieder herzustellen und das beschädigte Eigentum zu bessern, hätte es Hilfsmittel bedurft, die mir jetzt kaum mehr zu Gebote standen. Meine Lage war keineswegs erfreulich!

Aber war ich auch wohl berechtigt, über erlittene Einbuße zu klagen? Meine Mitbürger hat all dieses Unglück ja auch — den einen mehr, den andern weniger — getroffen. Nein, ich habe auch nicht klagen, sondern mir's nur vom Herzen wegreden wollen. Er, der mir's gab, hat's auch genommen, sein Name sei gelobet! Aber daß Gott meine liebe Vaterstadt so wunderbar erhalten hat, des bin ich froh, und daß er unserm guten König Gesundheit, Mut und Stärke verliehen, sich in seinem großen Unglück so herrlich wieder aufzurichten! — Wer, der ihm angehört, hätte ein solches Heil nicht gerne mit noch größeren Opfern erkaufen mögen?

Mir ward indes in diesen nämlichen Tagen von dieses gnädigen Monarchen Hand eine Auszeichnung zu teil, die ich so wenig erwartet hatte, als ich sie vor andern, die mit mir auch nur ihre Pflicht getan, verdient zu haben glaube: — eine Auszeichnung, die mich sogar beschämen würde, wenn ich nicht in der Meinung stände, daß diese Königliche Hand in mir eigentlich die gesamte Kolberger Bürgerschaft habe ehren und ihren bewiesenen Pflichteifer anerkennen wollen. Ich erhielt nämlich folgendes Königliche Kabinettschreiben:

„Seine Königl. Majestät von Preußen usw. haben aus dem Berichte des Oberstleutnants v. Gneisenau, worin er Höchstdenenselben diejenigen Personen anzeigt, welche sich während der Belagerung der Festung Kolberg ausgezeichnet haben, mit besonderem Wohlgefallen ersehen, daß der Vorsteher der Bürgerschaft, Nettelbeck, die ganze Belagerung hindurch mit rühmlichem Eifer und rastloser Tätigkeit zur Abwehrung des Feindes und zur Erhaltung der Stadt mitgewirkt hat. Seine Majestät wollen daher dem Nettelbeck für den solchergestalt zutage gelegten löblichen Patriotismus hierdurch Dero Erkenntlichkeit bezeigen und ihm, als ein öffentliches Merkmal der Anerkennung seiner sich um das Beste der Stadt erworbenen Verdienste, die hierneben erfolgende goldene Verdienstmedaille verleihen.

Memel, den 31. Juli 1807.

Friedrich Wilhelm."

„An den Vorsteher der Bürgerschaft Kolberg, Nettelbeck."

Gleichzeitig erhielt unser verehrter Kommandant seine Abberufung von seinem so ehrenvoll bekleideten Posten, um unmittelbar unter den Augen des Monarchen an die Neuschöpfung des preußischen Heeres mit Hand anzulegen. Das war für uns ein schmerzlicher Verlust, ein bittrer Wermutstropfen in den Freudenkelch, den uns unsere Erlösung gebracht hatte! Allein unser Liebling eilte einer höheren Bestimmung entgegen, und unser Eigennutz, wie verzeihlich er hier auch war, mußte schweigen! Schon am 8. August schied Gneisenau von uns, doch wie er schied, möge nachstehendes Schreiben bezeugen, welches er im Augenblick seiner Abreise an uns erließ:

„Meine Herren Repräsentanten der patriotischen Bürgerschaft zu Kolberg!

Da ich auf unsers Monarchen Befehl mich eine Zeitlang von dem mir so lieb gewordenen Kolberg trenne, so trage ich Ihnen, meine Herren Repräsentanten, auf, den hiesigen Bürgern mein Lebewohl zu sagen. Sagen Sie denselben, daß ich ihnen sehr dankbar bin für das Vertrauen, das sie mir von meinem ersten Eintritt in die hiesige Festung an geschenkt haben. Ich mußte manche harte Verfügung treffen, manchen hart anlassen: — dies gehörte zu den traurigen Pflichten meines Postens. Dennoch wurde dieses Vertrauen nicht geschwächt. Viele dieser wackern Bürger haben uns freiwillig ihre Ersparnisse dargebracht, und ohne diese Hilfe wären wir in bedeutender Not gewesen. Viele haben sich durch Unterstützung unserer Kranken und Verwundeten hochverdient gemacht. Diese schönen Erinnerungen von Kolberger Mut, Patriotismus, Wohltätigkeit und Aufopferung werden mich ewig begleiten. Ich scheide mit gerührtem Herzen von hier. Meine Wünsche und Bemühungen werden immer rege für eine Stadt sein, wo noch Tugenden wohnen, die anderwärts seltener geworden sind. Vererben Sie dieselben auf Ihre Nachkommenschaft. Dies ist das schönste Vermächtnis, das Sie ihnen geben können. Leben Sie wohl und erinnern sich mit Wohlwollen

Ihres

treu ergebenen Kommandanten

N. v. Gneisenau."

Ein so herzlicher Abschied durfte nicht ohne Erwiderung bleiben. Wir versammelten uns und machten unserm vollen Herzen in folgender Bekanntmachung an unsre Bürgerschaft Luft:

Kolberg, den 16. August 1807.

„Am 9. d. M. entrückten höhere Befehle unsern würdigen Herrn Kommandanten aus unserer Mitte, und mit dem Verluste dieses mit seltenen Tugenden geschmückten Mannes schwanden unsere stolzen Träume dahin. Gerne wären wir im Besitz des unverzagten Beschützers unsrer Wälle für immer geblieben, und gerne hätten wir nach den vollbrachten verhängnisvollen Tagen die seligen Früchte des Friedens nur mit Ihm geteilt; aber nicht bestimmt, diese in unsern sichern Mauern zu genießen, hatte Ihm unser Monarch, ganz überzeugt von dem Werte dieses großen Mannes, einen andern Kreis vorgezeichnet, in welchem sein rastloser und tätiger Geist sich ein neues Denkmal stiften sollte.

„Ist jedoch dieser unsern Herzen so teuer geworden Held nicht mehr unter uns, und hat er uns verlassen, um vielleicht nie den Ort wieder zu sehen, dessen beneidenswertes Schicksal in den mißlichsten Augenblicken seinen einsichtsvollen Befehlen untergeordnet war: so wird gleichwohl das Andenken an Ihn, der bei den Tugenden des Kriegers nie die Pflichten des Menschen vergaß, der von der ersten Minute seines Erscheinens an Vater eines jeden einzelnen wurde und es auch noch im Moment des Scheidens blieb, nie in unserer von Dank gegen ihn erfüllten Seele erlöschen. Wir alle haben ihm ja alles — die Erhaltung unserer Ehre und unserer Habe, die Zufriedenheit unseres Landesherrn und die Achtung unsrer ehemaligen Gegner zu verdanken.

„Möge es erst nur unserer spätesten Nachkommenschaft vorbehalten sein, die Asche unseres Verteidigers zu segnen!

„Wir haben seinen Auftrag, den hiesigen Bürgern sein Lebewohl zu sagen, mit frohem Herzen erfüllt; und zur Steuer der Wahrheit vereinigt sich die Bürgerschaft in dem öffentlichen Geständnis:

„‚Wir haben nie einen Zwang empfunden; uns haben keine harte Verfügungen gedrückt, und das, was wir taten, geschah aus reiner Vaterlandsliebe. Das höchste Wesen nehme ihn dafür in seine besondre Obhut, lasse Ihn nach seinem tatenvollen Leben auch bald die Früchte des Friedens im Schoße der teuern Seinigen genießen, und wenn uns neue Stürme und Gefahren drohen, so kehre Er zurück in unsre nicht überwundenen Mauern und finde auch in uns noch das Völkchen wieder, von dem Er so liebevoll schied!'"

„Dresow. Hentsch. Zimmermann. Höpner.
Nettelbeck. Darckow. Ziemcke. Gibson."

Allein mit dem Andenken an verdiente Männer ist es ein Ding, das einen wohl traurig und niedergeschlagen machen könnte, wenn man sieht und erlebt, wie schwer es dem selbstsüchtigen Menschenherzen eingeht, seine Liebe und Dankbarkeit für die Davongeschiedenen treu zu bewahren. Das sollte auch ich mit Leidwesen erfahren! Es kam nämlich bald nach der Belagerung der Herr Großkanzler v. Beyme auf seinem Wege aus Preußen nach Berlin hierher zu uns und nahm während seines Verweilens bei dem Kaufmann Schröder ein Mittagsmahl ein, wobei ich die Ehre hatte, von ihm an seine Seite gezogen zu werden. Auch mehrere angesehene Männer vom Handelsstande waren gegenwärtig. Daß die Unterhaltung, deren mich der Minister würdigte, sich meist auf die nächstverlebte Zeit bezog, war wohl sehr natürlich, so wie nicht minder, daß dabei unseres wackeren Vizekommandanten v. Waldenfels und seines Heldentodes mit rühmlichster Erwähnung gedacht wurde. „Einem so braven Manne", äußerte dabei unser hoher Gast, „einem so braven Manne sollte der Denkstein auf seinem Grabe nicht fehlen!"

Der Gedanke elektrisierte mich. Ich stand auf von meinem Stuhle, sah Tafel auf und Tafel ab rings meine anwesenden Mitbürger an und sprach: „Ein Wort zur guten Stunde! — Ja, meine Herren, wir erfüllen es und setzen unserm Waldenfels ein Ehrenmal, wie er's verdient!"

Niemand antwortete mir. Ich aber erhob meine Stimme noch höher und rief: „Wie? Kein Denkmal auf eines solchen Mannes Grabe? — Meine Herren, das ist eine Ehrensache für jeden unter uns!"

So herausgepreßt, erklang denn freilich hier und da ein zögerndes „Ja!" — aber es fiel in die Augen, daß es nicht aus aufgeregtem, freudigem Herzen hervorging. Meine funkelnden Augen spiegelten sich nur in denen des Großkanzlers wider, der zu mir sagte: „Sie gestatten mir doch, daß ich meinen Beitrag hier sofort in Ihre Hände lege?" — Das verbat ich mir nun, wie billig, und hatte Mühe, meinen Willen darin durchzusetzen. Desto leichter ward mir's in den nächstfolgenden Tagen, mit den Jajastammlern, die ich an ihr Wort erinnerte, fertig zu werden, denn da fand sich's, daß es nur in die verhallende Luft gesprochene Worte gewesen waren!

Mochte es sein! Ich aber habe mir selber Wort gehalten und auf eigene Kosten einen schönen achteckigen, geglätteten Grabstein, sieben Fuß hoch, besorgt, worauf der Name „Waldenfels", samt Angabe seiner Militärwürden und des Tages, da er für König und Vaterland gefallen, verzeichnet steht. Dieses einfache Monument bezeichnet seine Grabstätte. Zu gleicher Zeit ließ ich auch mir die meinige hart neben derselben mit Steinen aussetzen, wo ich denn endlich auch ruhen werde. —

Ehre den braven Männern, die, gleich Waldenfels, in und für Kolberg geblutet und ihr bestes getan haben! Wo einundzwanzig Offiziere auf dem Bette der Ehre das Leben verhauchten und eine gleiche Anzahl schwere todesgefährliche Wunden aufzuweisen hatte, da bedarf es keines weiteren Zeugnisses, daß die Besatzung in allen ihren Graden ihre volle Schuldigkeit getan. Wie der Monarch selbst diese heldenmütige Dahingebung gewürdigt und anerkannt habe, spricht sich vollgültig in der Auszeichnung aus, die er dem zweiten pommerschen Infanterieregimente gewährte, welches seit jenen Tagen die Ehrennamen des Regimentes „Kolberg" und „v. Gneisenau" miteinander vereinigt.

Zwar — die Ausnahmen sind es, welche die Regel bestärken; und so gab es denn freilich auch unter Kolbergs Braven einzelne Feiglinge, die es nicht wert waren, in den ehrenvollen Reihen jener zu fechten; aber billig sollte ihr Andenken der Vergessenheit übergeben bleiben, und auch ich würde mich scheuen, es in dieser Schrift wieder aus diesem schimpflichen Grabe hervorzuziehen, wenn nicht eine Betrachtung mir das Gegenteil zu gebieten schiene. Ich meine nämlich, es geschieht jenen Braven, die in so glänzendem Lichte dastehen, nach meinem Gefühl eine Ungebühr, wenn hier die Schattenseite des Gemäldes gänzlich verhüllt würde.

In einer Nacht, wo es scharf über die Stadt herging, (es war zwischen dem 1. und 2. Juli), befand ich mich auf dem Markte neben dem Spritzenhause, um sofort bei der Hand zu sein, wenn irgend etwa eine Bombe zündete. Hier eilte nun ein Mann im grauen Regenmantel und die weiße Schlafmütze ins Angesicht gezogen, mit weiten Schritten an mir vorüber und verlor sich in einen Weinkeller, den man für bombenfest hielt, und wohin sich deswegen bereits mehrere alte Männer, Frauen und Kinder samt einigen furchtsamen Bürgern vor dem feindlichen Geschoß geflüchtet hatten. Gleich nachher aber stürmte aus eben diesem Keller der Haufe in größter Verwirrung hervor, und indem ich mich nach der Veranlassung erkundige, erfahre ich: es sei eine Granate durch das Gewölbe hineingedrungen. Ich steige hinunter, um mich zu überzeugen, ob Schaden geschehen und Hilfe nötig sei. Davon zeigt sich indes nirgends eine Spur; man faßt nun wieder Mut, kehrt in den verlassenen Zufluchtsort zurück, und drei meiner Bekannten, rechtliche Männer, fordern mich auf, noch einige Augenblicke zu verweilen und ein Glas Wein mit ihnen zu trinken.

Indem ich mir nun hierbei die bunte Versammlung mit etwas besserer Muße ansehe, bemerke ich auch seitabwärts den Mann in der Schlafmütze, der mir bereits durch seine langen Beine merkwürdig geworden. Halb kommen mir seine Gesichtszüge bekannt vor, aber die Dunkelheit des Winkels läßt mich nichts mit Gewißheit erkennen. Ich greife nach einer Kerze; leuchte ihm näher unter die Augen und — siehe! es ist der Hauptmann ***, von unserer Garnison. Hochverwundert frage ich: „Ei tausend, Herr Hauptmann! Wie geraten Sie hierher? Ist dies Loch ein Aufenthalt für Sie? Ein Offizier — und verkriecht sich unter alte Weiber und Wiegenkinder! Der König hat Ihnen gewiß vierzig Jahre Brot gegeben, und nun es in seinem Dienste gilt, vertun Sie sich abseits?" — Er stotterte etwas daher: „Sehen Sie nicht, daß ich krank bin? Ich habe das Fieber." — „Daß Sie eine Schlafmütze sind, sehe ich, und das Bombenfieber sehe ich auch", war meine Antwort. — „Hier heraus mit Ihnen und fort, wohin Sie gehören!" — Ich wäre in meinem Eifer vielleicht noch tiefer in den Text hineingeraten, wenn meine vorgedachten Bekannten mich nicht von ihm abgezogen und begütigt hätten. Unterdessen ließ der Fieberpatient sich ein gutes Gericht Essen und ein Viertel Wein auftragen und speiste mit einem Appetit, der auch dem Gesundesten Ehre gemacht haben würde.

Aber es sollte hier gleich noch ein zweites ähnliches Abenteuer geben. Denn indem ich mich von dem Jammerbilde nach einer anderen Seite wende, fiel mir ein Feldbette in die Augen, und auf dasselbe hingestreckt ein Mensch, der notwendig auch eine Militärperson sein mußte, da unter der Bettdecke hervor ein Degen mit dem Portepee niederhing. Mein Gesicht mochte bei diesem Anblicke wohl wie ein großes Fragezeichen aussehen; denn unaufgefordert erklärten mir meine Freunde, die hier Bescheid wußten: es sei der Leutnant ***, der sich zu gütlich getan und in diesem ihm gewöhnlichen Zustande so seinen Aus- und Eingang im Weinkeller habe. Das war mir ein Greuel mit anzuhören. Ich riß ihm die Bettdecke vom Leibe und rief: „Herr, plagt Sie der Teufel? Was haben Sie hier zu schaffen? Heraus, und auf Ihren Posten! Hören Sie den Geschützdonner nicht?"

Brummend taumelte er empor, und sich mit Mühe auf den Füßen haltend, tobte der Jämmerliche: „Warum wird das verfluchte Loch nicht übergeben, damit man nur einmal aus dem miserabeln Nest herauskäme!" — Ich traute meinen eigenen Ohren nicht und hätte mich wahrlich an dem Elenden tätlich vergriffen, wenn meine gelassenere Freunde mir nicht in den Arm gefallen wären, während jener wieder auf sein Lager niedertorkelte und prahlte, wieviel Weinflaschen er heute schon den Hals gebrochen.

Beide Auftritte waren indes zu öffentlich und vor zu vielen Zeugen vorgefallen, als daß sie ganz mit dem Mantel der Liebe zu bedecken gewesen wären. Der Hauptmann rechtfertigte sich mühsam durch ein, sei es wie es wolle, beigebrachtes ärztliches Attest, das seine Krankheit bekräftigte, aber es unermittelt ließ, warum sich der Patient nicht lieber ruhig in seinem Quartier verhalten und eine genauere Diät befolgt habe Gegen den Leutnant aber sprachen die Zeugnisse so entscheidend, daß er einem dreimonatlichen Arrest und seiner Dienstentlassung sich nicht entziehen konnte.

Zu einer anderen Zeit standen unsere Vorposten ringsum des Abends in einem lebhaften Feuer gegen den Feind, der allmählich immer mehr Truppen ins Gefecht brachte. Der Kommandant, in dessen Gefolge ich war, befand sich auf der Bastion Pommern, von wo auch das Feld zu beiden Seiten des Platzes am bequemsten übersehen werden konnte Um die Unserigen gegen Sellnow hin zu unterstützen, war der Oberst *** mit drei Kompagnien seines Bataillons abgeschickt worden, mit dem Auftrage, sich den Schillschen Truppen anzuschließen, und das Gefecht zum Stehen zu bringen. Anstatt aber hier vor dem Geldertore nunmehr eine neue Regsamkeit zu bemerken, hörte das Feuer dorthin zu des Kommandanten nicht geringer Verwunderung bald gänzlich auf, und die Verwunderung stieg zur Unruhe, da immer noch kein Rapport von der entsandten Verstärkung einging. Ich erbot mich, Nachricht an Ort und Stelle einzuziehen, und eilte von dannen, den Wall hinunter.

Von einem Pulverwagen, der mir in den Weg kam, strängte ich ein Zugpferd ab, warf mich hinauf und trabte zum Geldertore hinaus. Die Nacht war stockfinster geworden. Als ich über die sogenannte Kuhbrücke kam, stutzte mein Gaul, hob sich und wollte, trotz all meinem Treiben, nicht von der Stelle. Endlich ward ich gewahr, daß er sich vor einem Soldaten scheute, der sich dicht vor seinen Füßen quer über den Weg gelagert hatte. Der Bursche hatte geschlafen, und mit ihm ward es auf einmal rund um mich her wach und laut, und ein Dutzend Baßkehlen rief: „Holla! holla! Nur sachte!" — Mit einem Blicke übersah ich nun die saubere Schlafkompagnie, die sich hier meist ins Gras gestreckt hatte, anstatt den bedrängten Kameraden weiter vorwärts Luft zu machen.

Im bitteren Unmut meines Herzens stürmte ich auf sie ein und rief: „Ihr seid mir schöne Helden! Pfui über euch, daß ihr hier liegen könnt und schnarchen!" — Beschämt wichen sie mir zu beiden Seiten aus, bis ich weiterhin kam und nun auch auf ihren edlen Anführer stieß, der sich sein Ruheplätzchen hart am Heckenzaune ausgesucht hatte, den Kopf nur soeben aus dem Mantel hervorstreckte und mir einen guten Morgen bot. Drei Schritte hinter ihm zeigte sich mir der Hauptmann *** in gleicher Positur, der jedoch aufstand und mir seinen guten Morgen bis dicht ans Pferd entgegenbrachte. Mich noch weniger haltend, als vorhin, tobte ich: „Den Teufel und seinen Dank für euren guten Morgen! Ist das recht? Ist das erhört, daß ihr hier auf der Bärenhaut liegt? Ob eure besseren Kameraden indessen ins Gras beißen, das kümmert euch nicht! — Da! da seht!"

In dem Augenblick nämlich kamen einige Schillsche Leute vom Felde daherwärts, die zwei Erschossene auf einer Art von Tragbahre aus dem Gefechte trugen und mehrere Verwundete leiteten. Ich schloß mich nun an diese Leute an und erfuhr von ihnen noch bestimmter, daß die ganze Zeit her von einem solchen Unterstützungstrupp bei ihnen im Felde weder etwas zu sehen noch zu hören gewesen. Demgemäß fiel nun auch mein Rapport an den Kommandanten aus, der mit Achselzucken versetzte: „Nun, nun — ich werde den Herren die Epistel lesen!" — Was später daraus geworden, habe ich nicht erfahren. —

Doch nun zu unserem befreiten Kolberg zurück!

Wie mußte jedes wackere Bürgerherz von Dank und Freude sich ergriffen fühlen, als ein königliches Kabinettschreiben vom 21. Oktober 1807 an die verordneten Stadtältesten uns bewies, daß Kolberg in seines gütigen Herrschers Beachtung und Fürsorge unvergessen geblieben, indem uns darin unter den huldvollsten Ausdrücken der Erlaß unseres Anteils an der allgemeinen französischen Kriegskontribution im Belauf von etwa 180000 Talern angekündigt wurde. Wir betrachteten diese Anordnung als einen Ausfluß seiner königlichen Gnade, die uns ehren und unsern gesunkenen Wohlstand stützen sollte.

Später ward mir selbst durch des Königs Gnade eine Auszeichnung zu teil, die ich auf keine Weise erwartet hatte. Es war Sr. Majestät, ich weiß selbst nicht auf welche Weise, zur Kenntnis gekommen, daß ich einst vor langen Jahren in wirklichem königlichen Seedienst gestanden, und demzufolge ward mir jetzt die förmliche Erlaubnis erteilt, die königliche Seeuniform zu tragen. Warum sollte ich auch leugnen, daß gerade diese Vergünstigung einen tiefen und rührenden Eindruck auf den alten Seemann in mir machte, dessen Patriotismus sich immer und unter allen Himmelsgegenden mit einigem Stolz zur preußischen Farbe bekannt hatte? Zudem fühlte ich mich auch damals noch rüstig genug, meinem Landesherrn auch auf meinem eigentümlichen Elemente in Krieg und Frieden einige nutzbare Dienste leisten zu können, und nur des leisesten Winkes hätte es bedurft, um alles zu verlassen und unter jeder Zone für Preußens Nutzen und Ehre zu leben und zu sterben!

Die Rückkehr unseres gefeierten Königspaares von Preußen nach Berlin im Dezember des Jahres 1809 war ein Ereignis, das meine Seele mit hoher freudiger Teilnahme beschäftigte. Einem früheren Gerüchte zufolge sollte der Weg dasselbe auch zu uns nach Kolberg führen; aber der Anblick unserer fast noch rauchenden Trümmer konnte kein erfreulicher, und uns selbst es daher kaum wünschenswert sein, das landesväterliche Herz damit zu betrüben. Auch erfuhren wir bald, daß die Strenge der Jahreszeit die nächste und kürzeste Richtung geboten habe und der königliche Reisezug am 21. in Stargard eintreffen werde, um dort einen Rasttag zu halten. Es war also auch zu erwarten, daß die pommerschen Stände und andere Behörden der Provinz sich dort dem Könige vorstellen würden.

Diese Nachricht traf mich am 19. abends in einer Gesellschaft, wo viele würdige Männer unserer Stadt beisammen waren, und schnell und plötzlich flog mir ein Gedanke feurig durchs Herz. „Wie?" rief ich aus, „so viele unserer Landsleute sollten dort vor dem König stehen, ihm ihre frohen Glückwünsche darzubringen, und nur aus unserer Vaterstadt sollte sich niemand zu einer solchen freiwilligen Huldigung eingefunden haben? Das hat weder der König um Kolberg, noch wir um ihn verdient! Seine Gnade hat uns erst unlängst eine Kriegssteuer von nahe an zweimalhunderttausend Talern erlassen; bei welcher schicklicheren Gelegenheit könnten wir ihm dafür unsern Dank bringen, als wenn eine Deputation der Bürgerschaft sich jetzt dazu auf den Weg machte? — Vollmacht? Die würden wir von unsern verkehrten Stadtobrigkeiten, wenn es auch noch Zeit zur Beratung und Ausfertigung wäre, umsonst erwarten! Und wozu auch Vollmacht? Trägt sie nicht jeder mit seinem Gefühl der Dankbarkeit im eignen Herzen? Wird dort auch nach Vollmacht gefragt werden, wo wir nichts bitten, nichts verlangen, und wo nur allein unsere Glück- und Segenswünsche aus einem begeisterten Herzen hervorquellen werden?"

Alles war meiner Meinung, aber alles glaubte auch, es sei nicht mehr an der Zeit, diesen Gedanken weiter zu verfolgen; denn um ihn zur Ausführung zu bringen und zu rechter Zeit zur Stelle zu sein, würde man noch den nämlichen Abend sich auf den Weg machen müssen. — „Nun, und wenn es sein müßte", unterbrach ich die kühlen Zweifler, „warum nicht auch schon in der nächsten Stunde? Ich bin dazu bereit, aber ich bedarf noch eines Gefährten. Wer begleitet mich?"

Ringsherum nichts als Schweigen und Kopfschütteln, und schon wollte ich im feurigen Unmute auflodern, als der Kaufmann Herr Gölckel mir die Hand reichte, sich mir zum Gefährten erbot, in einer Stunde reisefertig zu sein versprach und nun selber zur Eile trieb, damit wir noch vor völligem Torschluß die Festung im Rücken hätten. Ich selbst übernahm es, die Postpferde für uns zu bestellen.

Glücklich auf den Weg gelangt, bemerkten wir erst draußen auf dem Felde, daß es eine stockdunkle Nacht gab, und daß es schwer halten werde, des rechten Weges nicht zu verfehlen. Wirklich auch hatten wir noch nicht Spie erreicht, als wir mit Unlust inne wurden, daß wir uns seitabwärts nach Garrin verirrt hatten und genötigt waren, auf einem weiten Umwege wieder auf die Poststraße zurückzukehren. Dies machte mich so ungeduldig, daß ich dem Postillon Zügel und Peitsche aus den Händen riß, um selbst zu kutschieren; und es könnte wohl sein, daß ich ihm nebenher einige fühlbare Denkzettel auf den Rücken zugemessen hätte. So ging es langsam weiter, von Station zu Station, ohne daß mein stetes Treiben sonderlich fruchtete, oder daß ich auf die Vorstellung meines gleichmütigeren Reisegefährten viel gegeben hätte, der mir bemerklich machte, daß wir auf diese Weise mitten in der nächstfolgenden Nacht in Stargard anlangen und dann um so weniger in dem überfüllten Orte ein Quartier für uns auffinden würden. Diese Sorge kümmerte mich aus guten Ursachen ungleich weniger.

In der Tat war es auch, als wir an Ort und Stelle kamen, noch so früh am Morgen, daß wir noch alles in Finsternis und Schlaf begraben fanden. Dies hinderte jedoch nicht, daß ich gleich zunächst dem Tore mir ein Haus drauf ansah, vor welchem ich zu halten befahl. Es wurde abgestiegen, angeklopft und, nachdem es drinnen munter geworden, mit lauter Stimme Herberge begehrt. Die Antwort war, wie sie zu erwarten stand, eben nicht sehr tröstlich: alles sei dicht besetzt und kein Unterkommen mehr möglich. — „Aber, lieben Leute“, rief ich dagegen, „den alten Nettelbeck werdet ihr doch nicht auf der Straße stehen lassen?“ — „Nein, wahrhaftig nicht!“ scholl eine weibliche Stimme dagegen, „tausendmal willkommen! Da muß sich schon ein Winkelchen finden.“ — Und es fand sich auch so bequem und wohnlich, daß wir noch in guter Ruhe einige Stunden ausschlafen konnten. Mein Reisegefährte hatte große Lust, sich über diesen glücklichen Zauber meines bloßen Namens zu verwundern; allein ich entzauberte ihn schnell, indem ich ihm erklärte, daß ich bloß meinen alten freundlichen Wirt wieder aufgesucht, bei welchem ich vor nicht gar langer Zeit gehauset hätte, als ich hier das Kind meines Freundes, des Regierungsrats Wisseling, aus der Taufe gehoben.

Noch vormittags ward die Ankunft des königlichen Paares erwartet, dessen Zug vor unserm Hause vorüber mußte. Wir warfen uns also in unsere Staatskleider — ich in meine Admiralitätsuniform, mein Gefährte in das Kostüm der Bürgergarde, und erwarteten auf einer erhöhten Treppe den für unser Herz so teuern Anblick, dessen Hoffnung bereits überall eine unzählbare Menge um und neben uns versammelt hatte. Wagen auf Wagen, mit dem königlichen Gefolge erfüllt, rollten vorüber. Endlich um zehn Uhr nahte sich der König selbst, neben ihm die Königin sitzend, langsamen Schrittes in einem offnen Wagen. Es klopfte uns hoch in der Brust, und wir verbeugten uns ehrerbietig, samt allen übrigen, ohne jedoch darauf rechnen zu können, ob wir bemerkt worden sein würden.

Jetzt aber forderte ich meinen Begleiter auf, dem Zuge mit möglichster Eile zu folgen oder lieber noch zuvorzukommen, um die Gelegenheit zu unsrer persönlichen Vorstellung nicht zu versäumen, bevor der Monarch erst dichter und immer dichter umzingelt würde. Denn was für ein Eulenspiegelstreich wäre es gewesen, uns im Namen einer ganzen Stadt auf den fernen Weg gemacht und dennoch unser Wort nicht angebracht zu haben! Allerdings war das Gedränge um des Königs Quartier unbeschreiblich groß und lebendig, aber mein treuherziges: „Kinder, maakt en betken Platz!" und auch wohl die paar Streifen Gold auf unsern Röcken, halfen uns zuletzt glücklich durch das Gewühl, bis wir durch das Spalier des Militärs vorgedrungen waren, uns unter die bunten Gruppen der Offiziere und diensttuenden Adjutanten mischten und so zuletzt die Flur des Hauses erreichten.

Noch kam es darauf an, uns mit unserm Wunsche, vorgelassen zu werden, an den rechten Mann zu wenden, als wir von des Königs Gemächern einen Stabsoffizier die Treppe herniedersteigen sahen, der auf uns zuging und mich freundlich fragte: „Gelt, Nettelbeck, Sie wollen den König sprechen? Dann ist's gerade an der rechten Zeit. Kommen Sie!" — Zugleich faßte er mich und meinen Freund an der Hand und stieg in unserer Mitte die Treppe hinauf. Nicht ohne seltsame Verwunderung fragte ich ihn: „Wie kommt mir das Glück, daß Sie mich bei Namen kennen?" — „Und darüber wundern Sie sich?" war die Antwort, „bin ich nicht in Kolberg bei Ihnen in Ihrem Hause gewesen?" — Es war der General v. Borstell.

Indem wir oben ankamen, fanden wir zwei schwarz gekleidete Männer, Deputierte von der Kaufmannschaft einer benachbarten Stadt, vor der offenen Flügeltüre, die zu des

Königs Audienzzimmer führte. Der General wies sie vor uns hinein, und wir folgten dann nach. Das ganze große Zimmer war erfüllt von Generalen, Damen und andern Standespersonen, unter denen mir die Prinzessin Elisabeth, die von Stettin gekommen war, der General v. Blücher und andere bemerkbar wurden. Alles blitzte von Ordenszeichen jeder Art und Gattung, und es gab eine feierliche Stille, bis der König hereintrat, samt seiner königlichen Gemahlin Luise, und die Anwesenden ihnen nach der Reihe vorgestellt wurden.

Vor uns traten die genannten beiden Deputierten vor, die etwas beklommen schienen und überaus leise sprachen, so daß uns davon, sowie von des Königs Antwort, wenig oder nichts hörbar wurde. Als sie sich darauf zurückgezogen hatten, wandten beide hohe Personen sich zu uns, und mich anblickend, fragte der König: „Nicht wahr, der alte Nettelbeck aus Kolberg?" — und dann, während wir unsre Verbeugung machten, zu meinem Gefährten gekehrt: „Die Kolberger sind mir willkommen."

Wir hatten im voraus verabredet, uns, wenn es dahin käme, in unsern Vortrag zu teilen, damit wir nicht beide durcheinander sprächen. Ich hub demnach an: „Ew. Majestät geruhen gnädigst, uns zu erlauben, daß wir, im Namen unserer Mitbürger, Ihnen fußfällig unsern Dank bringen für die große Gnade und Wohltaten, die Sie unserer guten Vaterstadt haben angedeihen lassen. Wir haben dafür kein anderes Opfer, als die abermalige Versicherung unserer unerschütterlichen Treue; nicht allein für uns, sondern auch für unsre spätesten Nachkommen, denen wir mit gutem Beispiel vorangegangen sind. Stets soll es ihnen in Herz und Seele geschrieben bleiben: Liebt Gott und euern König, und seid getreu dem Vaterlande!"

Hierauf wandte sich der König halb gegen uns und halb gegen die hinter ihm stehende glänzende Versammlung und sprach in lebendiger Bewegung die Worte: „Kolberg hat sich bereits im Siebenjährigen Kriege treu gehalten und dadurch die Liebe meines Großoheims erworben. Auch jetzt hat es das Seinige getan; und wenn ein jeder so seine Pflicht erfüllt hätte, so wäre es nicht so unglücklich ergangen."

Jetzt nahm mein Freund das Wort und äußerte, wie nahe es uns gehen würde, wenn unsere Gegenwart bei Sr. Majestät eine unangenehme Erinnerung aufregte; allein die Gefühle unsrer dankbarsten Verehrung hätten uns nicht zurückbleiben lassen wollen, und ganz Kolberg teile unsere Gesinnungen. Der König erwiderte darauf: „Ich weiß es, wenn früh oder spät einmal es die Umstände gebieten, werden die Kolberger auch gerne wieder für mich auftreten."

Hier fing ich Feuer und brach begeistert aus, indem ich mit der Hand auf mein Herz schlug: „Ew. Majestät, dazu lebt der freudige Mut in uns und unsern Kindern, und verflucht sei, wer seinem Könige und Vaterlande nicht treu ist!" — „Das ist recht! das ist brav!" versetzte der Monarch; und als er darauf fragte: wie wir sonst in Kolberg lebten? — gab ich zur Antwort: „Gut, Ew. Majestät! Kleinigkeiten machen wir unter uns ab, und ist es was Bedeutendes, und wir können nicht durchkommen, da wenden wir uns geradezu an Ew. Majestät. Wir hoffen, Sie werden uns nicht sinken lassen."

„Nein, nicht sinken lassen, nicht sinken lass' ich euch!" rief der König, wobei er mir die Hand entgegenbot. — „Wendet euch nur an mich, und was zu erfüllen möglich ist, soll geschehen." — Dann fragte er, ob wir eigentlich dieserhalb gekommen wären, oder ob uns andre Geschäfte nach Stargard führten? — „Kein andres Geschäft, als der Auftrag der Unsrigen", entgegnete ich, „und eben dadurch wird dieser Tag der glücklichste unseres Lebens."

Jetzt beurlaubte uns der König mit den Worten: „Ich danke euch! Grüßt eure guten und braven Mitbürger, und sagt ihnen: auch ihnen danke ich für die Treue und Anhänglichkeit, die sie mir erwiesen haben. Haltet immer auf Religion und Moralität." — Als wir uns darauf verbeugten und Miene zum Abtreten machten, sagte der König: „Sie bleiben noch hier!" — worauf auch bald hernach die Königin sich uns näherte, neben ihren Gemahl trat und sich mit gütigem Lächeln und der Bemerkung zu uns wandte: „Wir haben uns heute schon gesehen“, und der Monarch fiel ihr ein: „Nicht wahr? Ich hatte doch recht geraten?“ — So ergab sich's denn, daß ich oder meine Uniform dem königlichen Paare bereits im Vorbeifahren aufgefallen sein mußte Sie aber fuhr zu mir fort: „Ich bin gewiß recht froh, Sie hier zu sehn und persönlich kennen zu lernen.“ — „Und ich“, war meine Antwort, „ich danke Gott dafür, daß er mich den Tag hat erleben lassen, wo meine Augen den guten König und unsere allgeliebte Königin in solchem Wohlsein erblicken. Der Name des Herrn sei dafür gelobt!“ — So erhielten wir nunmehr unsere gnädige Entlassung, eilten nach unserm Gasthofe zurück und waren von Herzen froh, unser Geschäft so wohl und mit solchen Ehren abgetan zu haben.

Indes hatte mein Freund sich entfernt, um einige Besuche in der Stadt bei seinen Bekannten abzulegen, als etwa nach einer Stunde ein königlicher Page, der uns lange vergeblich gesucht und erst durch den Polizeidirektor Struensee hatte ausfindig machen können, zu mir eintrat, um uns zur königlichen Tafel einzuladen. Es war spät, mein Gefährte war abwesend, und ich mußte mich entschließen, ohne ihn zu. gehen. Im Tafelzimmer hatte auch schon alles seine Plätze eingenommen. Als ich dann mich dem Könige vorstellte, fragte er nach meinem Mitdeputierten, und als ich darauf nichts Genügendes zu erwidern wußte, fiel ein ungnädiger Blick auf den Pagen, der noch neben der Türe stand, daß er seinen Auftrag so unvollständig ausgerichtet.

Ein Kammerherr führte mich zu meinem Sitze hin, wo rechts der General v. Pirch und links der General-Chirurgus Görke meine Tischnachbarn waren. Beide unterhielten sich mit mir während der Tafel aufs freundlichste, und ersterer erbot sich, heute Abend zu dem großen Ball, der von der Stadt veranstaltet worden, seinen Wagen zu meiner Abholung bei mir vorfahren zu lassen, was mit herzlichem Dank angenommen wurde.

Nach aufgehobener Tafel machte ich, wie ich es die anderen tun sah, dem königlichen Paare das stumme Zeichen meiner Verehrung und war im Begriff, gleich jenen mich zu entfernen, als der König mich noch bleiben hieß und dann der Königin einen Wink gab. Hierauf kam dieselbe herbei und führte mich in ein besonderes Nebengemach, wo ich nun mit einer freudigen Überraschung mich ohne Zeugen dem hohen Paare gegenüber gestellt fand. Beide taten eine Reihe von Fragen an mich, die ich nach bestem Vermögen beantwortete, deren Inhalt aber nicht in diese Blätter gehört. Mein Herz geriet dabei je mehr und mehr in eine hohe Bewegung.

Als etwa nach einer halben Stunde eine kleine Stockung in dem Gespräche entstand und ich dem Könige so recht zuversichtlich in die Augen sah, befiel mich plötzlich eine über alles schmerzliche Empfindung. „Gott!" dachte ich, „wie unglücklich ist doch mein König!" und unwillkürlich erhoben sich meine Blicke so wie meine gefalteten Hände gen Himmel. Mein Atem stockte.

Da legte mir der König seine Hand auf die Schulter und fragte mit unendlicher Güte: „Haben Sie noch etwas auf dem Herzen?" (denn aus meinem seltsamen Benehmen mochte er schließen, daß ich vielleicht noch etwas zu erbitten wünschte.) — Nun aber brachen meine Gedanken in Worte aus: „Ach, wenn ich Ew. Majestät und meine gute Königin jetzt so vor mir sehe und bedenke das Unglück, das Sie noch immer so schwer zu tragen haben: dann ist mir's, als müßte mir das Herz aus dem Leibe entfallen. Gott erhalte Ew. Majestäten und gebe Ihnen Kraft und Stärke, daß Sie diese harte Schicksalsprüfung bald und glücklich überstehen mögen."

Bei diesen meinen Worten senkte der König sein Haupt auf die Brust, und die hellen Tränen entfielen seinen Augen' die Königin aber streichelte ihm still die Wangen und weinte auch. Dieser erschütternde Anblick lockte auch mir die Zähren in die alten Augen, und mein Herz ward immer weiter, und ich sprach zu der hohen, herrlichen Frau: „Ja, Gott erhalte auch Sie, meine gute Königin! zum Troste meines Königs; denn ohne Sie wäre er schon vergangen in seinem Unglück." — So standen wir beiderseits noch einige Minuten in herzinniger Bewegung, ohne daß unsere Augen trocken wurden. Nachdem ich mich jedoch ein wenig gefaßt hatte, drückte ich Ihren Majestäten meinen gerührten Dank aus für so viel erwiesene Gnade, und noch im Abgehen rief der König mir nach: „Halten Sie bei Ihrer guten Bürgerschaft auf Sitte und gute Ordnung!“ — und mit der Antwort: „Daran soll es wahrlich nicht mangeln“ — schied ich von dannen.

Auf dem Balle, zu dem wir nach des Königs ausdrücklicher Bestimmung eingeladen worden, verweilten wir des starken Gedränges wegen nur kurze Zeit. Am nächsten Morgen reisten wir ab. Ich sehnte mich zum Feste wieder nach Hause und fühlte mich überdem ein wenig kränklich. Mein Geist aber war frei und froh, und es mag auch wohl sein (was mein Reisegefährte behauptet, und wessen ich mich gleichwohl wenig mehr entsinne), daß ich manches holländische Liedchen für mich gesungen habe. Das aber kommt nur an mich, wenn meine Seele im innern geistigen Wohlbehagen schwelgt.

Das war also mein kurzes, aber erfreuliches Leben am Hofe! In ein längeres hätte ich mich freilich schlecht zu schicken gewußt, und überdem wäre mir dadurch meine gute ehrliche Pfahlbürgerei vielleicht verleidet worden, zu welcher ich nun mit zwiefachem Behagen zurückkehrte, und wobei ich mich ohne Zweifel auch besser befand. Ich hatte meine frühere Hantierung, so viel meine verminderten Vermögensumstände es zuließen, klein und bescheiden wieder angefangen und fand dabei als ein einzelner Mann von wenig Wünschen und Anforderungen auch mein notdürftiges Auskommen. Ich würde sogar sagen können, daß ich glücklich und zufrieden lebte, wenn ich irgend bei meinen Hausgenossen, durch die ich meine Geschäfte betreiben mußte, nur etwas von der Treue und Anhänglichkeit gefunden hätte, auf die ich rechnete und deren ich bedurfte. Wenn aber das Gesinde, gegen frühere Zeiten gehalten, schon vor dem Kriege ziemlich aus der Art geschlagen schien, so hatte es nunmehr der Krieg selbst und das Beispiel der lockern französischen Sitten vollends verdorben, und wenn ich auch zugeben wollte, daß ich mit meinen vorgerückten Jahren in meinen Forderungen an die junge Welt etwas strenger und mitunter auch wohl wunderlicher geworden, als jene gutheißen wollte, so ist's darum nicht minder wahr, daß die, welche mich zunächst umgaben, nur ihrem eignen unerlaubten Nutzen nachgingen und mich in meinem Haushalt auf jede mögliche Weise übervorteilten.

Da fiel mir's denn schwer und immer schwerer aufs Herz, daß ich so ganz abgesondert und verlassen in der Welt dastand. Ich zählte bereits fünfundsiebzig Jahre, und in meinen Gedanken hatte ich meine Lebensrechnung sehr viel früher abgeschlossen. Was sollte mit mir werden, wenn Gott mich noch nicht wollte, wenn nun die unvermeidlichen Schwachheiten des Alters näher herzutraten, wenn Kränklichkeit und körperliche Leiden bei mir überhand nahmen, wenn meine edleren Sinne mich verließen, wenn ich unvernehmlich und kindisch würde? — Mir graußte, wenn ich auf diese Weise in die Zukunft blickte! Meine Freunde, denen ich aus diesen Betrachtungen kein Geheimnis machte, rieten mir lachend, aber bald auch im guten und wohlgemeinten Ernste, zuversichtlich noch einmal in den Glückstopf des Ehestandes zu greifen. Ich hingegen schüttelte mächtig den Kopf: — ein Bräutigam mit drei Vierteln eines Säkulums auf dem Nacken!

Dennoch war der Gedanke ein Feuerfunke in meine Seele, der unablässig darin fortglimmte und all mein Sinnen und Streben beschäftigte. Es ließ sich nicht leugnen, daß der Ruhe und dem Wohlsein meines Lebensabends nicht besser geraten werden konnte, als durch eine Gefährtin, die mir aus Güte und Wohlwollen die Pflege, welche ich aus bezahlter Hand nur widerwillig erhalten haben würde, mit unendlich treuerer Sorgfalt erwiese. Allein wie konnte und durfte ich Greis irgendwo erwarten, daß ein Frauenherz, zu solchen Gesinnungen fähig, den eignen Anspruch ans Leben so verleugnen sollte, um es mit mir zu wagen? — Ich fing wiederum an, den Kopf noch mächtiger zu schütteln.

Da traten nun endlich meine Freunde im Ernste zu, und ihrem Rate wie ihren Vorschlägen danke ich's, daß nicht nur meine tausend Bedenklichkeiten besiegt, sondern auch die Einleitungen zur Verwirklichung meines Entschlusses aufs glücklichste getroffen wurden. Ihre Bemühungen führten mir eine würdige und erwünschte Gattin zu, die nicht nur den Pflichten einer Hausfrau im vollen Umfange zu genügen verstand, sondern die auch durch eine gute Erziehung, Milde der Gesinnung und reine Güte des Herzens mir in Wahrheit ein großes Los, wie ich es nimmer gehofft hätte, geworden ist. Tochter eines würdigen Landpredigers in der Uckermark, war sie frühe zur Waise geworden; aber unter der Fürsorge liebreicher Verwandten hatten sich Herz und Geist bei ihr trefflich gebildet, und es fehlte ihr an keinem Bedingnis für die Bestimmung zu einem stillen bürgerlichen Leben und Wirken. Was ich damals schon mit völligster Überzeugung aussprach, das hat sich mir jetzt, nach beinahe zehn Jahren, noch wahrhafter erwiesen: gerade so und nicht anders mußte mir der gnädige Gott eine Gefährtin zuweisen, wenn sie der Trost und die Stütze meines Alters sein sollte!

So ward ich denn im Jahre 1814 der glücklichste Ehegatte, und bin es noch; allein was den Leser dieser Blätter vielleicht noch weit mehr überraschen wird — ich ward gleich im nächsten Jahre auch Vater. Ein liebes Töchterchen ward mir geboren und lebt, wächst und gedeiht zu unserer herzinnigen Freude. Gleicht es einst der Mutter, wie ich mir das verspreche, an Sinn und Gemüt, so bleibt wir kaum noch etwas zu wünschen übrig. Was sich vom Vater auf sie vererben kann und auch vererben soll, ist freilich nicht viel; doch habe und hege sie nur meine Scheu vor Unrecht und meine es gut und redlich mit allen Menschen, so wird auch dieses geringe Erbteil ihr reichlich wuchern! — Ich nahm mir das Herz, Se. Majestät um die Übernahme der Patenstelle bei meinem Kinde zu ersuchen. Des Königs Gnade bewilligte mir nicht nur diese Bitte, sondern erlaubte dem Täufling auch, in einer teuern Erinnerung den Namen Luise zu führen.

Additional material from *Bürger zu Kolberg*
ISBN 978-3-662-33732-5, is available at http://extras.springer.com

EXTRA MATERIALS
extras.springer.com

Wunderbare Dinge waren inzwischen vom Jahre 1812 an vor den Augen der erstaunten Zeitgenossen, wie vor den meinigen, vorübergegangen; die Welt war plötzlich eine andere geworden; Frankreichs Übermacht lag zu Boden, und unser geliebtes Vaterland hatte sich von seinem tiefen Falle glorreich wieder aufgerichtet! Mein altes Herz schlug mir jugendlich freudig bei jeder neuen Großtat, welche die preußischen Waffen verrichtet; ich sah mit heimlichem Stolz den Staat auf dem Wege, eine immer glänzendere und ehrenvollere Stelle unter den europäischen Mächten einzunehmen.

Allein bei aller jugendlichen Freudigkeit meines Herzens war ich immerhin darüber ein alter Mann geworden, und so erkannte ich es mit dankbarer Rührung, als die Huld meines guten und gnädigen Königs mir ein jährliches Gnadengehalt von zweihundert Talern aussetzte, wovon nach meinem Tode die Hälfte auf meine Witwe übergehen wird. Nicht minder ward meiner kleinen Tochter zu ihrer Erziehung eine Stelle in dem Luisenstifte zugesichert, oder, nach meinem und der Mutter bestem Befinden, eine Novizenstelle in dem hiesigen Jungfernstifte vorbehalten. Gottlob! Nun werden meine Lieben nicht ganz verlassen sein, und ich werde mein Haupt ruhig niederlegen!

Springer-Verlag Berlin Heidelberg GmbH

Schulgeschichten

Erzählungen aus dem Schüler-
leben deutscher Vergangenheit

von

Franz Dittmar.

Zeichnungen von M. Ebersberger.

Elegant gebunden M. 3.–.

Das Buch wurde bei seinem Erscheinen von einer großen Anzahl pädagogischer Blätter, von Zeitungen und Zeitschriften sehr warm empfohlen. Manche nennen die Geschichten kleine „kulturgeschichtliche Novellen", deren Inhalt und Sprache an Gustav Freytag erinnern.

Springer-Verlag Berlin Heidelberg GmbH

Springer-Verlag Berlin Heidelberg GmbH

MIX
Papier aus verantwortungsvollen Quellen
Paper from responsible sources
FSC® C105338

Printed by Books on Demand, Germany